여러분의 학위취득을 응원하는
해커스독학사의 특별 혜택!

한달합격 감각 및 지각심리학 최신 기출유형 저자 직강 10%

N638R842F374V606

해커스독학사(www.haksa2080.com) 접속 후 로그인
▶ [마이클래스] 내 [쿠폰내역] 클릭 ▶ 쿠폰 등록

해커스교육그룹 파격 무료수강 제휴쿠폰 받는 방법

해커스독학사(www.haksa2080.com) 접속 후 로그인
▶ [고객지원] 내 [공지사항] 클릭 ▶ ★해커스교육그룹 제휴쿠폰★ 공지글 클릭
▶ 원하는 쿠폰 클릭 후 각 사이트에서 사용

* 쿠폰은 사이트 로그인 후 1회에 한해 등록이 가능합니다.
* 쿠폰은 등록 후 7일간 사용 가능합니다. (등록기간 만료 시 고객센터 문의)
* 쿠폰 사용과 관련된 기타 문의는 고객센터(1599-3081) 혹은 사이트 내 문의게시판을 이용하시기 바랍니다.

해커스독학사의 단기합격 시스템

1. 핵심만 쏙쏙! 독학사 시험에 특화된 강의
최신기출유형을 반영한 신규/개정판 강의로 독학사 단기합격이 가능!
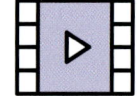

2. 스타교수가 직접 집필한 퀄리티 있는 교재
스타교수가 직접 교재 집필에 참여!
독학사 시험 분석을 통해 합격에 필요한 요소만 모은 핵심 교재

3. 이론부터 실전까지 효율적인 학습 커리큘럼
이론학습 → 문제풀이 → 핵심요약 → 마무리 모의고사까지!
짧은 기간에도 시험 대비가 가능하도록 최적화된 학습 커리큘럼 제공

4. 과목별 담당 교수님의 1:1 학습 Q&A
궁금한 점은 고민하지 말고 바로 교수님께 1:1로 문의하여 해결

5. 독학사 전문 학습 플래너의 1:1 맞춤 무료 상담
독학사 전문 학습 플래너가 1:1로 체계적인 맞춤 상담 진행
☎ 1599-3081 카톡간편상담 '해커스독학사' 검색

무료 학습자료 제공 · 독학사 단기합격
해커스독학사 www.haksa2080.com / ☎ 1599-3081

한 달 합격
해커스독학사
심리학과
최신기출 이론+문제

2단계 | 감각 및 지각심리학

해커스독학사

저자 **박소진**	**약력**
	덕성여대 심리학과 졸업
	덕성여대 대학원 발달심리 및 발달장애 전공 박사 수료
	현 ǀ 해커스독학사 심리학과 교수
	한국인지행동심리학회 협동조합 대표
	전 ǀ 덕성여대 심리학과 출강
	단국대 대학원 심리치료학과 출강
	아동청소년 관련 치료센터 운영

해커스독학사 심리학과 2단계
단기간에 합격의 길로 가는
단 하나의 선택!

〈한달합격 해커스독학사 심리학과 2단계 감각 및 지각심리학 최신기출 이론+문제〉는 독학사 2단계 감각 및 지각심리학 과목 시험을 준비하는 수험생 여러분이 단기간에 효율적으로 학습하여 좋은 성과를 낼 수 있도록 철저히 계획되어 구성되었습니다.

01. 국가평생교육진흥원의 최신 평가영역 및 출제경향을 충실히 반영하여, 개정된 영역의 핵심 이론까지 빠짐없이 독학사 시험을 준비할 수 있습니다.

02. 본문 이론 중 중요한 키워드만을 엄선한 '핵심 키워드 Top 10', 이론 학습을 도와주는 '핵심 Check', '개념 Plus' 등의 풍부한 학습 보조장치를 제공하여 이론에 대한 폭넓은 이해를 바탕으로 깊이 있게 학습을 할 수 있습니다.

03. '기출개념확인', '실전연습문제', '기출동형모의고사'로 구성된 문제를 수록하였으며, 문제를 풀어보면서 이론을 습득하고 실전에 대비할 수 있어 단기합격이 가능합니다.

04. 교재 내에 수록된 모든 문제에 '정답·해설'을 제공하며, '오답분석', '참고' 등의 다채로운 해설 요소를 통해 문제 풀이 중 부족하게 느꼈던 부분도 꼼꼼히 보완할 수 있습니다.

05. 핵심 요약 내용인 '자신감'을 통해, '핵심 키워드 Top 10'을 집중적으로 복습할 수 있습니다. 본문 이론의 가장 핵심이 되는 내용만을 효율적으로 학습하므로, 단기간에 시험에 대한 감각을 기를 수 있습니다.

독학사 심리학과 2단계인 감각 및 지각심리학은 심리학의 기초 이론을 제공하는 중요한 과목입니다. 교재는 다소 어려운 내용들을 쉽게 정리하려 했고 공식 평가 영역을 철저히 반영하고 핵심 이론과 문제들을 충분히 학습할 수 있도록 구성하였습니다. 이뿐만 아니라 충분한 예시를 들어 어려운 이론의 이해를 돕도록 했습니다.

마지막으로 교재 출간에 애써주신 해커스 독학사 편집팀을 비롯한 많은 분들께 감사 말씀드리며, 본 교재로 학습하는 수험생 여러분들에게 좋은 결과가 있기를 기원합니다.

저자 **박소진**

목차

빠르게 합격에 다가서는 **해커스독학사의 학습 Step 4!**	6
초단기간에 합격하는 **나만의 2주/4주 학습 플랜**	10
시험 전 꼭 알고 가자! **독학사 시험 안내**	12
이제 실전이다! **2단계 시험 미리보기**	16
무엇이든 물어보세요! **독학사 10문 10답**	18

■ 본 교재의 목차는 '국가평생교육진흥원'에서 제공하는 '과목별 평가영역'을 반영하여 구성하였습니다.

제1장 | 이론적 접근과 연구법

제1절	이론적 접근법	22
제2절	지각 과정 연구법	31
◆	제1장 실전연습문제	37
◆	제1장 실전연습문제 정답·해설	41

제2장 | 시감각의 기초

제1절	지각의 시작	46
제2절	신경 처리와 지각	54
제3절	대뇌 피질(겉질) 조직화	61
◆	제2장 실전연습문제	67
◆	제2장 실전연습문제 정답·해설	70

제3장 | 시각 체계

제1절	물체와 장면의 지각	76
제2절	주의와 지각	82
제3절	깊이와 크기 지각	90
제4절	움직임 지각	97
제5절	색채 지각	101
제6절	지각과 환경	107
◆	제3장 실전연습문제	114
◆	제3장 실전연습문제 정답·해설	118

제4장 | 청각 체계

제1절	청각 체계 및 청각의 기본 기능	124
제2절	청각 패턴 지각	132
◆	제4장 실전연습문제	142
◆	제4장 실전연습문제 정답·해설	146

제5장 | 피부 감각과 미각, 후각

제1절 피부 감각	152
제2절 미각, 후각	162
◆ 제5장 실전연습문제	175
◆ 제5장 실전연습문제 정답·해설	179

기출동형모의고사

기출동형모의고사 제1회	184
기출동형모의고사 제2회	192
기출동형모의고사 제3회	200
◆ 기출동형모의고사 정답·해설	208

자신감   222
차세하고 **신**속하게 알려주는 **감**각 키워드

단기합격을 위한 독학사 전문 교수님들의
명품 동영상강의
해커스독학사 www.haksa2080.com

빠르게 합격에 다가서는 해커스독학사의 학습 Step 4!

Step 1. 학습준비 | 학습 전, 전략적으로 학습 계획 세우기!

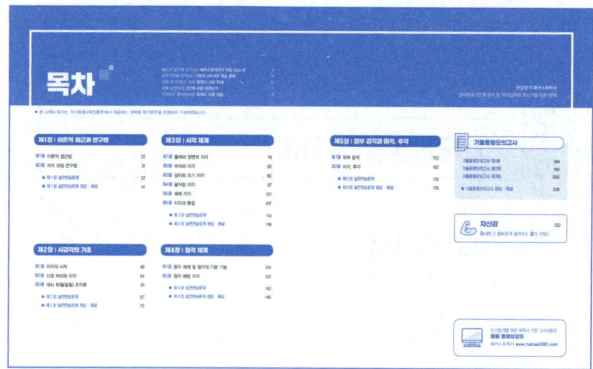

목차
독학사 시험 주관처인 국가평생교육진흥원에서 제공하는 과목별 평가영역을 기반으로 제작된 목차를 통해서 각 과목의 전반적인 틀을 빠르게 파악할 수 있습니다.

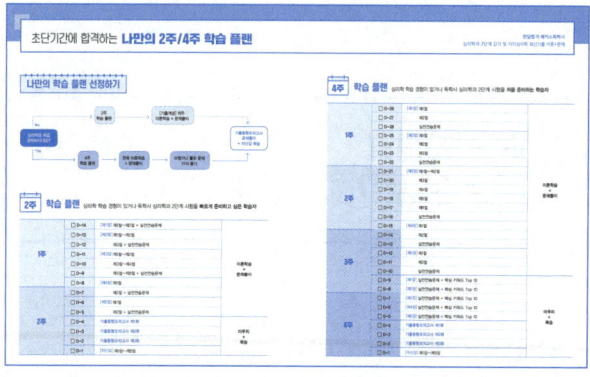

맞춤형 학습 플랜
'나만의 학습 플랜 선정하기'를 참고하여 자신에게 최적화된 2주/4주 플랜을 선택할 수 있습니다. 학습 플랜 선택 후, 매일 정해진 분량을 학습하고 학습 여부를 체크할 수 있습니다.

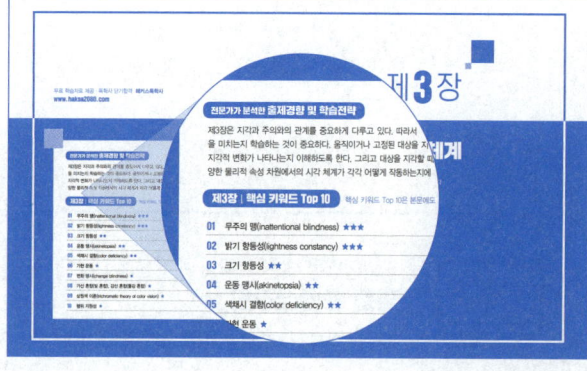

전문가가 분석한 출제경향 및 학습전략
과목별 전문가가 알려주는 시험 출제경향과 공부 방법을 통해서 학습 방향을 올바르게 설정할 수 있습니다.

핵심 키워드 Top 10
각 장마다 엄선된 10개의 핵심 키워드로 중요한 내용을 한눈에 확인할 수 있습니다. 또한 키워드 옆에 표시된 ★ 개수로 개념의 중요도를 바로 파악할 수 있으며, 교재 뒤의 요약 페이지와도 연계되어 있어 중요 내용을 복습할 수 있습니다.

Step 2. 이론학습 — 다양한 학습장치를 활용하여 효율적으로 이론 학습하기!

❶ 기출개념
실제로 출제된 이론에는 '기출개념'을 표시하여 빠르게 출제경향을 파악할 수 있습니다.

❷ ★ 표시
'핵심 키워드 Top 10'으로 선정된 키워드에 ★ 표시를 하여 중요한 개념을 쉽고 빠르게 확인할 수 있습니다.

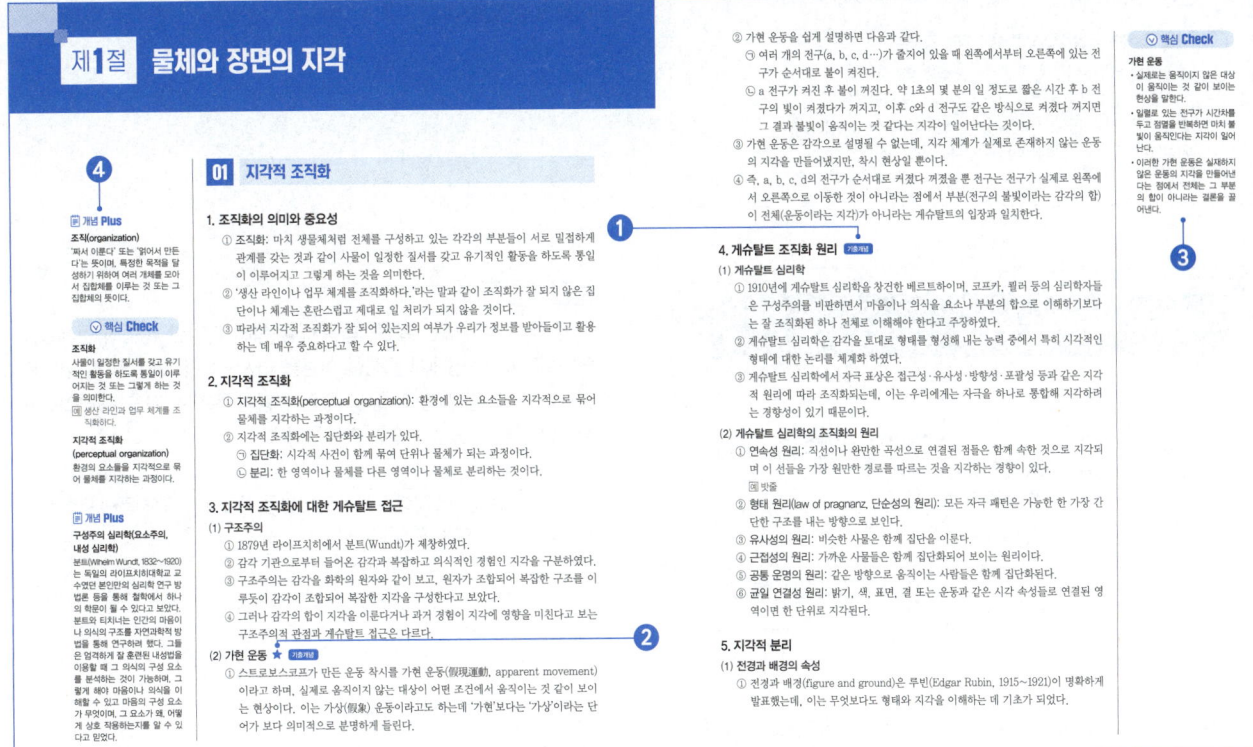

❸ 핵심 Check
중요한 내용을 다시 한번 명쾌하게 설명하거나 관련된 심화이론을 제시하여, 핵심 개념 위주로 꼼꼼히 학습할 수 있습니다.

❹ 개념 Plus
이론 학습 시 함께 알아두면 좋은 내용을 제시하여, 이론을 명확하고 폭넓게 학습할 수 있습니다.

빠르게 합격에 다가서는 **해커스독학사의 학습 Step 4!**

Step 3. 문제풀이 | 최신 출제경향이 반영된 문제를 풀어보며 실전감각 키우기!

기출개념확인

각 절마다 제공되는 기출개념확인 문제를 풀어보면서, 배운 이론을 잘 이해하고 있는지 점검할 수 있습니다. 또한 문제 아래에 정답과 해설이 제공되기 때문에 빠르게 답안을 확인하고 관련 개념을 쉽게 이해할 수 있습니다.

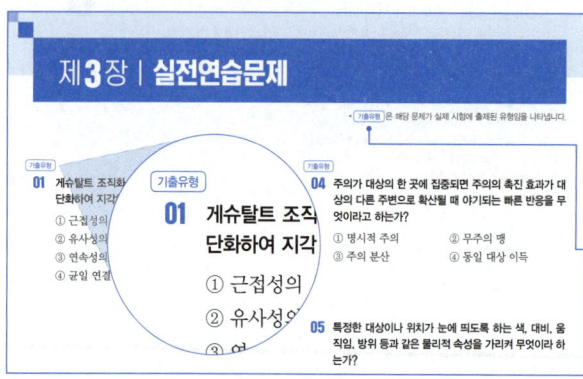

실전연습문제

각 장마다 제공되는 '실전연습문제'를 통해 다양한 유형의 문제들을 풀어보면서 각 장에서 등장한 이론을 다시 한 번 확인 및 점검할 수 있습니다. 그 중 시험에 출제되었던 유형의 문제는 '기출유형'으로 표시하여 분별력 있는 학습이 가능합니다.

> 기출유형 표시로 시험에 출제된 유형을 나타내어, 중요 문제 위주로 학습할 수 있습니다.

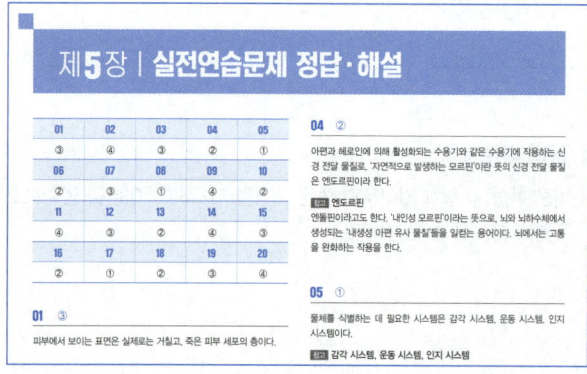

실전연습문제 정답·해설

'실전연습문제'에 수록되어 있는 모든 문제에 상세한 '정답·해설'을 제공합니다. 정답표를 통해 빠르게 정답을 확인할 수 있으며, '오답분석', '참고' 등의 해설 요소가 포함된 풍부한 해설은 이론의 복습 및 점검을 돕습니다.

한달합격 해커스독학사
심리학과 2단계 감각 및 지각심리학 최신기출 이론+문제

Step 4. 최종점검 | 기출동형모의고사와 요약정리로 최종 실력 다지기!

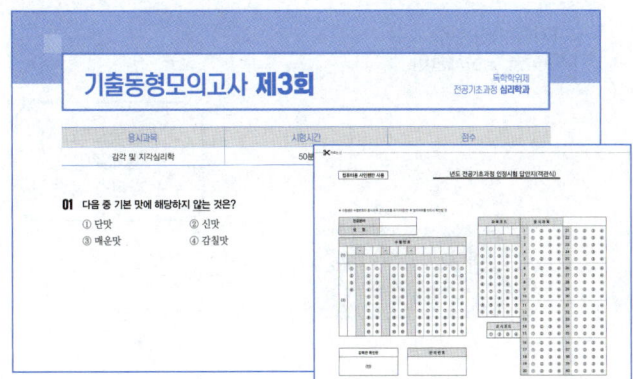

기출동형모의고사 & OMR 카드
최근 독학사 시험을 철저하게 분석하여 실제 시험 유형 및 문제 수와 동일하게 구성한 '기출동형모의고사' 3회분을 수록하였습니다.

또한 '기출동형모의고사'와 함께 수록된 'OMR 카드'를 활용한다면 실제 시험과 가장 유사한 환경에서 자신의 실력을 최종 점검할 수 있습니다.

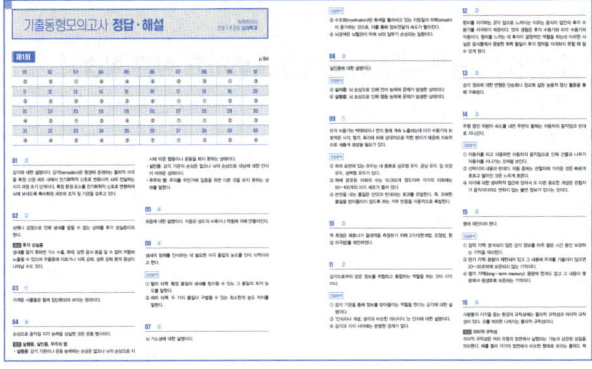

기출동형모의고사 정답·해설
'기출동형모의고사' 문제 풀이 후 꼼꼼하게 학습을 마무리할 수 있도록 '기출동형모의고사 정답·해설'에서도 '오답분석', '참고' 등의 풍부한 해설 요소를 제공합니다.

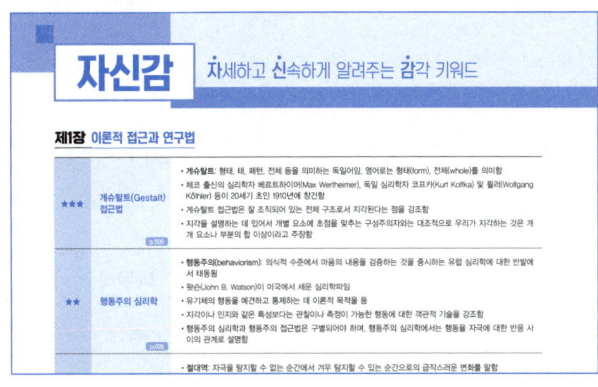

자세하고 신속하게 알려주는 감각 키워드(자신감)
모든 장의 '핵심 키워드 Top 10'의 내용만을 모아 교재 마지막 부분에 정리하였습니다. 시험 직전에 해당 키워드 위주로 학습하면 장별 중요 내용을 빠르게 점검할 수 있습니다.

빠르게 합격에 다가서는 해커스독학사의 학습 Step 4!

초단기간에 합격하는 **나만의 2주/4주 학습 플랜**

나만의 학습 플랜 선정하기

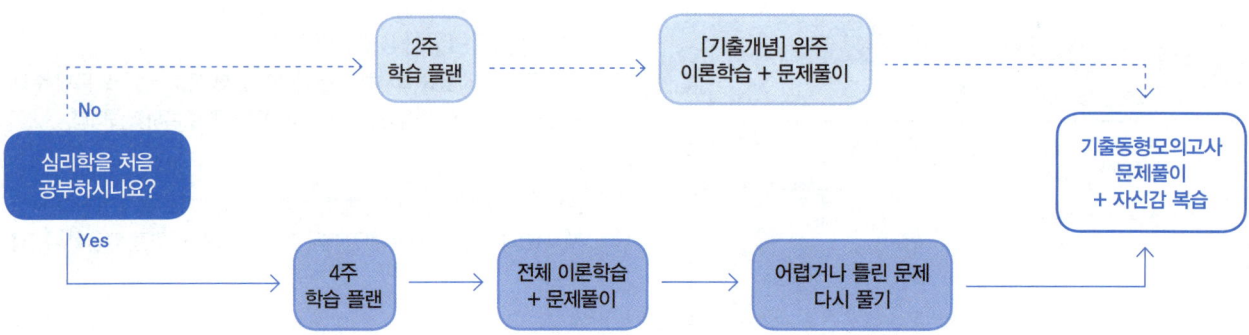

📅 2주 학습 플랜
심리학 학습 경험이 있거나 독학사 심리학과 2단계 시험을 **빠르게 준비하고 싶은** 학습자

1주	☐ D-14	[제1장] 제1절~제2절 + 실전연습문제	이론학습 + 문제풀이
	☐ D-13	[제2장] 제1절~제2절	
	☐ D-12	제3절 + 실전연습문제	
	☐ D-11	[제3장] 제1절~제2절	
	☐ D-10	제3절~제4절	
	☐ D-9	제5절~제6절 + 실전연습문제	
	☐ D-8	[제4장] 제1절	
2주	☐ D-7	제2절 + 실전연습문제	
	☐ D-6	[제5장] 제1절	
	☐ D-5	제2절 + 실전연습문제	
	☐ D-4	기출동형모의고사 제1회	마무리 + 복습
	☐ D-3	기출동형모의고사 제2회	
	☐ D-2	기출동형모의고사 제3회	
	☐ D-1	[자신감] 제1장~제5장	

한달합격 해커스독학사
심리학과 2단계 감각 및 지각심리학 최신기출 이론+문제

4주 학습 플랜 심리학 학습 경험이 없거나 독학사 심리학과 2단계 시험을 **처음 준비하는 학습자**

1주	☐ D-28	[제1장] 제1절	이론학습 + 문제풀이
	☐ D-27	제2절	
	☐ D-26	실전연습문제	
	☐ D-25	[제2장] 제1절	
	☐ D-24	제2절	
	☐ D-23	제3절	
	☐ D-22	실전연습문제	
2주	☐ D-21	[제3장] 제1절~제2절	
	☐ D-20	제3절	
	☐ D-19	제4절	
	☐ D-18	제5절	
	☐ D-17	제6절	
	☐ D-16	실전연습문제	
3주	☐ D-15	[제4장] 제1절	
	☐ D-14	제2절	
	☐ D-13	실전연습문제	
	☐ D-12	[제5장] 제1절	
	☐ D-11	제2절	
	☐ D-10	실전연습문제	
4주	☐ D-9	[제1장] 실전연습문제 + 핵심 키워드 Top 10	마무리 + 복습
	☐ D-8	[제2장] 실전연습문제 + 핵심 키워드 Top 10	
	☐ D-7	[제3장] 실전연습문제 + 핵심 키워드 Top 10	
	☐ D-6	[제4장] 실전연습문제 + 핵심 키워드 Top 10	
	☐ D-5	[제5장] 실전연습문제 + 핵심 키워드 Top 10	
	☐ D-4	기출동형모의고사 제1회	
	☐ D-3	기출동형모의고사 제2회	
	☐ D-2	기출동형모의고사 제3회	
	☐ D-1	[자신감] 제1장~제5장	

시험 전 꼭 알고 가자! 독학사 시험 안내

01 독학학위제란?

- 「독학에 의한 학위취득에 관한 법률」에 의거하여 국가에서 실시하는 독학학위취득시험에 합격한 자에게 학사학위를 수여하는 제도입니다.
- 독학학위취득시험은 총 4단계(교양과정 인정시험, 전공기초과정 인정시험, 전공심화과정 인정시험, 학위취득 종합시험)로 이루어져 있으며, 시험은 각 단계별로 1년에 1번 실시됩니다.
- 고등학교 졸업 이상의 학력을 가진 자는 누구나 응시할 수 있으며, 4단계 시험까지 모두 합격한 자는 4년제 대학교 졸업자와 동등한 학력을 가지게 됩니다.

02 독학학위제 전공 소개

- 독학학위제 전공 시험은 2단계(전공기초과정 인정시험)부터 실시되며, 아래 전공은 예외적으로 일부 단계만 실시합니다.
  - 유아교육학 및 정보통신학: 3~4단계(전공심화과정 인정시험, 학위취득 종합시험)만 실시
    ※ 정보통신학은 폐지되었으며, 유예기간을 두되, 전공심화과정 인정시험은 2025년까지, 학위취득 종합시험은 2026년까지 응시할 수 있도록 합니다.
  - 간호학: 4단계(학위취득 종합시험)만 실시

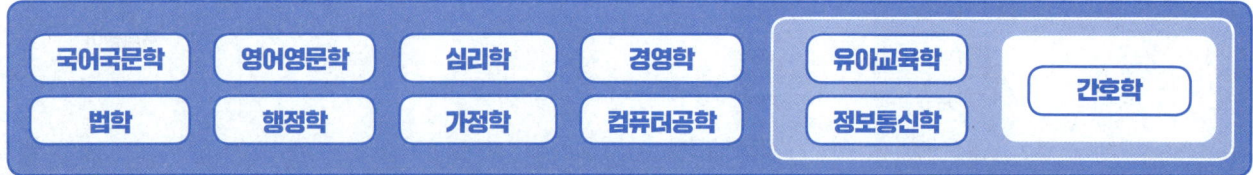

03 원서접수 및 접수 준비물 안내

- 진학어플라이 사이트(www.jinhakapply.com)에서 학교명을 '독학'으로 검색하여 접수가 가능합니다.
- 접수기간 내에는 24시간 접수 가능하며(접수 마감일에는 17:00까지), 접수 마감 전까지 수정 및 취소(환불)가 가능합니다.
  ※ 접수기간 종료 후에는 접수·수정·환불이 불가능합니다.
  참고 원서접수 방법은 변경될 수 있으니 독학학위제 사이트를 꼭 확인하세요.
- 접수 준비물은 다음과 같습니다.

응시자격 증명서류	• 1~3단계 지원자: 고등학교 졸업증명서(고졸 검정고시 합격증명서)
	• 4단계 지원자
	  - 대학교 성적증명서 및 수료(졸업)증명서
	  - 3년제 전문대학 졸업증명서 및 성적증명서
	  - 과정(과목) 면제를 증명할 수 있는 해당 서류
	• 독학학위제 학적보유자: 제출서류 없음
	• 파일은 jpg, jpeg, png, bmp만 등록 가능하며, 파일 사이즈는 5MB 이내여야 함

사진	최근 6개월 이내에 촬영한 3.5cm X 4.5cm의 여권용 사진 파일은 jpg, jpeg, gif만 등록 가능하며, 파일 사이즈는 2MB 이내여야 함
응시료	20,400원(수험료: 18,000원, 인터넷 원서접수 수수료: 2,400원)

04 학위 취득 과정 및 시험 일정

참고 시험 일정은 매년 상이하므로, 자세한 일정은 독학학위제 사이트의 [시험안내] – [시험일정]을 참고하세요.

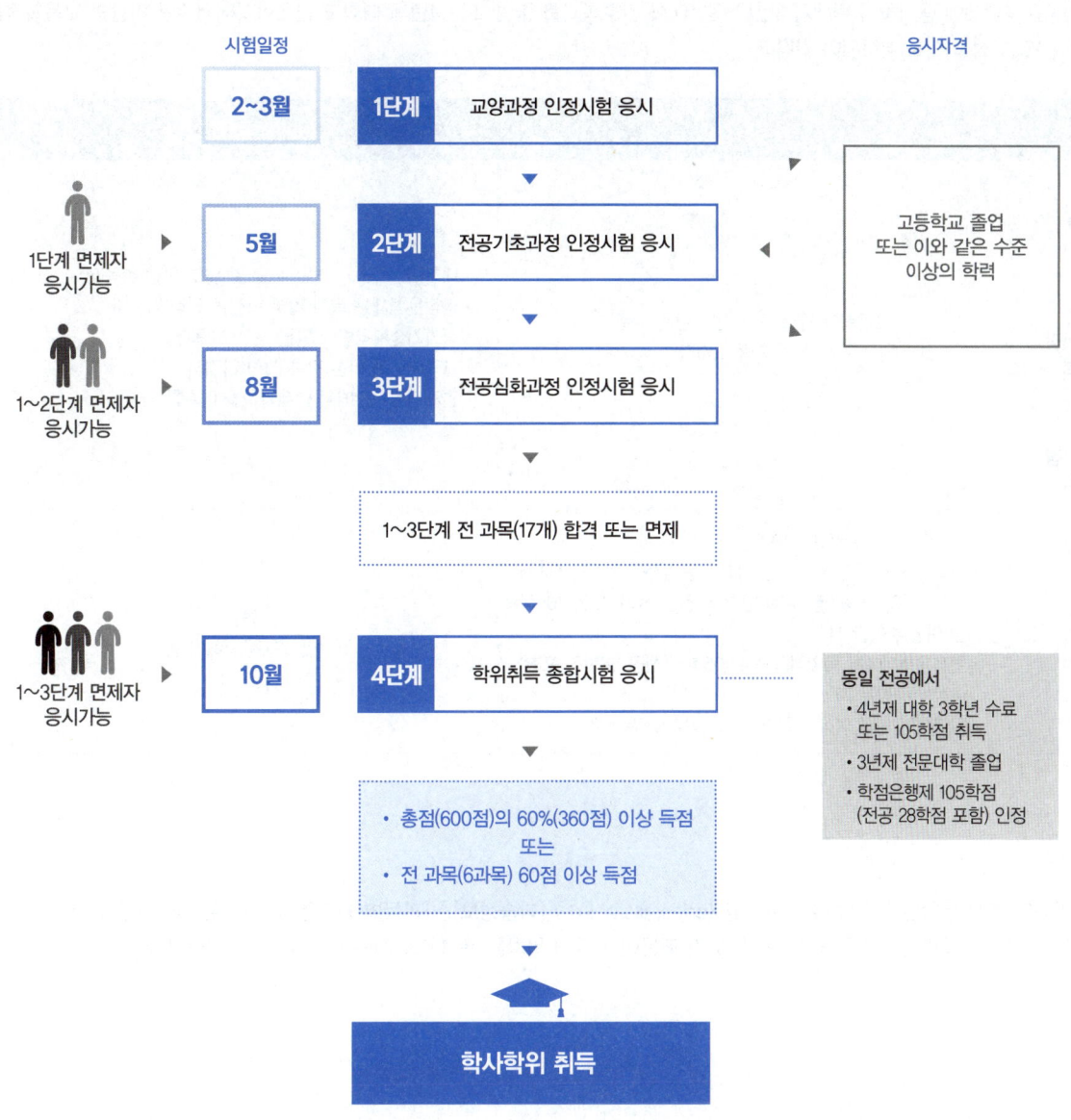

시험 전 꼭 알고 가자! **독학사 시험 안내**

05 단계별 응시자격

- 학사학위 소지자는 취득한 학사학위 전공과 동일한 전공 시험에 응시할 수 없습니다.
- 고등학교 졸업자가 3단계에 응시하는 것은 가능하나, 4단계에 응시하기 위해서는 독학사 1, 2단계(교양과정 인정시험, 전공기초과정 인정시험) 면제 조건을 충족하고, 3단계에 합격하거나 4단계 응시자격을 충족해야 합니다.
- 간호학 전공은 4단계에 응시하기 위해서 3년제 전문대학 간호학과를 졸업 또는 4년제 대학교 간호학과에서 3년 이상의 교육과정을 수료하거나 105학점 이상을 취득해야 합니다.

구분	응시자격	단계별 면제 조건
1단계 교양과정 인정시험	고등학교 졸업 또는 이와 같은 수준 이상의 학력 소지자	• 대학(교)에서 각 학년 수료 및 일부 학점 취득자 • 학점은행제를 통해 일부 학점을 인정받은 자 • 국가기술자격법에 따른 자격 취득자 • 교육부령에 따른 각종 시험 합격자 • 면제지정기관에서 면제과목을 이수한 자 등
2단계 전공기초과정 인정시험		
3단계 전공심화과정 인정시험		
4단계 학위취득 종합시험	• 1~3단계 합격자 또는 면제자 • 대학교 및 이에 준하는 각종 학교의 동일전공 인정학과에서 3년 이상의 교육과정 수료(3년제의 경우 졸업) 또는 105학점 이상 취득한 자 • 학점은행제에서 동일전공으로 105학점(전공 28학점 포함) 이상 인정받은 자 • 외국에서 15년 이상의 학교교육과정을 수료한 자	없음 (반드시 응시해야 함)

06 시험 범위

- 시험의 범위와 예시 문항은 독학학위제 홈페이지(bdes.nile.or.kr) > [학습정보] > [과목별 평가영역]에서 확인할 수 있습니다.
- 본 교재의 목차는 과목별 평가영역을 반영하고 있기 때문에 교재의 목차를 통해서도 시험 범위를 알 수 있습니다.

07 기본 출제 방향 및 단계별 평가 수준

단계	기본 출제 방향	평가 수준
1단계 교양과정 인정시험	• 국가평생교육진흥원에서 고시하는 과목별 평가영역에 준거하여 출제하되 특정 영역이나 분야가 지나치게 중시되거나 경시되지 않도록 함	• 대학 교양과정을 이수한 사람이 일반적으로 갖추어야 할 학력 수준을 평가함
2단계 전공기초과정 인정시험	• 독학자의 취업 비율이 높은 점을 감안하여, 과목의 특성상 가능한 경우에는 학문적·이론적인 문항뿐만 아니라 실무적인 문항도 출제함	• 각 전공영역의 학문을 연구하기 위하여 각 학문 계열에서 공통으로 필요한 지식·기술을 평가함
3단계 전공심화과정 인정시험	• 단편적인 지식 암기로 풀 수 있는 문항의 출제는 지양하고, 이해력·적용력·분석력 등 폭넓고 고차원적인 능력을 측정하는 문항 위주로 출제함	• 각 전공영역에 관하여 보다 심화된 전문적 지식·기술을 평가함
4단계 학위취득 종합시험	• 이설(異說)이 많은 내용의 출제는 지양하고 보편적이고 정설화된 내용에 근거하여 출제하며, 그럴 수 없는 경우에는 해당 학자의 성명이나 학파를 명시함	• 독학사 시험의 최종단계로서, 학위를 취득한 사람이 일반적으로 갖추어야 할 소양과 전문 지식·기술을 종합적으로 평가함

이제 실전이다! 2단계 시험 미리보기

01 심리학과 2단계 전공기초과정 인정시험

1) 시험 시간표

교시	1교시 09:00~10:40(100분)	2교시 11:10~12:50(100분)	중식 12:50~13:40(50분)	3교시 14:00~15:40(100분)	4교시 16:10~17:50(100분)
과목	이상심리학 감각 및 지각심리학	사회심리학 생물심리학	-	발달심리학 성격심리학	동기와 정서 심리통계

2) 문항 구성 및 배점

객관식(4지선다형)	주관식	합계
40문항 X 2.5점 = 100점	-	총 40문항(총 100점)

3) 합격 기준 : 전공 8과목 중 60점 이상 득점한 과목이 6과목 이상이면 합격

참고 시험에 대한 전체적인 정보는 해커스독학사 사이트(www.haksa2080.com)의 [독학사 시험안내]에서 확인할 수 있습니다.

02 심리학과 2단계 감각 및 지각심리학 시험 문제 분석

본 교재 〈한달합격 해커스독학사 심리학과 2단계 감각 및 지각심리학 최신기출 이론+문제〉의 본문에도 실제 독학사 시험과 유사한 유형의 문제와 전문가의 풍부하고 상세한 해설을 수록하여 실전 대비가 가능합니다.

참고 시험 문제 분석은 국가평생교육진흥원 독학학위제에서 제공하는 '시험 문제 예시'를 활용하였습니다.

 문제 예시

아래의 빈칸에 들어갈 단어로 적절한 것은?

> 동시에 똑같은 강도의 소리가 발생해도 한 사람은 듣고, 다른 사람은 못 듣는 경우가 있다. 이것은 두 사람의 소리에 대한 민감도가 달라서 생긴 일일 수도 있으나, 두 사람이 가진 반응 기준의 차이에 의한 것일 수도 있다. ( ) 이론은 사람들의 각기 다른 반응 기준을 고려할 수 있는 측면을 다루고 있다.

① 고전적 정신물리학 ② 현대 정신물리학
③ 신호 탐지 ④ 절대 판단

정답 ④

 해커스독학사 전문가의 해설

신호 탐지 이론은 정신물리학에서 물리적 자극이 지각의 결정적 요인이라는 것만으로는 지각을 결정하기에 충분하지 않다고 본다. 신호 탐지 이론은 같은 크기의 물리적 자극이라도 관찰자의 상황이나 의사결정 전략 등에 달라지는 관찰자의 정신적 요인에 따라 물리적 자극을 감지할 수 있는 정도가 달라진다는 점에 주목한다.

03 시험 진행 순서 및 유의사항

시험장 가기 전	• 수험표, 주민등록증 또는 본인임을 입증할 수 있는 신분증, 컴퓨터용 사인펜(객관식 답안 마킹용)을 반드시 준비합니다.
시험장(시험실) 도착 및 착석	• 시험 당일에는 반드시 수험표에 표기된 시험장에 입실해야 합니다. • 1교시는 시험 시작 20분 전까지, 2~4교시는 시험 시작 15분 전까지 입실을 완료해야 합니다. ※ 1과목 응시자도 각 교시에 해당하는 입실 시간까지 입실을 완료해야 합니다(시험 시작 후 입실 불가).
답안지 작성 및 시험지 배부	• 답안지 작성은 답안지에 기재되어 있는 '답안 작성 시 유의사항'을 숙지하고 그에 따라야 합니다. • 객관식은 컴퓨터용 사인펜을 사용하여 마킹합니다. • 문제지에도 수험번호와 성명을 기재해야 합니다.
시험 시간	• 총 4교시로 나누어 시험이 진행됩니다. • 시험 시간 중에는 수험표와 신분증을 책상 위 좌측 상단에 놓아야 합니다.
쉬는 시간	• 시험 시간 중 50분(12:50~13:40)의 중식 시간이 있습니다. • 각 교시의 시험이 끝날 때마다 15분의 쉬는 시간이 있으며, 다음 교시의 시험 시작 15분 전까지 착석하여 대기해야 합니다. 　참고 3교시는 중식 시간 외 시험 시작 전 별도의 쉬는 시간이 없습니다.
시험 종료	• 시험이 시작되고 30분 경과 후 퇴실이 가능합니다. • 1과목 응시자는 시험이 시작되고 50분 경과 후 퇴실 조치됩니다. • 퇴실 시, 문제지와 답안지는 반드시 감독관에게 제출해야 합니다.

무엇이든 물어보세요! **독학사 10문 10답**

01 학위 제도 관련

Q1. 독학학위제로 학위를 취득하면 정규대학 졸업자와 동등한 학력으로 인정받을 수 있나요?

A. 네, 동등한 학력으로 인정받을 수 있습니다.

독학학위제로 취득한 학위는 「독학에 의한 학위취득에 관한 법률」 제6조 제1항에 따라 대학에서 학사학위를 취득한 사람과 동등한 학력으로 인정 받을 수 있습니다. 따라서 독학학위제로 학위를 취득한 후, 대학 편입이나 대학원 진학이 가능합니다. 단, 대학 또는 대학원별로 모집요강이 다르기 때문에 지원하고자 하는 학교의 모집요강을 꼭 확인하시기 바랍니다.

Q2. 현재 대학생인데 독학학위취득시험에 응시할 수 있나요?

A. 네, 가능합니다.

독학학위제는 이중 학적에 적용되지 않아 대학 재학 중에도 시험에 응시할 수 있습니다.

Q3. 독학학위제 2단계 시험에 응시하여 합격한 과목은 학점은행제에서 학점으로 인정받을 수 있나요?

A. 네, 학점은행제에서 학점을 인정받는 것이 가능합니다.

2단계 시험의 경우, 합격한 과목에 한해 과목당 5학점씩 최대 6과목(총 30학점)까지 인정받을 수 있습니다. 따라서 학점은행제 학위 취득 예정자의 경우, 독학학위제와 병행한다면 더욱 빠르고 효율적으로 학위를 취득할 수 있습니다. 단, 학점은행제에 학습자 등록 및 학점인정 신청을 별도로 해야 학위 취득이 가능합니다. 학점은행제 학점인정 신청기간 및 신청 방법은 학점은행제 홈페이지(www.cb.or.kr)를 통해 확인할 수 있습니다.

Q4. 독학학위제 합격과목은 성적증명서에 어떻게 표기되나요?

A. 성적증명서 발급 시, 1~3단계의 합격과목에 대하여 '취득점수 표기' 또는 '취득점수 미표기'를 학습자가 선택하여 발급할 수 있으며, 4단계는 상대평가로 A+~D-까지 등급 및 평점(4.3학점 만점), 100점 기준 환산 점수가 표기됩니다.

02 학습 방법 관련

Q5. 독학학위제 시험을 준비하기 위한 시험 주관처의 교재나 강좌가 별도로 있나요?

A. 아니요, 시험 주관처인 국가평생교육진흥원에서는 교재나 강좌를 제공하지 않습니다.

국가평생교육진흥원에서는 독학학위제 시험 관련 교재 출판 및 강좌 운영을 하고 있지 않습니다. 하지만, 해커스독학사에서는 1단계부터 4단계까지의 다양한 강좌를 제공하고 있으며, 각 강좌에 필요한 교재도 판매하고 있습니다. 해커스독학사와 함께 독학학위제 시험을 준비하신다면, 수준 높은 교육 서비스 및 교재와 함께 합격에 보다 빠르게 도달할 수 있습니다.

03 원서접수 및 시험 관련

Q6. 2단계 원서접수 시, **8과목에 지원**하였으나 사정상 **6과목까지만 응시**하려고 합니다. 이 경우, **불이익**이 있나요?

  A. 아니요, 응시하지 않은 과목에 대한 불이익은 없습니다.

  응시하지 않은 과목은 결시 처리됩니다. 따라서 응시한 과목에 대해서만 채점하여 60점 이상 득점할 경우 합격 처리됩니다.

Q7. 독학학위취득시험은 왜 **기출문제를 공개**하지 않나요?

  A. 독학학위취득시험은 대학 교과과정의 일반적이고 공통적인 지식과 기술을 평가할 수 있도록 일정한 수준의 난이도를 유지하는 것이 매우 중요하기 때문입니다.

  독학학위취득시험은 경쟁시험이 아닌 독학 후의 학습능력이 대학 졸업학력에 도달하였는지를 측정하는 시험으로 시험의 범위와 수준이 정해져 있는 시험입니다. 그러므로 과목별로 대학 교과과정의 일반적 · 공통적인 지식과 기술을 평가할 수 있도록 하는 일정 수준의 난이도 유지가 매우 중요하며, 이를 위해 문제를 공개하지 않습니다. 그렇지만 본 교재에 수록되어 있는 '기출개념확인', '실전연습문제'와 '기출동형모의고사'를 활용한다면 철저한 시험 대비가 가능합니다.

04 응시자격 및 시험면제 관련

Q8. 1단계를 응시 못했는데 **바로 2단계 시험에 응시**할 수 있나요?

  A. 네, 바로 2단계 시험에 응시가 가능합니다.

  1단계에 응시하지 않았더라도 바로 2단계 응시가 가능합니다. 고등학교 졸업 이상의 학력 소지자인 경우 1~3단계까지는 누구나 순서에 상관없이 자유롭게 응시할 수 있습니다. 단, 4단계의 경우 1~3단계를 모두 합격 또는 면제받아야만 응시가 가능합니다.

Q9. **4년제 대학교 국문학과를 졸업**했습니다. **독학학위제 심리학 학위를 취득**하려면 **몇 단계까지 면제**받을 수 있나요?

  A. 이 경우, 1단계(교양과정 인정시험)만 면제받을 수 있습니다.

  학위를 취득한 전공과 독학학위제에 지원한 전공이 다를 경우에는 전공과정 면제는 불가능하며 1단계(교양과정 인정시험)만 면제되므로, 지원하고자 하는 독학학위제 전공이 심리학과이고 대학에서 학위를 취득한 전공이 국문학과인 경우에는 2~4단계 시험에 응시하여 합격해야 합니다.

Q10. 대학교에서 '감각 및 지각심리학' 과목을 이수했는데 2단계 '감각 및 지각심리학' **과목 면제**가 가능한가요?

  A. 아니요, 면제 받을 수 없습니다.

  독학학위취득시험에서는 대학에서 이수한 과목으로 시험 과목을 면제받을 수 없습니다. 그러나 대학에서 취득한 일정 이상의 학점으로 시험 단계별 면제는 가능합니다. 단계별로, 1단계 35학점, 2단계 70학점(동일 전공), 3단계 105학점(전공 28학점 필수)을 취득하셨을 경우, 각 단계를 면제받으실 수 있습니다.

무료 학습자료 제공 · 독학사 단기합격 **해커스독학사**
www.haksa2080.com

전문가가 분석한 출제경향 및 학습전략

제1장에서는 정보 처리를 위한 기초 과정으로서 감각과 지각의 개념에 대해 다양한 이론적 관점을 소개하고 있다. 각각의 이론적 토대에서 지각의 과정이 어떻게 이루어지는지 비교해가며 학습하는 것이 효과적일 수 있다. 인간의 지각 과정을 이해하는 데 필요한 기초 개념을 다루고 있는 만큼 각각의 이론적 관점에서 구체적인 사례를 통해 이해도를 높일 수 있도록 한다.

제1장 | 핵심 키워드 Top 10
핵심 키워드 Top 10은 본문에도 동일하게 ★로 표시하였습니다.

01	게슈탈트(Gestalt) 접근법 ★★★	p.26
02	행동주의 심리학 ★★	p.26
03	절대역(absolute threshold) ★★	p.31
04	감각(sensation) ★	p.23
05	지각(perception) ★	p.24
06	정보 처리 접근법 ★	p.27
07	차이역(difference threshold) ★	p.32
08	반응 압축(response compression) ★	p.33
09	반응 확장(response expansion) ★	p.34
10	영아 연구법 ★	p.35

제1장

이론적 접근과 연구법

제1절 이론적 접근법
제2절 지각 과정 연구법

제1절 이론적 접근법

01 기본 개념 확인: 감각, 지각, 인지 기초 개념

1. 감각 및 지각심리학의 개관
① 감각 및 지각심리학은 심리학의 한 분야로 먼저 심리학에 관한 기본적인 개념에 대해서 다룰 필요가 있다.
② 심리학이 최근 들어 관심이 많이 집중되고, 중요한 학문 영역으로 자리매김하고 있음에도 불구하고 여전히 철학의 한 분야나 점성술 등에 비유되고 있다. 현대의 심리학은 과학적인 방법론을 채택하고, 이를 통해 눈에 보이지 않는 심리를 측정하고 규명하는 데 중점을 두고 있다.

2. 심리학이란 무엇인가
(1) 심리학
① 심리학은 한자로 '마음 심(心)', '이치 리(理)', '배울 학(學)'으로 마음의 이치를 다루는 학문이라는 뜻이며, 영어로 'psychology'도 마음을 다루는 학문이라는 의미이다. 즉, 인간을 이해하고 개개인의 삶을 향상시키기 위해 인간의 마음을 연구하는 학문이라고 할 수 있다.
② 심리학은 철학에서 출발하였으나, 추상적인 개념을 구체적인 개념으로 전환하고 과학적인 방법을 통해 측정하고 결과를 도출함으로써 비로소 철학에서 벗어나 독자적인 학문으로 거듭날 수 있었다.

예 '행복이란 무엇인가?'라는 주제가 있을 때, '행복'이라는 개념은 추상적이므로 측정할 수 있는 것으로 변환시킬 필요가 있다. 관찰을 통해 '행복한 사람은 자주 웃는다'는 것을 발견하고, 웃음의 횟수를 측정한 후 비교함으로써 행복에 대한 구체적인 결과를 도출할 수 있다. 물론, 행복과 웃음의 지수가 동일한 개념이라고 할 수는 없다. 조작적 정의를 통해 최대한 비슷하면서도 구체적이며 측정할 수 있는 개념으로 변환하는 것이다.

(2) 마음
① 심리학은 마음을 연구하는 학문인데 이 마음은 감정, 생각, 기억과 같은 것들이 생겨나는 곳으로 인간의 내면으로부터 일어나는 감정이나 심리를 말한다.
② 마음의 위치
  ㉠ 사람들이 흔히 "가슴이 아프다, 쓰리다"라는 표현을 사용하는데, 이처럼 마음이 가슴이나 심장에 있는 것일지 생각해본다.
  ㉡ 정서는 심박수, 혈압, 호르몬 분비 등과 같은 생리적 변화를 포함하는데 좋아하는 사람을 보면 심박수가 상승하고, 싫어하는 사람을 만나면 혈압이 상승한다.

ⓒ 그러나 마음은 뇌와 관련이 되어 있는 것으로 보인다. [그림 1-1]처럼 생각과 사고는 대뇌 피질(신피질), 정서는 변연계(편도체), 기억은 해마와 관련 있는 것으로 알려져 있다.

생각, 사고	대뇌 피질(신피질)과 관련됨
정서	변연계에 있는 '편도체'와 관련됨
기억	'해마'와 관련됨

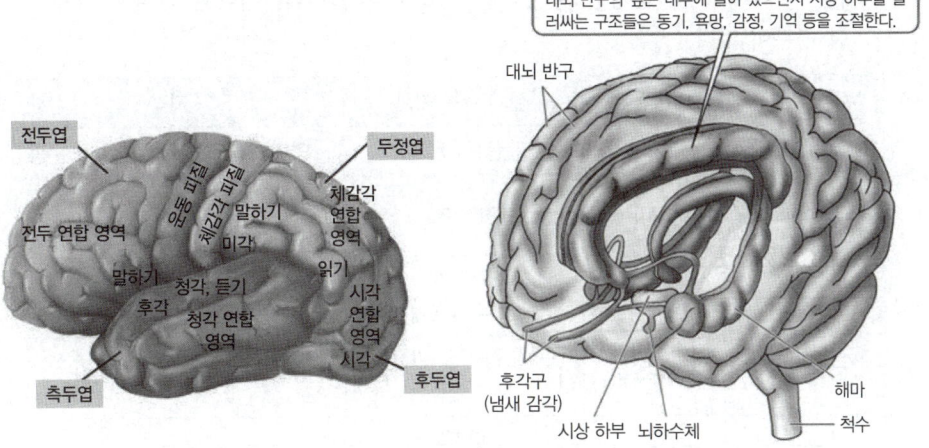

[그림 1-1] 뇌의 영역별 담당 역할

(3) 심리학의 주제

뇌생리학, 감각과 지각, 기억, 동기와 정서, 언어와 사고, 성격, 지능, 행동, 스트레스 등 인간과 관련된 매우 다양한 분야와 내용들을 다룬다.

3. 감각과 지각을 학습해야 하는 이유 [기출개념]

(1) 개요
① 인식론은 '안다는 것은 무엇인가'와 같은 주제를 연구하는 학문으로, 인간의 인식 기원이나 본질, 한계 등을 연구하는 철학의 기초를 제공하는 분야이다.
② 감각과 지각은 지식을 획득하는 과정, 즉 환경에 존재하는 자극들을 받아들이고 처리하는 과정을 다루는데, 이는 다양한 분야의 심리학을 연구하는 데 기초 지식으로 활용된다.
예 인지신경심리학에서 다루는 생각, 기억, 지각과 같은 정신 작용이 뇌에서 어떻게 작용하는지를 다루기 위해서는 감각과 지각 과정이 매우 중요하다.

(2) 감각(sensation) ★
① 환경에 존재하는 물리적 자극을 특정 신경 세포 내에서 전기화학적 신호로 변화시켜 뇌에 전달하는 지각 과정의 초기 단계라고 할 수 있다.
② 특정 환경 요소를 전기화학적 신호로 변환하여 뇌에 보내도록 특수화된 세포와 조직 및 기관을 갖추고 있다.

예
- 시각은 빛을 신호로 변환하고 청각은 소리를 신호로 변환시켜야 하는데, 그 이유는 환경에 존재하는 물리적 자극을 있는 그대로 뇌에 전달할 수 없기 때문이다. 그러므로 불가피하게 전기화학적 신호로 변화시켜야만 한다.
- 팩스에 종이를 넣고 보낼 상대의 번호를 누르면 그 종이가 그대로 전선을 타고 갈 수 없으므로 다른 신호로 전환되어 수신인의 팩스로 전달되고, 팩스는 그 신호를 받아 종이에 인쇄함으로써 내용을 전달할 수 있게 되는 것과 비슷한 이치이다.

(3) 지각(perception) ★

① 초기 감각 신호가 어떤 대상에 대한 정신적 표상(representation)을 형성하기 위해 사용되어 인식되고 기억에 저장되며 사고와 행동에 사용되는 후반 단계를 말한다.

② 감각과 지각 간에 분명한 경계선이 없고 감각과 지각, 지각과 인지 사이에 명확한 구분이 없다.

> **개념 Plus**
> **표상(表象)**
> - 사전적 의미로는 대표적인 상징이다.
> - 심리학에서는 외부 세계의 대상을 마음속에 나타내는 것을 의미한다.

일차적 감각	자극	신체 수용 기관	지각
시각	빛	눈(광 수용기)	명도, 색, 모양, 결, 위치 및 운동
청각	소리	귀(내이)	음량, 음색, 음고, 공간에서의 음원 위치
촉각	물리적 힘	피부의 기계 수용기	공간 패턴, 결, 모양, 미끄러짐, 움켜쥠의 제어, 진동
고유 수용	물리적 힘	근육, 힘줄 및 관절의 신경 섬유	팔다리 위치와 움직임
통증	물리적 힘	피부의 통각 수용기	통증의 성질
열 수용	열	피부의 온도 수용기	뜨거움과 차가움
균형	중력	내이(반고리뼈관)	균형
신체 움직임	가속	내이(반고리뼈관)	신체 움직임
후각	분자	코(후각 수용기)	냄새
미각	분자	입(미각 수용기)	단맛, 짠맛, 쓴맛, 신맛 및 다른 차원의 맛과 풍미

(4) 인지(cognition)

① 인지(認知)는 사전적 의미로 어떤 사실을 인정해서 아는 것으로 심리학에서는 자극을 받아들이며 저장하고, 인출하는 일련의 정신 과정으로 인식(認識)하는 것을 의미한다.

② 즉, 인지란 '앎'으로 이끄는 정신의 내적 과정과 그 소산물이며, 거의 모든 뇌 정신 활동과 관련되어 있어서 우리의 일상생활은 거의 모두 이러한 의도적 행동으로 구성된다.

③ 인지는 추상적인 개념으로 쉽게 이해되지 않을 수 있는데, 지능과 유사한 개념으로 사용되기도 하고, 사고나 생각 등과 유사한 개념으로 보기도 한다.

④ 감각 정보는 바깥세상에 대한 표상(representation)이 단순화나 정교화 같은 능동적 정신 활동을 통해 변형된다.
⑤ 단순화는 복잡한 감각 정보를 단순하고 간결하게 표현하는 것이고, 정교화는 주어진 감각 정보에 다른 것을 추가하는 것이다.
⑥ 모든 자극에 주의를 기울이게 되면 과부하가 일어나기 때문에 인간은 주변의 물리적 자극 중 일부에만 주의를 기울이고 주의를 기울인 것 중에서도 일부만 기억할 수 있다.

> **핵심 Check**
>
> **감각, 지각 그리고 인지**
> - **감각**: 환경 속 물리적 자극을 받아들여 뇌에 전달하는 과정이다.
> - **지각**: 감각 과정에서 받아들인 감각 정보에 의미와 체제를 부여하는 해석 과정이다.
> - **인지**: 정보의 획득, 저장, 변환, 사용 과정을 수반한다.
>
> **감각의 필요성**
> 유기체는 감각 체계를 통하여 스스로 생존하는 데 필요한 정보를 얻는다.

02 지각 과정의 6가지 주요 접근법

1. 지각 연구의 목표
① 지각, 재인, 행위의 행동 반응으로 이끄는 지각 처리의 각 단계를 이해하기 위해 지각 연구가 필요하다. 이런 연구들을 통해 우리는 감각과 지각에 대한 정보를 얻을 수 있게 된다.
② 본 서에서는 행동주의, 게슈탈트(Gestalt), 정보 처리, 깁슨(Gibson), 경험주의 및 계산적 접근법 등의 지각 과정의 6가지 주요 접근법을 소개하고자 한다.

2. 행동주의적 접근법 [기출개념]
(1) 정신물리학: 행동 연구를 통한 지각 탐구
① 정신물리학(psychophysics)은 물리적 세계에서 오는 외부 자극과 이들이 만들어내는 주관적 감각 사이의 관계를 연구하는 학문으로, 정신물리학 분야와 주요 행동 원칙은 1860년에 정신물리학의 기본 요소를 발표한 독일 실험심리학자 구스타프 페흐너(Gustav Fechner)에 의해 개발되었다.
② 지각 과정은 감각계를 통해 받아들여진 자극을 뇌로 전달시키고, 행동을 통해 다시 세상으로 되돌아간다. 지각은 의식을 불러일으키고 인지 과정을 통해 저장되고 변환되며 행동을 취하는 데 기반이 된다.
③ 정신물리학의 태동
  ㉠ 지각을 이해하기 위해서 인지적·경험적 측면을 평가하는 것은 중요하다.
  ㉡ 19세기에 관찰자의 주관적인 경험을 평가하기 위해 객관적인 정신물리학의 행동 연구를 통한 지각 탐구 방법이 개발되기 시작했다.
  예 검은 배경에 희미한 빛을 제시하고 나서 그 빛을 지각했는지를 "예." 또는 "아니오."라고 대답하게 하거나 버튼을 누르는 방식 등 관찰할 수 있는 방법으로 확인한다.
  ㉢ 정신물리학 연구 방법에서 요구되는 두 가지 사항
    ⓐ 연구자는 지각된 빛의 강도, 파장, 지속 시간 및 공간 패턴, 소리의 근원, 주파수, 지속 시간 및 진폭 또는 피부에 대한 압력의 패턴, 위치 및 크기 등과 같은 자극의 물리적 속성을 정확하게 제어해야 한다.
    ⓑ 관찰자의 반응을 분석하여 지각 체계가 이러한 속성을 부호화하는 방법에 대한 이론을 개발할 수 있어야 한다.

> **개념 Plus**
>
> **심리학 연구의 태동**
> - 페흐너(Gustav T. Fechner, 1801~1887)가 1860년에 『Elements of Psychophysics』라는 책을 발간하면서 인간에 관한 심리학적인 연구가 자연과학적인 배경에서 이루어지기 시작하였다.
> - 그는 마음과 몸의 관계에 대한 법칙을 양적으로 정리하는 연구를 하였고, 자극의 물리적인 강도와 심리적인 감각 사이의 관계를 양적으로 측정하는 정신물리학(psychophysics)을 발전시켰다. 그의 연구는 현대 심리학이 탄생하는 기초가 되었으며, 그는 실험심리학의 개척자로 평가받고 있다.

④ 자극과 경험의 관계 탐구
  ㉠ 정신물리학의 지각 역치에 관한 주요 질문은 자극이 탐지되기 위해서 자극 강도가 얼마나 강해야 하는지와 두 자극이 다르다는 것을 탐지할 수 있으려면 그 차이는 얼마가 되어야 하는지에 대한 것이다.
  ㉡ 매우 작은 소리를 감지하지 못하다가 진폭이 증가함에 따라 소리를 감지하는 것과 같은 지각적 전환이 있는 지점을 탐구한다.
  ㉢ 지각 경험의 척도화는 소리의 물리적 강도가 올라가거나 내려갈 때 지각된 소리의 크기가 어떻게 변하는가와 같이 지각 가능한 자극의 물리적 특성의 변화에 따라 지각 경험이 어떻게 변화하는지를 탐구한다.

(2) 행동주의 심리학 ★★
① 지각 연구에 있어서 행동주의적 접근법은 행동주의 심리학과는 구별되어야 한다. 행동주의(behaviorism)는 내성법과 같이 의식적 수준에서 마음의 내용을 검증하는 것을 중시하는 유럽 심리학에 문제가 있다고 생각한 존 왓슨(John. B. Watson, 1913)이 미국에서 세운 심리학파이다.
② 존 왓슨(John. B. Watson, 1913)은 "행동주의자들이 생각하는 심리학은 순수 객관주의적 실험에 근거하는 자연과학의 분과 학문이다. 그것의 이론적 목적은 행동을 예견하고 통제하는 것이다."라고 주장하였다.
  ㉠ 왓슨은 파블로프의 개에 관한 연구로 잘 알려진 조건화(conditioning)가 미래의 심리학을 대표한다고 생각하였고 믿었으며, 인간과 동물의 행동을 통해 객관적이고 구체적인 연구와 조작을 해야 한다고 생각했다.
  ㉡ 기능주의 심리학자 교수의 지도 아래에서 동물 행동을 연구해왔던 왓슨이었지만, 기능주의, 구성주의, 정신 역동 이론 등이 모두 과학적인 측정이 어려운 마음을 다루려고 하기 때문에 심리학에 한계가 있음을 비판하였다.
  ㉢ 왓슨은 내성법은 너무 주관적이며 불분명하고 실용적이지 못하다고 생각했다.
  ㉣ 그는 인간을 이해하기 위해서 '연구란 관찰이나 측정, 설명할 수 있어야 한다'고 주장하면서 1913년 행동 연구에 초점을 맞춘 심리학에 관한 논문을 발표했고 그것이 '행동주의(behaviorism) 심리학' 이론이다.
③ 행동주의 심리학은 단순히 행동을 자극과 반응의 관계로 설명하려는 차원에서 더 나아가 행동의 이해나 예측, 수정도 가능해지면서 심리학이 보다 과학적인 학문으로 발전하는 데 기여했다.

3. 게슈탈트(Gestalt) 접근법 ★★★ 기출개념
① 게슈탈스 접근법을 이해하기 위해서 게슈탈트 심리학에 대해 이해할 필요가 있다.
② 전체적으로 잘 조직화된 형태나 모양을 독일어로는 '게슈탈트(Gestalt)'라고 부르며, 이는 영어로는 형태(form), 전체(whole)를 의미한다. 독일어 게슈탈트에 명확히 부합하지는 않지만, 우리말로 주로 '형태'라고 번역된다.
③ 20세기 초 체코 출신의 심리학자 베르트하이머(Max Wertheimer, 1880~1943), 독일 심리학자 코프카(Kurt Koffka, 1886~1941) 및 쾰러(Wolfgang Kőhler, 1887~1967) 등이 1910년에 '게슈탈트 심리학(형태심리학)'을 창건하였다.

개념 Plus

내성법
생각이나 욕망, 느낌 등을 자기 스스로 내적으로 들여다보고 언어로 보고하는 방법이다.

핵심 Check

행동주의적 접근법 주요 특징
• 유기체의 행동에 대한 객관적 기술을 강조한다.
• 행동주의는 지각이나 인지보다는 행동에 초점을 둔다.
  – 물리적 자극에 대한 사람들의 반응을 평가한다.
  – 객관적, 양적 접근법이라는 특성이 행동주의 노선과 양립 가능하다.

㉠ 그들은 구성주의를 비판하며 내성법으로는 의식을 연구하는 데 한계가 있다고 주장하면서 마음이나 의식을 요소나 부분의 합이 아닌 잘 조직화한 하나의 전체로 이해해야 한다고 주장하였다.

㉡ 그들은 '부분의 총합이 전체가 될 수 없다.'라고 주장하였다.

[예] 1과 30이라는 숫자는 12와 14 사이에서는 '13'으로 보일 수 있으나 A와 C 사이에 있다면 B로 보일 수 있다. 즉, 동일한 자극이라도 주변의 상황에 따라 다르게 지각될 수 있다.

④ 게슈탈트 심리학에서 자극 표상은 접근성·유사성·방향성·포괄성 등과 같은 지각적 원리에 따라 조직화되는데, 이는 우리에게는 자극을 하나로 통합해 지각하려는 경향성이 있기 때문이다.

⑤ 이런 지각의 경향성은 '형태성'뿐만 아니라 개인의 경험과 욕구, 가치관, 성격과 같은 심리적 요인도 영향을 미치는데, 외부 대상을 지각하는 것은 형태적인 특징과 개개인의 심리적 작용이 추가되어 해석된다고 할 수 있다.

⑥ 게슈탈트 심리학은 여러 다른 감각 중에서 특히 시각적인 형태에 대한 논리를 체계화한다.

📑 개념 Plus

BGT 검사
- BGT(Bender Gestalt Test, 벤더 게슈탈트 검사)는 1938년 벤더(Bender)에 의해 개발되었다.
  - 만 5세부터 성인까지 모든 연령에서 실시할 수 있다.
- 게슈탈트 심리학의 원리를 기반으로 개발되었다.
- 원래는 신경 심리 검사의 일종으로, 기질적 손상을 측정하기 위해 개발되었으나, 주어진 도형을 피검자가 어떻게 지각하고 그리는가에 따라 그 사람의 성격도 추론할 수 있다.

✓ 핵심 Check

게슈탈트 접근법
- 게슈탈트(Gestalt): 형태, 패턴, 전체 등으로 번역되는데, 통상 우리나라에서는 형태로 번역되는 경우가 많다.
- 게슈탈트 접근법: 사물이 분리된 부분보다는 잘 조직되어 있는 전체 구조로 지각된다고 보았다.
  - 우리가 보는 모양은 개개 요소나 부분들의 합 이상이다.
  - 지각을 설명하는 데 있어서 개별 요소에 초점을 맞춘 구성주의자들의 주장을 거부하였다.

인접된 점들까지 인식하는 경향성
즉 A, B와 C, D, E를 묶어서 하나로 인식하려고 함

점들을 하나의 선으로 연결해서 원으로 인식하려고 함

[그림 1-2] 게슈탈트 심리학 원리

4. 정보 처리 접근법 ★ 기출개념

① 정보 처리 접근법이란 인간의 마음을 정보 처리 시스템으로 간주하는 시스템을 말한다.

② 정보 처리 작업이 주변으로부터 정보를 받아들이는 단계, 받아들인 정보를 저장 또는 보관하는 단계, 보관해두었던 정보를 인출하는 단계, 인출한 정보를 활용하는 단계를 거쳐 전개된다고 가정한다.

③ 정보 처리 시스템의 구성 단계는 [그림 1-3]과 같다.

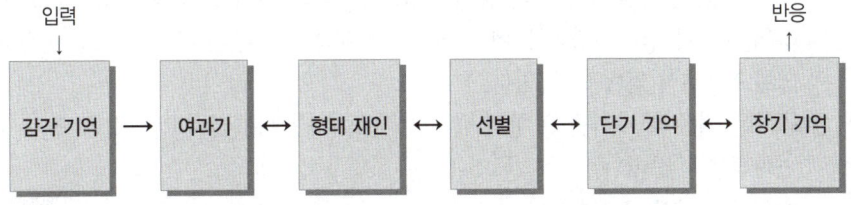

[그림 1-3] 정보 처리 시스템을 구성하는 단계들

㉠ 감각 기억(sensory store)
  ⓐ 감각 정보를 아주 짧은 시간(수초 이내) 동안만 보관하는 기억이다.
  ⓑ 이 정보는 분석되지 않은 채 잠시 보관되었다가 사라지며, 감각 저장고라고도 한다.

ⓒ 여과기(filter)
  ⓐ 주의 집중을 받은 것은 재인되고 나머지 정보는 재인되지 않는다.
  ⓑ 정보를 걸러내는 일에 관여하는 주의의 한 부분이다.
ⓓ 형태 재인(pattern recognition)
  ⓐ 자극의 정체를 확실하게 인식하는 지각의 단계이다.
  ⓑ 감각 기억 속에 등록된 자극의 형태(모양)에 관한 정보를 장기 기억에 보관된 정보와 비교하여, 시각 자극을 분류하는 작업을 한다.
    예 '강아지'는 동물로, 'ㄱ'은 문자(낱자)로, '자극'은 단어로 분류한다.
ⓔ 선별 단계(selection stage): 어떤 정보가 기억될 것인지를 결정하는 단계이다.
ⓕ 단기 기억(short-term memory): 용량이 제한되어 있고 그 내용에 주의를 기울이지 않으면 20~30초밖에 보관되지 않는 기억이다.
    예 1577-1588과 같은 전화번호를 듣고 받아적을 수 있는 정도의 기억이다.
ⓖ 장기 기억(long-term memory): 용량에 한계도 없고 한 번 저장되면 내용이 짧게는 몇 분에서 평생토록 보존되는 것으로 알려진 기억이다.

5. 경험주의적 접근법

(1) 조지 버클리(George Berkeley)의 사물과 지각
① 조지 버클리는 사물을 '지각되는 것'으로 정의하였는데, 맛과 향, 색, 형태 등을 통해 어떤 사물로 간주될 수 있다.
  예 새콤달콤한 맛과 향긋한 냄새와 붉은색의 동그란 형태를 띤다면 '사과'라는 이름으로 불리게 된다는 것이다.
② '나는 생각한다. 고로 존재한다.'라는 말처럼 사물이 존재한다는 것은 지각된다는 것을 의미하는 것으로 '존재는 지각되는 것이며, 감각적 사물은 마음 또는 생각하는 것으로 밖에 존재할 수 없다.'라고 보았다.

(2) 감각적 사물과 경험
① 감각적 사물이 존재하는 것과 지각하는 것을 별도로 분리할 수 없다. 이것은 언어적 의미 분석 차원뿐 아니라, 인간의 지각 능력이 가지는 고유한 원리라고 할 수 있고 감각적 사물은 지각됨으로써 나타날 수 있다. 즉, 존재한다.
② 지각은 정보가 필요하다. 즉, 정보 없이 지각은 일어나지 않는다. 추가적인 정보는 기초적인 자극의 집합을 동화와 조절을 통해 인지 도식을 재조직함으로써 형성되거나 과거의 경험 때문에 이루어지는 무의식적 추론 혹은 기억된 심상들과의 연합으로부터 얻어질 수 있다.
③ 동화는 기존의 지식을 토대로 새로운 것을 이해하는 것이고 조절은 인지 구조가 변화되는 과정이다.
  예 아이가 고양이를 개와 비슷한 동물로 생각한다면 동화라고 할 수 있고 고양이는 개와 다른 동물이라는 것을 알게 됨으로써 인지 구조가 변화한다면 조절이라고 할 수 있다.
④ 결론적으로 지각은 경험의 증가로 인해 인지 도식이 정교화되고 그에 따라 더욱 많은 심상 기억을 획득함으로써 풍부해질 수 있다.

개념 Plus

경험주의적 접근법의 주요 특징
- 학습에 의해 지각적 능력을 획득한다는 점을 강조한다.
  - 감각 정보만으로는 지각적 경험을 채우지 못한다.
  - 두 눈으로 사물의 거리를 판단하는 것은 경험의 결과이다.
- 감각 정보만으로는 지각적 경험을 채우지 못하지만 뇌에 저장된 정보가 지각을 일으키기 위해 감각 입력 정보와 결합한다.
- 뇌 가소성(brain plasticity)이란 뇌 손상이 발생한 뇌 부위가 담당했던 기능을 다른 뇌 부위가 떠맡는 현상으로 뇌 연결을 조성하는 경험의 능력도 경험주의의 주장과 일치한다.

6. Gibson 접근법 기출개념

(1) Gibson 접근법
① 깁슨(James J. Gibson, 1904~1979)은 직접 지각을 제안한 선구자이다.
② 경험주의와 게슈탈트 접근법은 감각 정보만으로는 충분하지 않다고 주장했다. 경험주의는 학습이나 경험의 중요성을, 게슈탈트는 형태성이나 심리적 요인 등이 영향을 미친다고 보았으나, Gibson은 감각 정보만으로도 충분하다고 보았다.
③ 환경 자극 자체가 풍부한 정보를 지니고 있으므로 우리의 지각 기저에 작용하는 심리 과정을 설명하기 위해 정교한 이론을 개발할 필요가 없다고 보는 입장이다.
④ Gibson은 우리가 필요한 모든 정보는 자극 안에 있고 실제 자극에 집중해야 한다고 주장했다.

(2) Gibson 지각의 생태학(생물과 환경을 다루는 분야)
① Gibson은, 지각은 정보의 획득과 관련되어 있고, 지각 체계가 유기체의 생존을 돕는다고 주장했다.
② 지각은 환경에 대한 형태적 적응을 지지해준다.
③ 생태학적 측면에서 환경은 인간에게 '의미 있는 것'으로 생태학적으로 구조화되어 있다.

(3) 환경 지각
① 환경에 대한 지각은 그림이나 물체를 지각하는 것보다 훨씬 더 직접적이다.
② 지각자의 능동적인 비교, 탐색 활동을 통해 명확하고 의미 있는 실체로 지각하기 때문에 보다 즉각적이며 자동적이다.
③ 즉각적인 지각의 연속 과정 속에서 그 요소들의 전체적 관계 체계나 패턴을 본다.
④ 환경 지각은 환경 안에서의 인간의 행동, 참여, 의미화, 동기 등과 관련이 있고 매우 다양한 양상을 보인다.
⑤ 따라서 환경의 일부분이 아닌 인간 주변의 총체적인 환경을 대상으로 지각한다.

7. 계산적 접근법

(1) 데이비드 마아(David Marr)의 계산적 접근법
① 계산적 접근법은 신경생리학적 차원에서 이루어지는 시각의 기능을 정교한 계산을 사용하여 설명할 수 있는 접근 방법을 제공한다. 즉, 지각적 체계가 자극을 처리하기 위해 사용하는 수학적 기전이 있다고 주장한다.
② 계산적 접근법은 시신경 기관이 작동되는 알고리즘을 파악하여 시각 정보가 시각 수용기로부터 피질에 이르는 일련의 정보 처리 과정에서 무엇을 계산하는가를 밝히고자 한다. 지각적 문제를 관심 사물에 대한 특정 지식보다는 일반적인 물리적인 지식으로 해결하려고 시도했다.
   예 모서리나 경계로 표상되는 변화는 시각 체계에서 매우 중요한데, Marr의 계산적 접근법은 우리가 어떻게 모서리를 지각하는지 잘 설명해준다.

(2) Marr의 이론에 대한 평가
복잡한 지각 현상을 명료한 수리적 원리로 설명하려 한 시도라는 평가를 받고 있다.

핵심 Check

계산적 접근법
- 지각적 체계가 자극을 처리하기 위해 사용하는 수학적 기전이 있다고 주장한다.
- 지각적 문제를 관심 사물에 대한 일반적인 물리적인 지식으로 해결하려고 시도했다.
  예 모서리를 어떻게 지각하는지에 관해 설명해준다.

기출개념확인

01 감각과 지각에 대한 설명으로 옳지 않은 것은?

① 감각은 감각 기관을 통해 정보를 받아들이는 역할을 한다.
② 감각으로부터 받은 정보를 취합하고 통합하는 역할을 하는 것이 지각이다.
③ 지각은 인식이나 개념, 생각과 비슷한 의미이다.
④ 감각과 지각 사이의 분명한 경계는 없다.

02 지각 과정의 주요 접근법이 아닌 것은?

① 행동주의 접근법
② 정신 분석적 접근법
③ 경험주의적 접근법
④ 정보 처리적 접근법

정답·해설

01 ③ 감각과 지각이 아닌 인지에 대한 설명이다.
02 ② 정신 분석적 접근법은 인간의 무의식을 이해하고 통찰하는 것을 주로 하기 때문에 지각 과정을 연구하는 데에는 적합하지 않다.

제2절 지각 과정 연구법

01 역 측정과 크기 추정

1. 역 측정 [기출개념]

(1) 개요
① 정신물리학(psychophysics)은 물리적 세계에서 오는 외부 자극과 이들이 만들어 내는 주관적 감각 사이의 관계를 연구하는 학문이다.
② 인간에 관한 심리학적인 연구가 자연과학적인 배경에서 이루어지기 시작한 시기는 1800년대 중반부터로 페흐너에 의해서였다.
  ㉠ 그는 마음과 몸의 관계에 대한 법칙을 양적으로 정리하는 연구를 하였고, 자극의 물리적인 강도와 심리적인 감각 사이의 관계를 양적으로 측정하는 정신물리학(psychophysics)을 발전시켰다.
  ㉡ 그의 연구는 인간의 마음을 자연과학적 접근 방법으로 연구하는 현대 심리학이 탄생하는 기초가 되었다.
③ 당시의 많은 과학자와 철학자는 마음을 측정하는 것이 불가능하다고 주장했기 때문에 페흐너의 이와 같은 방법은 과학적 심리학이 확립되는 데 매우 중요한 연구이다. 자극과 지각의 관계를 측정하기 위해 최초로 사용된 방법이라는 점에서 고전적 정신물리학 방법(classical psychophysical methods)이라고 한다.
  ㉠ 페흐너는 역을 측정하는 세 가지 중요 방법을 제안하였다.
  ㉡ 역은 한계, 경계 또는 역치의 의미이다.

(2) 절대역(absolute threshold) ★★
① 절대역(absolute threshold)은 자극을 탐지할 수 없다가 간신히 탐지할 수 있게 되는 급작스러운 변화이다.
② 감각의 양상에 따른 절대역 또는 탐지역의 예(Galanter, 1962)

감각 양상	절대역(탐지역)
빛	어두운 밤 48km 밖에서 보이는 촛불
소리	조용한 조건에서 6m까지 들리는 손목시계의 초침 소리
맛	7.57L 물에 용해된 설탕 1스푼
냄새	방 3개 규모의 아파트에 확산하는 향수 한 방울
촉각	뺨 위 1cm 지점에서의 벌의 날갯짓

📝 **개념 Plus**

역의 개념
역(threshold)은 한계, 경계를 의미하며, 자극에 대한 반응이 나타나는 시작, 경계점으로 역치(閾値)라고도 한다.

③ 위의 표에 제시된 예처럼 절대역(탐지역)은 각각의 감각 양상에 따라 자극을 탐지할 수 있는 한계(경계)가 있다.

(3) 페흐너(1860)의 절대역 측정의 3가지 방법 〔기출개념〕

① 한계법(method of limits)
㉠ 한계법은 관찰자가 탐지를 할 수 있거나 없을 때까지 자극을 점차적으로 내리거나 올려서 측정하는 방법으로 내림차순 시행과 오름차순 시행이 있다.
㉡ 내림차순 시행: 확실하게 탐지가 가능한 자극으로부터 시작하여 관찰자가 탐지할 수 없을 때까지 점진적으로 약한 자극을 제시한다.
㉢ 오름차순 시행: 역치 이하의 자극에서 시작하여 점진적으로 강도를 높여가면서 관찰자가 '탐지할 수 있다.'라고 반응하는 순간을 측정한다.
㉣ 습관화 오류, 기대 오류: 자극을 탐지할 수 없는데도 탐지할 수 있다고 반응하거나 반대로 탐지할 수 없음에도 자극을 탐지할 수 있다고 반응할 수 있다.

② 조정법(method of adjustment)
㉠ 조정법은 실험자가 아닌 관찰자가 직접 자극의 강도를 올렸다 내렸다 하며 조정하는 방법이다.
㉡ 역치를 빠른 시간 안에 얻어낸다는 장점이 있지만 관찰자마다 역치에서 큰 변화가 일어날 수 있다는 단점이 있다.

③ 항상 자극법(method of constant stimuli)
㉠ 항상 자극법은 검사를 실시하기 전에 일정한 자극 세트를 선정하고 검사가 실시되는 동안 일정한 횟수로 자극을 제시하는 방법이다.
㉡ 가장 약한 자극에서(역치 이하)부터 가장 강한 자극(역치 이상)까지 5~9개의 자극 세트를 선정 후 일정한 횟수로 제시한다.
㉢ 정밀한 역치를 얻을 수 있다는 장점이 있지만 사전 검사를 실시해야 하므로 시간이 매우 많이 소요된다는 단점이 있다.

(4) 베버(Weber)의 법칙 〔기출개념〕

① 차이역(difference threshold) ★
㉠ 차이역은 두 자극이 서로 다르다는 것을 구분하는 데 필요한 최소한의 강도 차이로 비율이 일정하다.
　예) 무게의 차이역은 2%인데 100개의 동전이 있을 때, 100개와 101개의 무게 차이는 약 1%로 느끼지 못할 수 있지만, 2% 해당하는 동전 2개가 추가될 경우 무게의 차이를 탐지할 수 있다는 것이다. 동전이 200개일 경우 차이역도 2배로 늘어나 차이역을 탐지를 위한 동전은 4개가 된다. 즉, 200개에서 204개가 되어야 무게의 차이를 탐지할 수 있다.
㉡ 특정 자극(무게)에서 차이역, 표준 자극의 비율을 베버의 소수(Weber fraction)라고 한다.

② 베버의 법칙
㉠ 표준 자극이 달라져도 베버(Weber) 소수는 항상 일정하다는 것을 베버의 법칙(Weber's law)이라고 한다.
㉡ 특정 감각에서 베버 소수는 비교적 항등적이나, 감각 판단 유형별로 베버의 소수값은 다르다.

📋 **개념 Plus**

역치와 민감도
- 민감도는 역치와 역(반대) 관계이다.
- 즉, 역치가 낮을수록 민감도는 높고 역치가 높을수록 민감도는 낮다.
　예) 밝은 곳에 있다가 어두운 곳에 들어오면 처음에는 희미한 불빛에 대해서도 높은 역치를 갖게 되는 반면 민감도는 낮아진다. 그러나 시간이 지날수록 희미한 불빛에 대한 역치가 낮아지고 민감도는 높아진다.

ⓒ 여러 가지 감각 차원의 베버의 소수값(Teghtsoonian, 1971)

감각 차원	소수값
전기 충격	0.01
무게	0.02
소리 강도	0.04
빛의 강도	0.08
맛(짠맛)	0.08

ⓓ 위의 표와 같이 특정 감각 내에서 예를 들어 전기는 1%, 빛과 맛은 8% 증가할 때 각각 변화가 감지된다. 감각 차원에 따라 베버의 소수값은 각각 다르다.

2. 크기 추정
(1) 개요
① 자극의 물리적 강도와 지각된 강도 사이의 관계를 크기 추정이라고 한다.
② 스티븐스(S. S. Stevens, 1957)가 척도법 혹은 크기 추정(magnitude estimation)이라는 방법을 개발하면서 물리적 강도와 지각된 강도 사이의 관계를 정확하게 측정할 수 있게 되었다.

(2) 크기 추정 방법
① 크기 추정 절차
  ⓐ 실험자가 관찰자에게 '표준 자극(중간 정도의 불빛 강도)'을 제시한다. 그 값으로 1을 제시한다.
  ⓑ 실험자가 물리적 강도가 다른 불빛을 제시한다. 관찰자가 그 불빛의 밝기에 맞는 숫자 값을 제시한다.
  ⓒ '밝기' 숫자 값이 자극의 지각된 크기로 표준보다 2배 밝아 보이면 2, 반이면 0.5가 된다.
  ⓓ 불빛 강도는 관찰자에 의해 부여된 값이다.
② 실험자에 의해 제시된 불빛의 강도는 물리적 측정값을 나타내고 '지각된 강도'는 관찰자의 주관적 경험인 '지각의 측정값'을 나타낸다.

(3) 크기 추정 결과 기출개념
① 반응 압축(response compression) ★
  ⓐ 반응 압축은 관찰자의 지각된 반응 크기가 자극 강도의 증가보다 작은 경우를 가리킨다.
  ⓑ 불빛의 강도가 20이고 지각된 강도는 30이라고 할 때, 불빛의 강도가 40으로 두 배 증가해도 불빛에 대한 지각의 크기는 60으로 두 배 증가하지 않고 40 정도로 실제 자극의 강도에 비해 작게 증가한 경우가 이에 해당한다.
  예 실내에서 책을 읽다가 밖에 나가서도(태양 빛은 불빛의 강도가 천 배 이상됨) 책 읽기가 가능한 이유는 반응 압축으로 설명할 수 있다.

핵심 Check

자극의 강도와 지각된 크기
- 소리의 강도가 두 배가 된다고 소리가 두 배로 크게 들리지는 않는다.
- Stevens의 지수 법칙: 물리적 자극의 강도에 따라 지각된 크기의 자극의 증감과 관련된 공식이다.
- 물리적 자극의 특성과 자극의 증가 정도에 따라 민감하게 또는 둔감하게 반응하는 환경에 적응에 기여한다.
  예) 반응 압축, 반응 확장

개념 Plus

현상학적 지각 연구 방법
- 현상학적 방법(phenomenological method): 관찰자에게 무엇을 지각했는지를 기술하도록 함으로써 자극에 대한 행동 반응을 측정하는 방법이다.
  예) 시각적 형태 실인증이 있는 뇌 손상이 있는 사람을 대상으로 지각을 연구할 때는 현상학적 방법을 사용한다.
- 이들은 특정 물체를 보고 특징을 기술할 수는 있지만 그 물체가 무엇인지 재인하지는 못한다.
  예) 컵을 보여준 후 기술하도록 하면 '둥근 원통 모양으로 손으로 감싸 쥘 수 있고 물과 같은 것을 마실 수 있다.'와 같이 무엇을 보고 느꼈는지에 대한 기본 속성 파악을 통해 지각에 관해 연구한다.

② 반응 확장(response expansion) ★
  ㉠ 반응 압축과 반대로 지각된 크기의 증가가 자극 강도의 증가 그 이상으로 큰 경우를 가리킨다.
  ㉡ 전기 충격의 자극이 2배 증가할 때 감각 자극의 크기는 2배 이상으로 커지는 경우이다.
  ㉢ 반응 확장은 전기 충격과 같이 위험한 자극에 민감하게 반응함으로써 위험으로부터 보호받고 환경에 잘 적응할 수 있도록 하는 역할을 한다.

(4) Stevens의 지수 법칙(Stevens's power law)
  ① 자극의 물리적 강도와 지각된 크기의 관계를 $p = ks^n$과 같은 지수함수로 제시하고 있다.
  ② p는 지각된 크기, k는 상수로, $n = 2$, $k = 1.0$일 때 강도에 따라 아래와 같이 나타난다.
    ㉠ 강도가 10인 경우 지각된 강도 $p = (1.0) \times (10)^2 = 100$이 된다.
    ㉡ 강도가 20인 경우 지각된 강도 $p = (1.0) \times (20)^2 = 400$이 된다.

02 신호 탐지 이론과 영아 연구법

1. 신호 탐지 이론 [기출개념]

(1) 신호 탐지 이론(SDT; Signal Detection Theory)
  자극의 탐지가 자극에 대한 참가자의 민감도와 참가자의 반응 기준에 달려 있다는 이론이다. 인간의 지각은 물리적 자극만으로 충분하지 않고 정신적 요인이 중요하다고 보는 것이다.
  예) 도서관 같은 조용한 공간과 사람이 북적이는 장소에서 같은 크기의 휴대폰의 진동이더라도 느끼는 것이 다를 수밖에 없다. 그러나 며칠 전 중요한 미팅을 한 후의 상황이라면 아무리 시끄러운 장소일지라도 오로지 신경이 휴대폰에 집중되어 휴대폰 진동의 미세한 감각을 감지할 수 있을 것이다. 따라서 물리적 자극 외에 정신적 요인 또한 중요하게 작용한다고 할 수 있다.

(2) 신호 탐지 실험 설계
  ① 소음으로만 100회(소음)를 시행한 후 신호가 함께 섞여 있는 소음 100회(신호 + 소음)를 시행한다.
  ② 두 시행 간에 지각된 차이는 매우 작아야 한다.
  ③ 시행은 참가자가 내리기 어려운 결정을 하도록 설계되어야 한다.

구분		참가자 반응	
		예	아니오
신호(자극)	유	적중(정, 正)	탐지 실패(오, 誤)
	무	허위 정보(오, 誤)	바른 기각(정, 正)

  ④ 위 네 가지 가능한 경우 중에 적중률과 허위 정보율을 가지고 신호 탐지 결과를 분석한다.

(3) 신호 탐지 기준 설정에 영향을 주는 요인
① 자극의 강도를 바꾸지 않더라도 보상 체계로 탐지의 판단 기준을 바꿀 수 있다.
  예 적중을 하면 10만 원을, 바른 기각이면 5만 원을 주고 탐지를 실패하거나 허위 정보로 판단할 때 각각 1만 원을 잃도록 실험을 설계하게 되면 실험자가 자극의 탐지에 대해 '네'라고 반응할 확률이 높아진다.
② 적중, 바른 기각, 탐지 실패, 허위 정보 등에 대해 보상 설계를 어떻게 하는가에 따라 관찰자의 판단 기준을 변화시킬 수 있다.

2. 영아 연구법 ★ 기출개념

(1) 영아 연구 방법
① 영아들은 언어, 인지, 운동 능력에 있어서 발달이 되어 있지 않고 미숙하여 의사소통과 운동 능력이 제한적일 수밖에 없다. 이로 인해 영아들의 지각적 능력은 과소평가될 수 있다.
② 연구자들은 의사소통 장벽과 같은 제한을 극복하기 위해서 선호법, 습관화법, 조건 형성법 등의 연구 방법을 개발하였다.
  ㉠ 선호법(preference method): 영아가 일관되게 어떤 대상을 다른 것보다 더 오래 바라본다면 영아들이 자극을 변별하고 있음을 의미한다고 보는 것이다.
  ㉡ 습관화법(habituation method)
    ⓐ 자극이 반복적으로 제시될 때 영아들은 그 자극에 습관화되는데, 습관화되면 영아들이 그 자극에 관심을 덜 주게 된다.
    ⓑ 새로운 자극이 제시되면, 영아들은 관심을 기울일 것이다(탈습관화). 그러나 영아들이 그 새로운 자극을 원래의 자극과 구분하지 못하면, 새 자극에 관심을 덜 주게 된다.
  ㉢ 조작적 조건 형성법(operant conditioning method): 연구자들은 영아가 할 수 있는 반응을 선택하고, 영아가 그 특정 반응을 보일 때 보상해준다.
    예 아이의 발 한쪽과 천장에 매달린 모빌을 끈으로 연결시켜 놓으면, 영아는 모빌을 움직이기 위해서 발차기를 많이 할 가능성이 높다.
  ㉣ 생리적 방법
    ⓐ 앞서 설명되었던 선호법, 습관화법, 조건 형성법은 영아의 행동적 반응에 의존할 수밖에 없다.
    ⓑ 그러나 생리적 방법은 생리적 측정 기법을 통해 영아 연구를 하는 것으로, 원래는 성인의 지각 경험 연구에 사용되었던 방법들을 영아 연구에도 적용한 것이다.
    예 • 심장 박동률의 변화는 영아의 각성이나 주의의 지표로 사용될 수 있다.
      • 시각 유발 전위는 연구자들로 하여금 시각 자극 처리에 대한 추론을 가능하게 해주는 후두엽에서 발생하는 전기적 신호이다.
      • 연구자들이 이런 유발 전위나 다른 뇌 활동의 전기생리적 측정치들을 연구할 때 영아의 머리에 캡(모자)을 착용시킨다.
      • 다른 방법들에는 기능성 자기 공명 영상법(fMRI)과 같은 신경 기능 영상법이 있다.

개념 Plus

민감도와 기준의 구분
• 신호 탐지 실험의 장점 중 하나는 관찰자의 기준과 민감도 모두를 측정할 수 있다는 것이다.
• 민감도 지표 d': '소음 시행의 정점과 신호 + 소음 시행의 정점 사이의 거리'이다.

기출개념확인

01 다음 설명 중 옳지 <u>않은</u> 것은?

① 절대역은 자극을 탐지할 수 없는 순간에서 겨우 탐지할 수 있는 순간으로의 급작스러운 변화이다.
② 페흐너의 절대역 측정 3가지 방법은 한계법, 조정법, 베버의 법칙이다.
③ 크기 추정이란 자극의 물리적 강도와 지각된 강도 사이의 관계이다.
④ 신호 탐지 이론은 자극만으로 지각을 결정하기는 충분하지 않고 정신적 요인을 고려할 필요가 있으므로 고전적 정신물리학을 거부한다.

02 영아 연구 방법이 <u>아닌</u> 것은?

① 항상 자극법
② 습관화법
③ 생리적 방법
④ 선호법

정답·해설

01 ② 페흐너의 절대역 측정 3가지 방법은 한계법, 조정법, 항상 자극법이다.
02 ① 항상 자극법은 페흐너의 절대역 측정 3가지 방법 중 하나이다.

제1장 | 실전연습문제

기출유형

01 감각과 지각에 관한 설명으로 옳지 않은 것은?

① 감각은 환경 내 물리적 자극을 전기화학적 신호로 변화시켜 뇌에 전달하는 것을 말한다.
② 감각과 지각 간에는 그 구분이 명확하다.
③ 지각은 정신적 표상을 형성하는 데 사용되어 인식되고 기억에 저장된다.
④ 우리 신체는 특정 자극을 전기화학적 신호로 변환하여 뇌로 보내는 특수화된 세포를 가지고 있다.

02 인간의 일차 감각 중 근육의 긴장을 통해 팔다리의 위치나 움직임을 지각하는 것과 관련 있는 감각은?

① 시각
② 균형 감각
③ 고유 수용
④ 촉각

기출유형

03 다음 중 '인지'에 대한 설명으로 적절하지 않은 것은?

① 인지는 자극을 받아들이며 저장하고, 인출하는 일련의 정신 과정을 의미한다.
② 인지는 지능과 유사한 개념으로 사용되기도 하고, 사고나 생각 등과 유사한 개념으로 보기도 한다.
③ 감각 정보에 대한 변형은 단순화나 정교화 같은 능동적 정신 활동을 통해 구축된다.
④ 우리는 주의를 기울일 수만 있다면 무엇이든 전부 기억할 수 있다.

기출유형

04 전체적으로 잘 조직화된 형태나 모양을 의미하는 독일어로, 영어로는 형태(form), 전체(whole)를 의미하는 것은 무엇에 대한 설명인가?

① 게슈탈트
② 게젤샤프트
③ 게마인샤프트
④ 칸트

05 다음 중 정보 처리 접근법에서 용량이 제한되어 있고 그 내용에 주의를 기울이지 않으면 20~30초밖에 보관되지 않는 단계는?

① 선별 단계
② 단기 기억
③ 형태 재인
④ 장기 기억

06 지각 과정에 관한 연구 방법 중 지각 체계가 유기체의 생존을 보장해야 한다는 점을 강조하는 방법은?

① 정보 처리 접근법
② 경험주의
③ 행동주의
④ Gibson 접근법

07 영유아 발달 연구 방법 중 영아의 심장 박동이나 각성, 주의 등과 같은 지표를 주로 사용하는 연구 방법은?

① 선호법
② 조작적 조건 형성법
③ 습관화법
④ 생리적 방법

08 영유아 발달 연구에 있어서 영유아의 지각적 능력을 과소평가하게 되는 이유로 가장 적절한 것은?

① 영유아 전용 시설이 부족하기 때문이다.
② 보호자가 영유아를 과소평가하기 때문이다.
③ 의사소통과 운동 능력에 제한이 있기 때문이다.
④ 영유아가 발달 특성상 거짓 반응을 잘 하기 때문이다.

[기출유형]
09 다음 중 페흐너가 제시한 절대역 측정의 3가지 방법에 해당하지 않는 것은?

① 한계법   ② 습관화법
③ 항상 자극법 ④ 조정법

10 자극의 물리적 강도와 지각된 강도 사이의 관계는?

① 크기 추정   ② 감각 추정
③ 정교화   ④ 지각 추정

11 자극을 탐지할 수 없는 수준에서 겨우 탐지할 수 있는 수준으로 막 변화하는 지점은?

① 감각 구간   ② 상대적 역
③ 절대역   ④ 탐지역

12 뺨 위 1cm 지점에서의 벌의 날갯짓을 지각하는 탐지역과 관련된 감각은?

① 시각   ② 후각
③ 청각   ④ 촉각

13 뇌의 손상으로 인해 가위 같은 물건을 보고 모양이나 색에 대해서는 기술할 수 있으나 가위로서는 인식하지 못하고 촉각을 통해 만져봐야 비로서 가위인 줄 아는 증상을 무엇이라고 하는가?

① 실소증 ② 실인증
③ 실어증 ④ 실형증

14 신호 탐지 이론에서 실제로는 자극이 없었으나 관찰자는 자극이 있었던 것으로 반응하는 것은?

① 탐지 실패 ② 적중
③ 허위 정보 ④ 바른 기각

15 자극의 강도를 바꾸지 않더라도 관찰자의 탐지 기준을 변경할 수 있는 요인?

① 보상 체계
② 관찰자의 과거 경험
③ 실험 장소
④ 실험 횟수

16 신호 탐지 실험의 4가지 결과 중에서 결과 분석의 대상이 되는 유형으로 짝지어진 것은?

① 적중과 바른 기각
② 적중과 허위 정보
③ 탐지 실패와 바른 기각
④ 허위 정보와 바른 기각

17 다음 크기 추정 결과 중 반응 압축에 관한 설명으로 옳지 않은 것은?

① 지각된 크기의 증가가 자극 강도의 증가보다 작다.
② 자극이 두 배 증가했으나 자극에 대한 지각 반응이 1.5배 증가하였다면 반응 압축이다.
③ 실내 조명 아래에서 책을 읽다가 태양 빛 아래의 야외에서 책을 읽을 수 있는 현상과 관련이 있다.
④ 반응 압축은 전기 충격과 같은 위험한 자극으로부터 민감하게 반응할 수 있도록 해준다.

18 소금 용액 두 개의 짠맛 정도가 서로 다르다는 것을 구분하기 위해 필요한 최소한의 강도 차이는?

① 탐지역 ② 절대역
③ 차이역 ④ 최소역

19 뇌 손상이 발생한 뇌 부위가 담당했던 기능을 다른 뇌 부위가 그 기능을 떠맡는 현상과 관련 있는 용어는?

① 뇌 가소성　　② 신경 전달 물질
③ 시냅스　　　④ 뇌경색

20 정보 처리 단계 중 장기 기억에 보관된 정보와 비교하여 자극의 정체를 정확하게 인식하는 단계는?

① 감각 기억　　② 형태 재인
③ 필터　　　　④ 선별 단계

제1장 | 실전연습문제 정답·해설

01	02	03	04	05
②	③	④	①	②
06	07	08	09	10
④	④	③	②	①
11	12	13	14	15
③	④	②	③	①
16	17	18	19	20
②	④	③	①	②

01 ②

감각과 지각 사이에 명확한 구분은 없다.

오답분석

① 감각은 환경 내 물리적 자극을 전기화학적 신호로 변화시켜 뇌에 전달한다.
③ 지각은 초기 감각 신호가 어떤 대상에 대한 정신적 표상을 형성하는 데 사용되어 인식되고 기억에 저장되며 사고와 행동에 사용되는 후반 단계를 말한다.
④ 시각은 빛을 신호로 변환하고, 청각은 소리를 신호로 변환하는 것을 예로 들 수 있다.

02 ③

고유 수용에 관한 설명이다.

오답분석

① **시각**: 빛을 수용하여 색, 모양, 위치, 운동 등을 지각한다.
② **균형 감각**: 중력의 자극으로 일어나며 내이의 감각 수용기와 머리의 위치나 기울기 등을 통해 지각할 수 있는 감각이다.
④ **촉각**: 피부를 통해 느끼는 기계적 힘을 미끄러짐, 결, 전달된 진동 등으로 지각하는 감각이다.

03 ④

우리는 주변의 물리적 자극 중 일부에만 주의를 기울일 수 있고 주의를 기울인 것 중에서도 일부만 기억할 수 있다.

04 ①

게슈탈트는 독일어로 전체나 형태를 의미하는 용어로 게슈탈트 심리학은 전체적인 형태나 구조를 중시한다. 즉, 부분이 모여서 된 전체가 아니라 완전한 구조와 전체성을 지닌 통합된 전체로서의 형상과 상태를 가리킨다.

05 ②

단기 기억은 20~30초간의 짧은 시간 동안 유지되는 기억으로 전화번호를 듣고 따라 적는 수준 정도의 기억이다.

오답분석

① **선별 단계**: 형태 재인 단계의 바로 다음 단계로 어떤 정보가 기억될 것인지를 결정하는 단계이다.
③ **형태 재인**: 자극의 정체가 확실하게 인식되는 지각의 단계이다.
④ **장기 기억**: 용량에 한계도 없고 그 내용이 몇 분에서 평생토록 보존되는 기억이다.

06 ④

Gibson 접근법에서 지각은 환경에 대한 형태적 적응을 지지하며 지각 체계가 유기체의 생존을 보장해야 한다는 점을 강조한다.

오답분석

① **정보 처리 접근법**: 인간의 마음을 정보 처리 시스템으로 간주한다.
② **경험주의**: '존재는 지각되는 것이며, 감각적 사물은 마음 또는 생각하는 것 밖에서는 존재할 수 없다.'라고 본다.
③ **행동주의**: 연구의 대상을 관찰할 수 있고, 측정 가능한 행동이 중심이 되어야 한다고 주장한다.

07 ④

생리적 방법에 대한 설명으로 가령 뇌 활동의 전기 생리적 특성을 측정하기 위해 영아의 머리에 모자를 착용시키기도 한다.

오답분석

① **선호법**: 영아가 어느 하나의 대상을 일관되게 다른 것보다 적극적으로 바라보는 데 더 많은 시간을 소요하는지를 관찰하여 영아가 자극들을 변별하고 있는지 연구하는 방법이다.

② **조작적 조건 형성법**: 영아가 할 수 있는 반응을 선택하고, 영아가 그 특정 반응을 보일 때 보상을 해줌으로써 그 반응을 통해 연구하는 방법이다.
③ **습관화법**: 자극이 반복적으로 제시되면 그 자극에 습관화되어 영아들이 그 자극에 관심을 덜 준다는 점을 활용하는 연구 방법이다. 즉, 새로운 자극이 제시될 때 그 새로운 자극을 원래의 자극과 구분하지 못하면 영아들이 새 자극에 관심을 덜 주게 된다는 것이다.

08 ③

영유아들의 경우 의사소통 및 운동 능력 등의 제한으로 연구에 어려움이 있다. 이러한 어려움을 극복하기 위해 선호법, 습관화법, 조작적 조건 형성법, 생리적 방법 등의 연구 방법이 개발된 것이다.

09 ②

마음을 측정하는 것은 불가능하다고 인식되던 19세기에 감각과 지각관의 관계를 연구하기 위한 방법으로서 절대역을 측정하기 위해 한계법, 조정법 그리고 항상 자극법의 3가지 방법을 시행하였다. 습관화법은 영유아 발달 연구에 사용되는 방법이다.

참고 페흐너가 제시한 절대역 측정의 3가지 방법

구분	내용
한계법	• 확실하게 확인 가능한 자극에서 시작하여 관찰자가 '탐지할 수 없다.'라고 반응할 때까지 점차 약한 자극을 제시함 • 또는 반대로 점진적으로 강도를 높여가며 관찰자가 탐지할 수 있다고 반응하는 순간을 측정함
조정법	관찰자가 직접 자극의 강도를 조정하는 방법
항상 자극법	검사 실시 전, 일정한 자극 세트를 선정하고 검사가 실시되는 동안 일정한 횟수로 자극을 제시함

10 ①

1957년에 S. S. Stevens가 척도법 혹은 크기 추정이라는 방법을 개발하게 되면서 물리적 강도와 지각된 강도 사이의 관계를 정확하게 측정하게 되었다.

11 ③

절대역(absolute threshold)은 자극을 탐지할 수 없는 순간에서 겨우 탐지할 수 있는 순간으로의 급작스러운 변화이다.

12 ④

촉각의 탐지역을 알아볼 수 있는 예시이다.

오답분석
① 어두운 밤, 상당한 거리 밖에 떨어져 있는 촛불의 지각 여부로 확인할 수 있다.
② 아파트 같은 실내 공간에서 향수 한 방울을 퍼트린 후 그 향을 지각할 수 있는지로 확인할 수 있다.
③ 조용한 조건에서 일정 거리 떨어져 있는 손목시계의 초침 소리를 들을 수 있는지로 확인할 수 있다.

13 ②

물체를 인식하지 못하는 증상은 실인증이고 언어의 이해와 표현 능력의 상실은 실어증이다. 시각적 형태의 실인증은 후두엽 손상으로 인해 발생한다.

참고 실인증
실인증은 하나 이상의 감각 기능을 사용하여 물체를 식별할 수 있는 능력을 상실하게 되는 것을 말한다. 실인증에는 시각 실인증 외에 청각 실인증, 미각 실인증, 후각 실인증, 촉각 실인증이 있다.

14 ③

신호 탐지 시행의 4가지 가능한 결과 중 허위 정보에 해당한다.

오답분석
① **탐지 실패**: 실제로는 자극이 있는데 관찰자가 자극이 없다고 반응하는 경우를 말한다.
② **적중**: 자극이 있을 때 자극이 있다고 반응하는 것을 의미한다.
④ **바른 기각**: 실제로 자극이 없을 때 관찰자가 자극이 없다고 반응하는 것을 말한다.

15 ①

적중, 바른 기각, 탐지 실패, 허위 정보 등에 대해 보상 설계를 어떻게 하는가에 따라 관찰자의 판단 기준을 변화시킬 수 있다. 예를 들어, 적중할 경우 보상금을 많이 주고 바른 기각, 탐지 실패, 허위 정보 등에 대해서는 상대적으로 적은 보상금을 똑같이 제공하기로 할 경우, 자극을 탐지한 것으로 반응할 확률이 높아질 수 있다.

16 ②

신호 탐지 결과의 분석은 네 가지 가능한 경우 중 적중(률)과 허위 정보(율)를 가지고 한다.

17 ④

전기 충격과 같이 위험한 자극에 민감하게 반응하는 것은 반응 확장에 대한 설명이다. 가령 전기 충격의 자극이 2배 증가할 때 감각 자극의 크기는 2배 이상으로 커진다. 이러한 반응 확장으로 위험으로부터 보호받고 환경에 잘 적응할 수 있게 된다.

오답분석
① 반응 압축은 지각된 크기의 증가가 자극 강도의 증가보다 작은 것을 말한다.
② 자극이 2배 증가했으나 자극에 대한 지각 반응이 1.5배 증가하였다면 반응 압축에 해당한다.
③ 교실 같은 실내에서 책을 읽다가 태양 빛 아래의 야외에서 책을 읽게 되면 빛의 강도는 실내 조명에 비해 수천 배 커지지만 반응 압축으로 인해 책을 읽을 수 있게 된다.

18 ③

차이역(difference threshold)은 두 자극이 서로 다르다는 것을 구분하기 위해 필요한 최소한의 강도 차이를 말한다.

19 ①

뇌의 가소성은 뇌의 기능은 변화할 수 있고 성장할 수 있다는 의미로 뇌 손상이 발생하더라도 다른 부위가 그 기능을 대신 담당할 수 있다는 뜻이다.

오답분석
② **신경 전달 물질**: 신경 세포에서 분비되는 신호 물질이다.
③ **시냅스**: 하나의 신경 세포에서 다른 신경 세포로 신호를 전달하는 연결 지점이다.
④ **뇌경색**: 뇌혈관이 막혀서 영양분과 산소를 포함한 혈액이 뇌에 공급되지 않는 상태를 말한다.

참고 뇌 가소성
뇌 가소성은 뇌세포와 뇌 부위가 유동적으로 변하는 것을 말한다. 기존에는 뇌가 성장을 마치면 뉴런 등의 뇌세포가 그대로 안정화한다고 했다. 그러나 최근의 연구 결과에 따르면 학습이나 여러 환경에 따라 뇌세포는 계속 성장하거나 쇠퇴한다고 나왔으며, 특히 기억을 담당하는 부위인 해마는 끊임없이 오래된 신경 세포는 쇠퇴하고 새로운 신경 세포가 생겨나는 등 굉장히 활발한 뇌 가소성을 보인다. 이러한 뇌 가소성으로 인해 학습이 가능한 것이며, 특히 뇌 특정 영역에 장애가 발생하더라도 장애가 발생한 뇌 부위의 기능을 다른 뇌 부위가 대신하는 것이 가능해진다.

20 ②

형태 재인은 감각 기억 속에 등록된 자극의 형태(모양)에 관한 정보를 장기 기억에 보관된 정보와 비교하여, 시각 자극을 '고양이'라는 동물, 'ㅂ'이라는 문자(낱자), '사랑'이라는 단어 등으로 분류하는 작업을 시행한다.

오답분석
① 감각 기억은 분석되지 않은 감각 정보를 아주 짧은 시간 동안 보관하는 기억을 의미한다.
③ 여과기라고도 한다. 지각 정보 중 주의 집중을 받은 것은 재인되고 나머지 정보는 재인되지 않는데, 필터는 나머지 정보를 걸러내는 일에 관여하는 주의의 한 부분이다.
④ 선별 단계는 어떤 정보가 기억될 것인지를 결정하는 단계이다.

무료 학습자료 제공 · 독학사 단기합격 **해커스독학사**
www.haksa2080.com

전문가가 분석한 출제경향 및 학습전략

제2장에서는 지각 처리의 가장 중추적 역할을 담당하는 시각 정보 처리에 대한 이해를 중요하게 다룬다. 눈의 세부 구조와 각각의 기능을 학습한 후 신경 세포를 통해 시감각이 어떻게 처리되는지와 우리가 경험하는 시지각 현상이 일어나는 시각 처리 결과와 원리에 대해 학습하는 것이 중요하다. 또한, 대뇌의 구조와 기능에 대해 이해하는 것은 이후 학습에 도움이 되는 만큼 집중할 필요가 있다.

제2장 | 핵심 키워드 Top 10
핵심 키워드 Top 10은 본문에도 동일하게 ★로 표시하였습니다.

01	막대 세포와 원뿔 세포 ★★★	p.47
02	암순응 ★★★	p.48
03	밝기 항등성 ★★★	p.58
04	소속성의 원리 ★★	p.57
05	전두엽(frontal lobe, 이마엽) ★★	p.61
06	두정엽(parietal lobe, 마루엽) ★★	p.62
07	측두엽(temporal lobe, 관자엽) ★★	p.62
08	후두엽(occipital lobe, 뒤통수엽) ★★	p.62
09	방추형 얼굴 영역 ★★	p.66
10	뇌 영상법 ★	p.63

제2장

시감각의 기초

제1절 지각의 시작
제2절 신경 처리와 지각
제3절 대뇌 피질(겉질) 조직화

제1절 지각의 시작

01 지각 과정

1. 지각 과정
(1) 지각 과정
① 우리가 보기 위해서는 빛이 있어야 한다. 빛이 없으면 어떤 것도 볼 수 없기 때문이다. 빛이 반사되어 사물의 상이 망막 위에 형성되고 빛은 시각 수용기에서 전기적 신호로 변형된다.
② 전기적 신호로의 변환은 원자극을 그대로 뇌로 전달할 수 없기 때문이다. 팩스에 넣은 종이를 기계가 다른 신호로 전환해서 다른 팩스로 전달하는 방식과 유사하다고 생각하면 될 것이다. 이처럼 전기적 신호가 신경망으로 전달되는 것이다.
③ 아래 [그림 2-1]에서 휴대폰 문자를 우리가 인식하는 지각 과정을 설명할 수 있다.

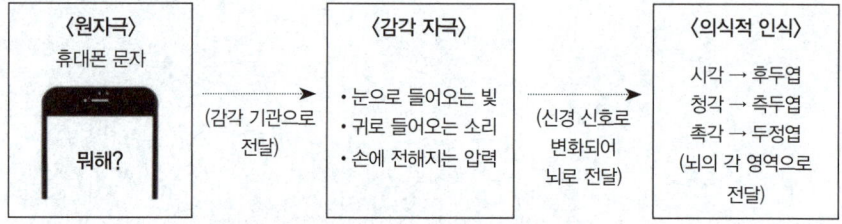

[그림 2-1] 지각 과정의 예(휴대폰 문자 인식 과정)

(2) 감각에 따른 지각 과정
① 지각 과정은 감각 정보를 선택하고 조직화하고 해석하는 과정이다.
② 구체적으로 설명하면 시각은 빛을, 청각은 공기의 압력 변화를 신경 정보로 받아들여 해석하는 과정으로 의미가 파악되지 않은 감각 정보를 받아들여 의미 있는 지각으로 변환시키는 과정이라고 말할 수 있다.
③ 즉, 지각은 감각 정보를 여과하고 의미 있는 지각적 추론을 하는 과정을 거쳐 형성된다.
④ 우리가 경험할 수 있는 모든 것을 의식할 수는 없기 때문에 선택적 주의 집중을 해야 하는데, 이런 제약으로 인해 무주의 맹(inattention blindness, 무주의 맹시)과 같은 현상이 발생할 수 있다.

개념 Plus

무주의 맹
(inattention blindness)
어떤 것에 집중할 때 다른 것에는 상대적으로 주의를 덜 기울이게 되는 현상을 말한다.
[예] 운전 중 통화를 할 경우 행인이나 신호 등을 잘 보지 못해 사고 날 가능성이 커진다. 따라서 운전과 같이 자신과 타인의 안전과 관련된 행위를 할 때 주의를 분산시키는 행위는 삼가야 할 필요가 있다.

2. 빛의 초점 형성

(1) 빛: 시각 자극 `기출개념`

① 전술했듯이 빛이 있어야 사물을 볼 수 있다. 그 빛 중 가시광선에 해당하는 빛이 인지되어 시각으로 나타난다.

② 인간이 지각할 수 있는 가시광선은 400nm(보라색)에서 700nm(빨간색) 파장 사이에 속하는 전자 에너지를 말한다.

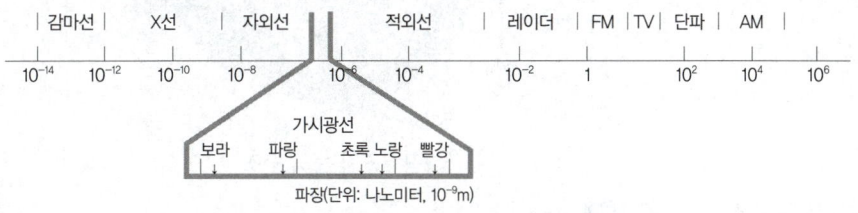

[그림 2-2] 자기 스펙트럼과 가시광선

> **개념 Plus**
> nanometer(= nm)
> 1nm(nanometer) = 10^{-9}m이다.
> 즉 1nm은 10억분의 1미터이다.

(2) 눈 `기출개념`

① 눈을 구성하는 요소 중에서 시각에 중요한 요소는 각막, 수정체, 망막이다.

② 물체에서 반사된 빛은 각막을 통해 눈으로 들어오며, 각막을 통과한 빛은 동공을 지나 수정체를 통과한다.

③ 수정체를 통과한 빛의 초점은 각막과 수정체의 작용으로 망막에 상이 생성되며, 망막 상은 수용기를 자극한다.

④ 시각 수용기

　㉠ 시각 수용기에는 막대 세포(rods)와 원뿔 세포(cones)가 있다.

　　ⓐ 막대 세포와 원뿔 세포 ★★★

　　　• 막대 세포
　　　　- 두 개의 광 수용체의 하나로 막대 모양으로 생겼다.
　　　　- 망막의 주변부에 주로 분포되어 있으며 약한 빛에서 명암이나 물체의 형태를 구분하는 기능을 수행한다.
　　　　- 희미한 불빛이나 어두운 곳에서 사물을 분간하기 어려운 야맹증과 관련 있다.

　　　• 원뿔 세포
　　　　- 두 개의 광수용체의 하나로 원뿔 모양으로 생겼다.
　　　　- 망막의 중앙에 많이 분포되어 있으며 밝은 빛에서 물체의 형태나 색상을 구분하는 기능을 수행한다.
　　　　- 색채 지각에 어려움을 겪는 색채시 결함과 관련 있다.

　㉡ 시각 수용기 속에는 시각 색소(visual pigments)라는 화학 물질이 있는데, 빛에 대한 반응으로 전기적 신호를 보낸다.

　㉢ 수용기에서 생성된 신호는 신경망을 거쳐 시각 신경(optic nerve)을 따라 뇌로 전달된다.

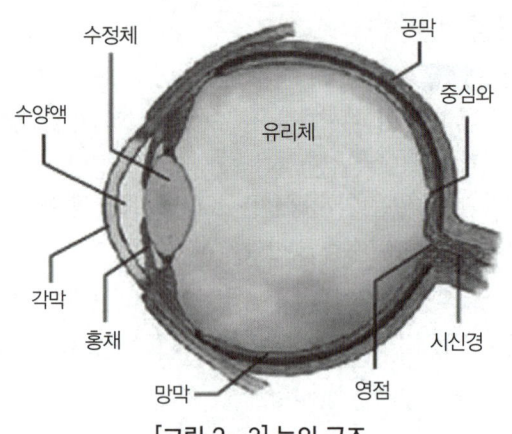

[그림 2-3] 눈의 구조

> **핵심 Check**
>
> **빛 그리고 눈의 구조와 기능**
> - 빛의 본질
>   - 우리의 눈에 들어오는 것은 색채가 아니라 시각 체계가 색채로 경험할 수 있는 전자기 에너지의 파형이다.
>   - 우리가 보는 가시광선은 전자기 스펙트럼의 극히 작은 부분에 불과하다.
>   - 가시광선은 전기장파의 극히 적은 일부분으로, 파장의 크기에 따라 다른 색감으로 인식된다.
> - 눈의 구조와 기능
>   - 빛은 동공을 통하여 눈으로 들어온다.
>   - 홍채는 눈으로 들어오는 빛의 양을 조절한다.
>   - 수정체는 조절(accommodation)이라는 작용을 통해 두께를 변화시켜 빛을 작은 점으로 수렴시킨다.
>   - 망막(retina)은 빛의 초점이 모이는 곳으로 안구의 뒤쪽 전면에 여러 층으로 구성되어 있다.

(3) **빛의 초점 형성** [기출개념]
  ① 빛의 굴절
    ㉠ 눈으로 들어오는 빛의 초점을 망막에 형성시키기 위해서 빛을 굴절시킬 필요가 있다.
    ㉡ 먼저 각막에 의해 80%, 수정체에 의해 20%의 굴절이 이뤄지고 초점의 위치를 조절한다.
  ② 물체의 상이 망막에 선명하게 형성되기 위해 수정체 모양이 바뀌는 과정을 조절(accommodation, 조정)이라고 한다.
  ③ 수정체의 두께 조절은 섬모체근(모양근)에 의해 이루어진다.
  ④ 초점의 문제
    ㉠ 근시
      ⓐ 근거리의 대상은 잘 보이지만, 원거리의 대상은 잘 보이지 않는다.
      ⓑ 안경이나 렌즈를 착용하거나 라식 수술 등을 통해 시력을 향상시킬 수 있다.
    ㉡ 원시
      ⓐ 근거리는 잘 볼 수 없지만, 먼 거리에 있는 대상은 볼 수 있다.
      ⓑ 상대적으로 안구의 길이가 짧아서 가까운 거리에 있는 대상의 상이 망막을 벗어난 지점에 맺히기 때문에 근거리 대상을 잘 볼 수 없게 된다.
  ⑤ 물체의 상이 망막 위에 선명하게 맺히는 것은 시각과 관련된 문제이지만, 물체를 볼 수 있도록 하는 것은 뇌에서 이루어지기 때문에 망막 위의 빛이 망막을 구성하는 시각 수용기를 활성화시키는 일이 중요하다.

(4) **수용기와 지각**
  ① 시각 수용기로 들어간 빛이 그 속에 들어 있는 시각 색소라는 분자에 흡수되면 전기적 신호가 생성된다.
  ② 시각 색소는 어두운 곳에서도 사물을 볼 수 있는 능력 또는 다양한 파장의 빛을 볼 수 있는 능력과 관련되어 있다.

(5) **암순응** ★★★ [기출개념]
  ① 암순응(dark adaptation): 어두운 곳에서 처음에는 주변 사물을 볼 수 없지만, 시간이 지나면서 볼 수 있게 된다. 이처럼 시각 시스템의 중요한 역할 중 하나가 어둠에 적응하는 것이다.

② 암순응은 어둠 속에 머무는 시간이 길어짐에 따라 빛에 대한 시각 시스템의 민감도가 높아지는 과정으로, 망막을 구성하는 원뿔 세포와 막대 세포의 빛에 대한 민감도가 높아지는 과정이라고도 할 수 있다.

　㉠ 막대 세포와 원뿔 세포의 분포
　　ⓐ 망막에는 중심와가 있고 이 영역에는 원뿔 세포만으로 채워져 있다. 그 이유는 중심와(fovea) 영역이 매우 작기 때문이다.
　　ⓑ 원뿔 세포는 중심와뿐 아니라 주변 망막에 흩어져 분포하고 망막 주변에는 원뿔 세포 외에 막대 세포도 분포한다.
　　ⓒ 수용기 세포 1억 2,600만 개 중에서 막대 세포가 약 1억 2,000만 개이고, 약 600만 개가 원뿔 세포이다. 망막에는 원뿔 세포보다 막대 세포가 훨씬 많다.

　㉡ 황반 변성과 색소 망막염
　　ⓐ 황반 변성(macular degeneration): 중심와와 중심와 주변 부위에 손상이 발생하여 중앙 시각에 맹점이 생겨서 물체를 볼 수 없고 주변 시야만 볼 수 있게 되는 현상을 말한다.
　　ⓑ 색소 망막염(retinitis pigmentosa): 망막의 퇴화와 관련하여 발생하며 유전되는 질병이다. 망막 주변의 막대 세포부터 공격하기 때문에 주변 시야에 결함이 생기고, 이후 중심와까지 공격하여 시력을 완전히 잃을 수도 있다.

③ 암순응 곡선 측정

　㉠ 암순응 곡선: 불이 꺼진 직후로부터 시간이 지남에 따라 빛에 대한 시각 시스템의 민감도가 변하는 모양을 그림으로 제시한 것을 말한다.
　　ⓐ 암순응 곡선을 보면 순응이 진행되면서 빛에 대한 관찰자의 민감도가 점점 높아지는 것을 알 수 있다.
　　ⓑ 불빛이 꺼지고 난 후 처음 3~4분 동안은 민감도가 급격히 증가하다가 그 이후에는 변하지 않는다.
　　ⓒ 7~10분 후에 다시 증가하기 시작하여 20~30분 동안 계속 증가한다.

　㉡ 암순응 실험 결과
　　ⓐ 조명이 꺼지면 원뿔 세포와 막대 세포의 민감도는 모두 증가하기 시작한다.
　　ⓑ 그러나 암순응 초기에는 원뿔 세포가 막대 세포보다 훨씬 민감해지기 때문에 불을 끈 직후에 우리의 시각은 원뿔 세포에 의해 좌우된다.
　　ⓒ 약 3~5분이 지나면서 원뿔 세포의 순응이 끝나며 암순응 곡선이 완만해지다가 수평을 이룬다. 즉 원뿔 세포가 3~5분 동안은 매우 민감하게 반응하다가 시간이 지나면서 민감도가 떨어지다가 일정한 수준으로 유지되는 것이다.
　　ⓓ 반대로 막대 세포의 민감도는 계속 높아지고 약 7분 정도가 지나면 막대 세포가 원뿔 세포보다 민감해지기 시작하면서 20분 이후 최고조에 이른다.
　　ⓔ 원뿔 세포 – 막대 세포 분절: 원뿔 세포와 막대 세포가 교대로 민감해지면서 교차하는 시점을 말한다. 대략 7분 정도에서 교차한다.

핵심 Check

막대 세포와 원뿔 세포

- 막대 세포
  - 두 개의 광 수용체의 하나로 막대 모양으로 생겼다.
  - 망막의 주변부에 주로 분포되어 있으며 약한 빛에서 명암이나 물체의 형태를 구분하는 기능을 수행한다.
  - 희미한 불빛이나 어두운 곳에서 사물을 분간하기 어려운 야맹증과 관련 있다.

- 원뿔 세포
  - 두 개의 광 수용체의 하나로 원뿔 모양으로 생겼다.
  - 망막의 중앙에 많이 분포되어 있으며 밝은 빛에서 물체의 형태나 색상을 구분하는 기능을 수행한다.
  - 색채 지각에 어려움을 겪는 색채시 결함과 관련 있다.

- 중심와(fovea): 망막의 뒤쪽의 빛이 들어와 초점을 맞추는 부위이다.

02 신경 세포와 신경 신호

1. 신경 세포 [기출개념]
① 신경 세포의 주된 역할은 신경 신호를 수신하고 전송하는 것이다.
② 신경 세포는 광범위하게 상호 연결되어 있고 어떤 신경 세포는 수천 개의 다른 신경 세포와 신호를 주고받는다.
③ 신경 세포는 신경계의 기본 단위로 세포체와 세포체에서 뻗어 나온 섬유로 구성되어 있으며, 뉴런의 세포체는 다른 세포들과 의사소통하고 정보를 전달한다.
④ 뉴런 한쪽 끝에는 가지 돌기(수상 돌기)라는 나뭇가지 모양의 돌기들이 있고 정보를 받는다.
⑤ 뉴런의 구조

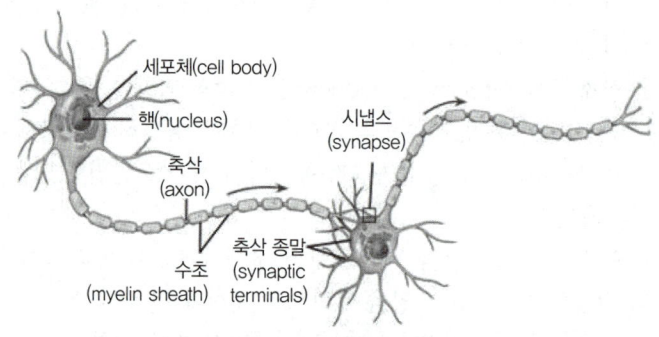

[그림 2-4] 뉴런의 구조

㉠ 세포막(cell membrane): 세포 내부와 외부를 구분하는 세포의 구조이다.
㉡ 세포체(cell body): 핵(DNA 포함)을 포함하는 세포의 일부분이다.
㉢ 가지 돌기(dendrites, 수상 돌기): 다른 신경 세포들로부터 자극을 받아들이는 세포체의 한 부분이다.
㉣ 축삭(axon): 신경 세포의 세포체에서 나오며 다른 신경 세포로 전기적 신호를 전도하는 데 필요한 액체로 채워져 있다.
㉤ 축삭 종말(axon terminals): 전기적 신호가 다른 신경 세포로 전달되는 축삭의 끝이다.

2. 활동 전위
① 활동 전위(action potential): 다른 신경 세포로부터의 신호에 의해 자극된 신경세포의 가지 돌기에서 시작하는 전기화학적 신호이다. 활동 전위는 신경 세포의 축삭에서 축삭 종말로 이동한다.
② 양전하를 띤 두 종류의 이온인 나트륨 이온(Na^+), 칼륨 이온(K^+)과 다양한 음전하를 띤 이온들(Cl^- 포함)이 활동 전위를 생성하는 역할을 한다.
③ 막전위(membrane potential): 세포 내부와 외부의 양이온과 음이온의 농도 차이로 인해 세포막을 가로지르는 전위(전압) 차이를 유발하는 것을 의미하며, mV 단위로 측정된다.

핵심 Check

활동 전위와 이온, 막전위

- **활동 전위**: 신경 세포의 가지 돌기에서 시작하여 축삭에서 축삭 종말까지 이동하는 전기화학적 신호이다.
- **이온**: 신경 섬유를 둘러싸고 있는 액체 속에서 전하를 띠고 부유하는 분자이다.
- **막전위**: 세포 내부와 외부의 양이온과 음이온의 농도 차이로 인해 세포막을 가로지르는 전위의 차이를 유발하는 것을 의미한다.

3. 휴식 전위

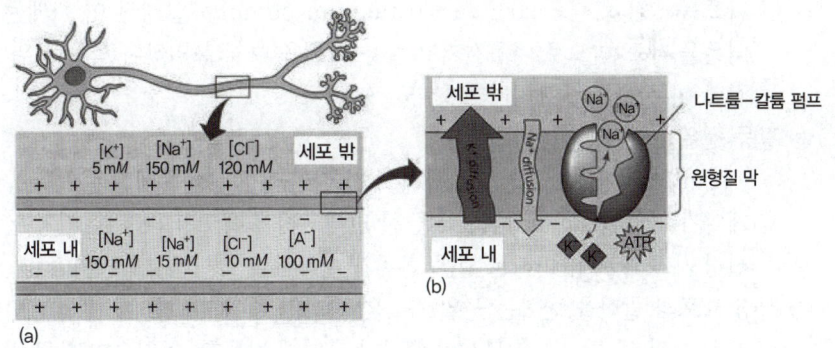

[그림 2-5] 신경 세포의 휴식 전위

(1) 휴식 전위

① **휴식 전위**(resting potential): 신경 신호가 발생하지 않았을 때 약 -70mV의 막 전위를 야기하는 것을 의미한다.

② **이온 채널**(ion channels): 신경 세포의 세포막(반투막)으로 특정 이온이 막을 통과할 수 있게 하는 작은 구멍을 의미한다.

　㉠ 나트륨 채널은 나트륨 이온만, 칼륨 채널은 칼륨 이온만 통과시킨다. 특정 이온 채널은 특정 이온만 통과할 수 있도록 되어 있다.

　㉡ 이온 채널은 막전위가 충분히 변화되었을 때 열리며, 채널이 열려 있을 때만 이온이 통과할 수 있다.

　㉢ 신경 세포가 다른 신경 세포에서 신호를 받으면 수신 신경 세포가 막전위의 갑작스러운 변화를 겪게 되면서 나트륨 채널이 축삭의 기저부에서 개방되어 세포체에서 나온다. 이것은 세포 밖으로 나온 나트륨 이온(Na^+)이 축삭 내부로 흐르게 한다.

　㉣ 양전하를 띤 나트륨 이온(Na^+)의 유입(diffusion)은 막전위를 양성으로 만든다. 막전위가 덜 극화되기 때문에 막전위의 이러한 변화를 탈분극화(depolarization)라고 한다(-70mV에서 0으로 이동).

　㉤ 만약 탈분극 현상이 -45mV에서 역치를 초과하면 막 내부와 외부의 전하 차이가 역전될 때까지 Na^+의 유입이 급속히 진행되어 축삭 내부가 외부보다 더 적극적으로 전기를 띠게 되고 정점(peak)에서 약 +30mV의 막전위가 발생한다.

　㉥ 나트륨 채널이 열리자마자 다시 폐쇄되어 막의 탈분극 반응에 따라 Na^+ 유입 및 막 주변의 칼륨 채널 개방이 일어나 양전하를 띠는 칼륨 이온(K^+)이 축삭에서 흘러나오게 되어 다시 농도 차에 의해 유도된다. K^+의 유출은 막전위를 -70mV의 휴식 값으로 되돌려 준다(재분극).

　㉦ 막전위는 휴식 전위로 돌아가기 전에 휴식 전위를 잠깐 초과한다(과분극). 막전위가 -70mV에서 +30mV로 변하고 마지막으로 -70mV로 변하는 이 활동 순서가 활동 전위이며 전체 일련의 작업은 약 5ms 내에 있다.

　㉧ 활동 전위로 인해 나트륨 채널이 축삭 아래로 조금 더 열리게 되고 일련의 사건이 반복된다. 사실상 활동 전위는 축삭 종말에 도달할 때까지 축삭 아래로 이동한다. 이는 불응기가 끝날 때까지 신경 세포에서 새로운 활동 전위를 시작할

핵심 Check

휴식 전위와 탈분극화
- 휴식 전위: 신경 세포가 휴지 상태일 때의 막전위이다(약 -70mV).
- 탈분극: 양전하를 띤 이온이 유입되어 막전위가 현저하게 더 양성되는 활동 전위의 일련의 과정이다.

핵심 Check

불응기
신경 섬유에서 하나의 신경 흥분이 발화된 후 다음 신경 흥분이 발화할 수 있기 위해 필요한 회복 기간으로 약 0.001초로 추정된다. 이 기간에는 새로운 신경 흥분이 발화될 수 없다.

수 없음을 의미한다.
ⓩ 나트륨 – 칼륨 펌프(sodium – potassium pump)로 알려진 이 기제는 나트륨 이온을 세포 밖으로 이동시키고 칼륨 이온을 다시 유입하여 활동 전위 후에 적절한 이온 균형을 유지하게 한다.
③ 활동 전위는 실무율적이다.
㉠ −70mV에서 +30mV까지로 막전위 변화의 크기와 지속 시간은 거의 동일하다.
㉡ 게다가 다양한 요인에 따라 다른 신경 세포에서 속도가 다를 수 있지만, 주어진 신경 세포의 축삭 아래로 활동 전위가 이동하는 속도는 거의 동일하다.
④ 신경 세포의 발화율 변화는 근위 자극의 변화가 매우 다양할 때 발생할 수 있다.
㉠ 시각 신경 세포는 수직 모서리에 가장 강하게 반응할 수 있으며(다른 방향에 덜 강하게 반응할 수도 있음), 청각 신경 세포는 중간 피치음에 가장 강하게 반응할 수 있다(저음 또는 고음에 덜 강하게 반응함).
㉡ 즉, 신경 세포의 발화율은 신경 부호로 작용하여 신경 활동을 유발한 자극에 대한 유용한 정보를 전달한다.

(2) 신경 세포 간의 신호 전달

① 신경 세포는 하나의 신경 세포의 축삭 종말과 다른 신경 세포의 가지 돌기 또는 세포체 사이에 연접(synapse)이라는 작은 틈이 있다.
㉠ 활동 전위를 생성하는 신경 세포의 축삭 종말에 있는 막을 연접 전 막(presynaptic – membrane)이라 한다.
㉡ 수신 신경 세포의 가지 돌기 또는 세포체의 막은 연접 후 막(postsynaptic membrane)이라 한다.
㉢ 축삭 종말 내 연접 소낭이라는 작은 주머니에는 신경 세포 간의 신호 전달에 결정적인 역할을 하는 화학 물질인 신경 전달 물질(neurotransmitters) 분자가 들어있다.

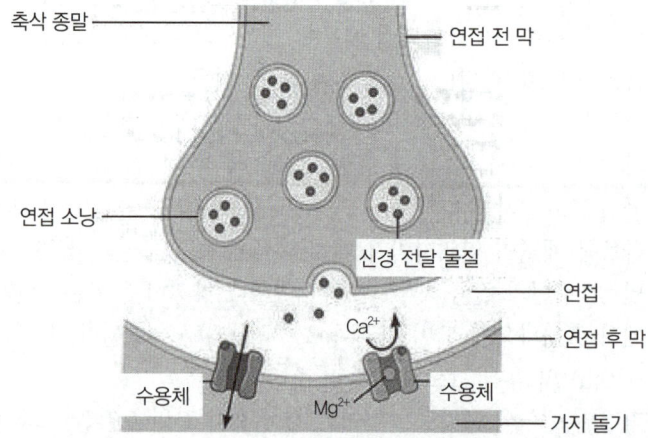

[그림 2-6] 연접과 연접 전달

② 축삭 종말에 활동 전위가 도달하면 연접 소낭이 연접 전 막과 합쳐져 신경 전달 물질 분자가 연접으로 전달된다.
③ 이 분자 중 일부는 연접을 가로질러 흘러나와 수용기라 불리는 단백질을 포함하는 연접 후 막과 접촉하게 된다.

개념 Plus

실무율과 발화율
- **실무율**: 생물체에 가한 자극이 일정 수치 아래에서는 반응하지 않다가 일정한 정도에 이르면 최대의 반응을 보이는 것이다. 그러나 그 이상의 변화는 없다.
- **발화율**: 신경 세포가 발화(반응)하는 정도를 의미한다.

④ 이온 채널이 열리면 연접 후 막에서 막전위의 변화가 이온 채널의 개방 활동 전위가 시작되는 역치에 도달할 수 있다. 이것이 연접 전 신경 세포에서의 활동 전위가 연접 후 신경 세포에서의 활동 전위의 개시로 이어진다.

기출개념확인

01 지각 과정에 대한 설명으로 옳지 않은 것은?
① 감각 정보를 선택하고 조직화하고 해석하는 과정을 가리킨다.
② 의미가 파악되지 않은 감각을 의미 있는 지각으로 변환시키는 과정이다.
③ 지각 과정에서 우리가 경험하는 모든 감각은 의식할 수 있다.
④ 지각은 감각 정보를 여과하고 의미 있는 지각적 추론을 하는 과정을 거쳐서 형성된다.

02 어두운 곳에 갑자기 들어설 때 처음에는 주변 사물을 분간 못하다가 시간이 지나면서 처음에 볼 수 없는 것들을 볼 수 있게 되는 적응 현상은?
① 명순응
② 암순응
③ 명적응
④ 암적응

정답·해설
01 ③ 우리가 경험할 수 있는 모든 것 중에서 의식할 수 있는 것은 제한적이다. 이런 제약으로 인해 무주의 맹과 같은 현상이 발생하게 된다.
02 ② 어두운 곳에 갑자기 들어설 때 처음에는 주변 사물을 분간 못하다가 시간이 지나면서 처음에 볼 수 없는 것들을 볼 수 있게 되는 적응 현상을 암순응이라 한다.

제2절 신경 처리와 지각

01 시각 정보의 처리

1. 시각 정보의 처리 [기출개념]

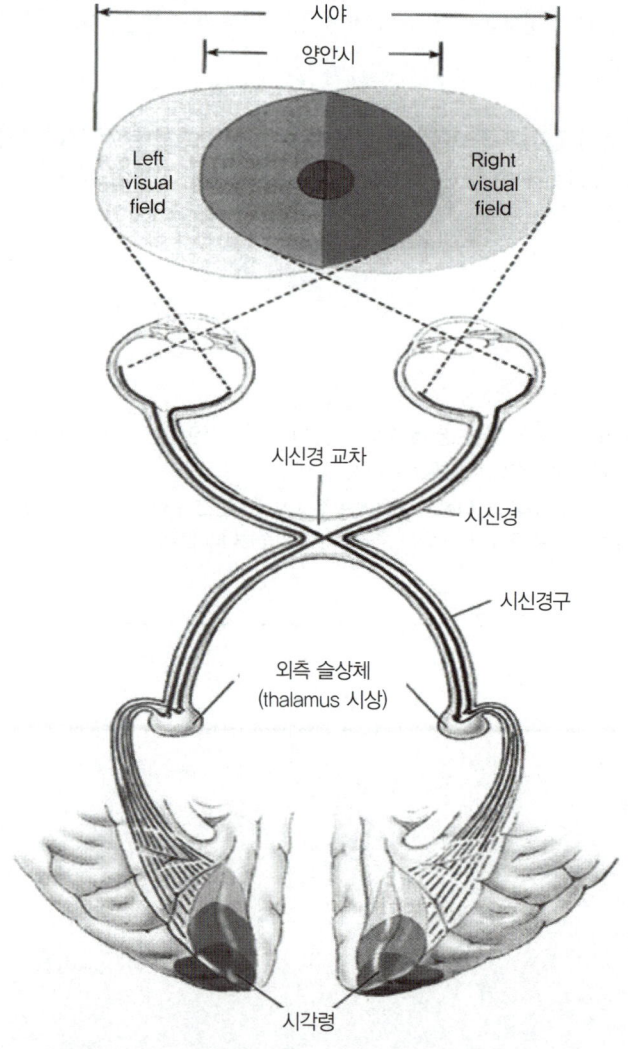

[그림 2-7] 눈에서 대뇌 피질까지 시각 정보의 전달 과정

① 우리는 시각 정보를 점차적으로 추상적인 수준으로 처리한다.
② 초기 수준에서 망막은 시각 피질(겉질)로 전달되기 전의 정보를 처리하는데, 망막은 뇌의 일부로서 발생의 초기에 눈으로 발달한다.

③ 망막의 신경층은 감각 정보를 부호화하고 분석하는 데 도움을 준다.
④ 시각 정보 처리의 중요한 부분이 망막의 신경층에서 발생한다.
⑤ 인간의 눈에는 약 1억 개 이상의 간상체와 추상체가 있고, 이로부터 정보를 수용하여 약 백만 개의 신경절 세포로 전달한다.
⑥ 신경절 섬유들이 모여서 시신경을 이룬다.
⑦ 대부분의 정보 처리는 뇌에서 이루어지는데, 망막의 정보는 뇌의 뒤통수 쪽에 있는 시각 피질인 후두엽으로 전달된다.

2. 상위 처리 과정과 경험의 중요성
① 일부 연구자들은 지각이 수동적 과정이라고 주장하지만, 지각은 매우 능동적인 경험을 기반으로 하는 과정이다.
② 선천적 시각 장애인의 사례
  ㉠ 시각 장애인이 성인이 되어 시력을 회복할 경우 기본적인 시각 능력은 빠르게 회복되나, 얼굴 지각과 같은 복잡한 시각 과제에서는 혼란을 겪는다고 한다.
  ㉡ 어떤 사람은 시력 상실 당시에는 도움을 받아 스키를 배웠는데 수술 후 시각이 회복되었음에도 스키를 탈 때 눈을 감고 탄다는 것이다. 즉 시각 장애가 있을 때는 눈이 보이지 않았기 때문에 시각이 아닌 다른 감각에 의존하여 스키를 탔을 것이고, 그래서 시각을 회복한 것이 시각이 스키를 타는 데 처음에는 도움이 되지 않았을 수 있을 것이다.
③ 지각 경험의 중요성
  ㉠ 시각적 경험은 시각 피질에 영향을 미치는데 시각적 경험이 확대되면 그에 따라 시각 피질도 재조직화가 필요하다.
  ㉡ 시각 장애인이 시력을 회복한 이후 경험이 증가할수록 시각 정보의 피질 처리가 향상되었다.
  ㉢ 정상 시력을 가진 사람에게 특수 안경을 사용하여 역전된 상으로 보게 해도 시간이 지나면서 잘 적응함을 볼 수 있다.

02 신경 처리와 지각

1. 신경 처리와 지각
신경계를 통한 전기 신호는 많은 신경 세포를 거치며 일어나는 상호 작용을 통해 풍부한 정보를 얻기 위해 복잡한 경로를 거쳐 뇌로 전달된다. 본 책에서는 이러한 특성의 신경 처리와 지각의 관계를 다룬다.

2. 측면 억제와 지각 기출개념
(1) 투구게 연구
  ① 측면 억제는 투구게의 겹눈에서 처음으로 연구되었다.

②측면 억제(lateral inhibition, 외측 억제)란 측면의 망상 조직의 섬유들에 의해 옆으로 전달되는 억제이다.
③투구게의 특정 수용기가 자극을 받으면 받을수록 이웃 수용기의 신경 세포의 전기적 반응은 감소하고 측면(외측) 억제가 작동한다.

(2) 인간 망막에서의 측면 억제
①인간 망막에서는 수평 세포와 아마크린 세포가 신호를 측면으로 전달한다. 인간의 망막 역시 어느 정도 비슷한 방식으로 측면 억제가 작동한다.
②우리의 시각 체계는 모서리를 돋보이게 하는 기전을 갖추고 있는데 이 과정이 바로 외측 억제이다.
　㉠우리의 시각 체계는 어두운 면과 밝은 면의 대비를 강조함으로써 망막에 도달되는 정보를 개선한다.
　㉡통상적으로 사물은 명확한 경계나 모서리에 의해 정확히 인지될 수 있으므로, 외측 억제를 통해 모서리 정보를 향상시킬 수 있다.

3. 측면 억제와 밝기 지각 『기출개념』

(1) 헤르만 격자(Hermann grid)
①아래 [그림 2-8]을 보면 흰 영역이 교차하는 부위에서 어렴풋하게 회색의 음영이 보일 것이다. 그러나 이 음영은 교차 부위만을 집중하여 바라보게 되면 음영이 보이지 않거나 희미하게 보일 것이다. 왜냐하면 실제로 음영은 존재하지 않기 때문이다.
②교차로 지점에서 회색 음영이 발생하는 이유는 다음과 같다.
　㉠양극 세포 a, b, c, d, e 지점의 최초 반응이 100이고, 측면 억제 효과는 10분의 1, 즉 10이라고 가정할 때 a의 최종 반응은 60이다(b, c, d, e로부터 각각 10만큼의 측면 억제를 받아 100 - 40 = 60으로 확인됨).
　㉡이에 반해 d의 최종 반응은 양극 세포 a와 g 그리고 최초 반응의 크기가 20인 f와 h로부터 측면 억제를 받기 때문에 76(100 - 10 - 10 - 2 - 2 = 76)이 된다.
　㉢따라서 a와 d의 최초 반응은 같더라도 측면 억제의 효과 크기에 따라 최종 반응이 60인 교차로 지점인 a 영역이 더 어둡게 보여야만 한다.

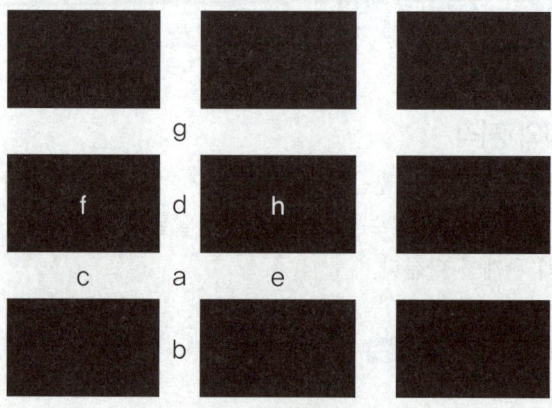

[그림 2-8] 헤르만 격자

(2) 마하의 띠: 경계를 선명하게 지각하기

① **마하의 띠(Mach's band)**: 밝기가 여러 단계로 다른 띠가 차례대로 배열된 띠를 말한다. 밝은 영역과 어두운 영역의 경계 근처에서 밝은 띠와 어두운 띠가 보이는 착시 현상이 일어난다. 이는 측면 억제로 인한 현상의 일종으로 보인다.
② 빛의 강도 분포에 의해 나타나는 현상이 아니라 측면 억제로 인해 최초 반응과 최종 반응에 차이가 있기 때문에 나타난다.
③ 측면 억제로 인해 우리의 시각 체계는 모서리를 돋보이게 인식할 수 있게 된다.
④ 아래 [그림 2-9]를 보면 각 영역의 경계선이 보다 분명하고 선명하게 보이는 것을 알 수 있다.

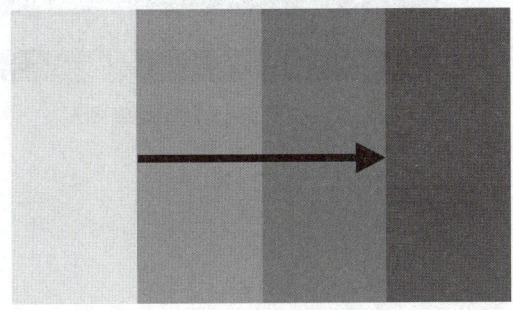

[그림 2-9] 마하의 띠

(3) 측면 억제와 동시 대비

① 동시 대비는 어떤 영역의 밝기나 색에 대한 지각이 그 옆이나 주변의 영역의 존재하는 것에 의해 영향을 받을 때 발생한다.
② [그림 2-10]의 좌우 중앙에 있는 사각형의 밝기는 동일하지만 주변 영역에 의한 측면 억제의 양이 좌측 중앙의 사각형이 더 많이 받기 때문에 어둡게 보인다.

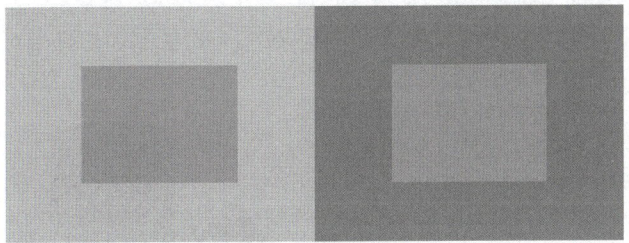

[그림 2-10] 동시 대비

(4) 측면 억제로 설명될 수 없는 착시: White의 착시

① [그림 2-11]의 직사각형 A와 B는 다른 색과 밝기로 보이지만 같은 밝기의 색이다.
② 두 사각형이 다르게 보이는 이유는 측면 억제로는 설명되지 않는다.
③ **소속성의 원리** ★★
  ㉠ 우리의 밝기 지각은 그 영역을 둘러싼 배경 중에서 그 영역이 소속되어 있는 부분의 영향을 받는데, 이를 소속성의 원리라고 한다(Alan Gilchrist 외, 1999).
  ㉡ 즉, A 사각형은 검은 띠 아래 흰색 배경 위에 놓여 있는 것처럼 보이기 때문에 상대적으로 더 어둡게 보이고, 반대로 B 사각형은 검은 띠 위에 놓여 있는 것처럼 보이기 때문에 상대적으로 더 밝게 보이는 것이다.

ⓒ 지각 경험은 단순히 망막상에서 발생하는 것만으로는 설명이 어려울 수 있다. 오히려 피질의 시각 수용 등 상위 수준에서 처리된다.

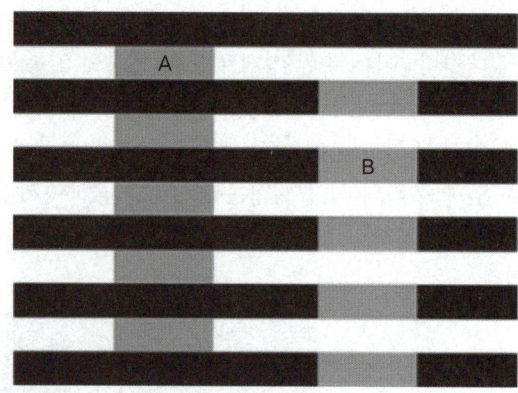

[그림 2-11] White의 착시

4. 광에너지 지각 [기출개념]

(1) 광에너지의 밝기 지각
① 광에너지가 많을수록 더 밝게 지각한다.
  ㉠ 밝기는 표면에서 반사된 빛의 백분율, 알베도(albedo, 반사율)라는 물리적 속성과 관련이 있다.
  ㉡ 흰 종이나 달과 같이 높은 알베도를 가진 물체는 그것에 떨어지는 광에너지의 대부분을 반사시킨다.
  ㉢ 하지만 우리의 시각 체계는 표면의 알베도를 직접 평가할 수 없다.
    ⓐ 책에서 검은색 글자는 빛의 3%만 반사하는 데 반해 흰 종이는 빛의 90%를 반사시킨다.
    ⓑ 조명의 조건에 따라 같은 검은색 글자라도 반사되어 눈에 들어오는 광에너지의 단위는 다를 수 있다.

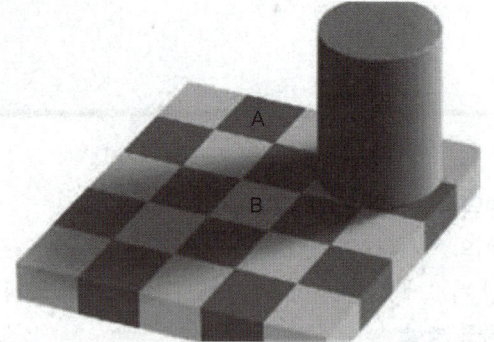

[그림 2-12] 동색 착시 현상

(2) 밝기 항등성 ★★★
① 항등성: 환경이나 조건이 변하더라도 특성이 동일하게 유지되는 경향성을 말한다.
② 밝기 항등성: 어떤 대상이 조명이 변하더라도 동일한 수준으로 밝기를 지각하는 현상을 말한다.

③ 만약 보는 조건이 다르게 변할 때마다, 가령 종이가 조명의 조건에 따라 흰색, 회색, 검은색으로 보인다면 매우 혼란스러울 것이다.
④ 다시 말하면, 항등성은 근접자극이 달라지더라도 원격자극에 대한 우리의 지각이 동일하게 유지되는 현상이다.
  ㉠ 원격자극: 지면의 글자와 같은 외부 대상이다.
  ㉡ 근접자극: 감각 기관과 접촉하는 대상의 표면이다.

(3) 밝기 지각에 선행하는 지각 조직화
① 일반적으로 장면 속 대상의 밝기를 지각하기 전에 먼저 시각 장면을 조직한다.
② 자극은 지각되는 맥락이 매우 중요하다.
  ㉠ 동시 밝기 대비(simultaneous lightness contrast)
    ⓐ 같은 밝기라도 주변의 색상에 따라 더 밝게 더 어둡게 보일 수 있다.
    ⓑ 그러나 전체 환경에서 세부적인 부분의 조직화를 어떻게 하냐에 따라 밝기에 대한 지각은 달라질 수 있다.
  ㉡ 선글라스를 착용하고 대상을 봐도 상대적 밝기를 판단하는 데 큰 어려움이 없다.
  ㉢ 동일한 밝기의 달이라도 밝은 구름 뒤의 어둡게 보이는 달이 본래적 밝기를 보여준다고 해석하고, 어두운 구름 뒤의 밝게 보이는 달은 본래 달이 흰색이기에 하얗게 보이는 것이라고 지각화를 달리함으로써 밝기 지각화가 이루어진다.
③ 밝기 지각의 복잡성
  ㉠ 검은색 벨벳의 원판에 조명을 비추어 흰색으로 지각하게 한 후 흰색 종이를 동시에 제시하여 상대적 밝기 차이에 의해 원판이 검은색임을 인식할 수 있어도 흰색을 제거하면 다시 원판을 검정색이 아닌 흰색으로 인식하게 된다.
  ㉡ 밝기 지각에 영향을 미치는 요인은 표면들이 서로 근접하는 윤곽보다는 부드러운 밝기 변환(혹은 기울기)이다.
  ㉢ 위아래 밝기가 다르게 보이는 면들의 접지면을 손가락으로 가리면 두 면의 밝기가 같음을 확인할 수 있다.

개념 Plus

인지적 착시
- 애매모호한 이미지에 의해 두 가지 이상의 전혀 다른 이미지로 대상을 인식한다거나 주변의 정보로 인해 사실과 다르게 다르게 인식하는 현상이다.
- 이러한 현상은 무의식적인 추론에 따른 인지 과정에서 일어난다.
- 환각은 실제로 존재하는 것을 다르게 인식하는 착시와 다르게 '실제로 존재하지 않는 것을 시각적으로 인지하는 것'으로 구분될 필요가 있다.

핵심 Check

밝기 항등성
- 어떤 대상의 지각된 밝기는 조명이 변하더라도 일정하게 유지되는 현상을 말한다.
- 밝기 항등성이 유지되지 않는다면 보는 조건이 다르게 변할 때마다, 가령 종이가 조명의 조건에 따라 흰색, 회색, 검은색으로 보인다면 혼란스러울 수 있다.
- 밝기 항등성은 시각적 대상에 대한 우리의 지각이 감각 기관과 접촉하는 대상의 표면의 변화에도 불구하고 동일하게 유지될 때 일어난다.

기출개념확인

01 다음 중 우리의 시각 체계 중 대상의 모서리를 돋보이게 하는 기전과 관련 있는 과정은?

① 외측 억제
② 신호 전달
③ 수정체 조정
④ 지각 경험

02 다음 중 밝기 항등성에 대한 설명으로 옳은 것은?

① 어떤 대상의 지각된 밝기가 조명이 변하더라도 동일하게 유지되는 현상을 가리킨다.
② 조명의 조건에 상관없이 일정한 사물의 밝기를 말한다.
③ 사람마다 밝기를 지각하는 정도가 항상 일정한 현상을 가리킨다.
④ 태양이 밝기가 일정하여 사물마다 고유한 밝기를 갖는 것을 말한다.

정답·해설

01 ① 외측 억제에 대해 물어본 것이다. 외측 억제는 측면 억제(lateral inhibition)라고도 한다.
02 ① 밝기 항등성은 어떤 대상의 지각된 밝기가 조명이 변하더라도 동일하게 유지되는 현상을 가리키는 말이다.

제3절 대뇌 피질(겉질) 조직화

01 대뇌 피질의 조직화

1. 인간의 뇌 [기출개념]

① 인간의 뇌에는 해부학적, 기능적으로 서로 다른 수십 개의 영역으로 구성된 약 1천억 개의 신경 세포들이 있다.
② 뇌의 신경 세포들은 서로 복잡하게 연결되어 있다.
③ 각각의 신경 세포가 수천 개의 다른 신경 세포에 연결되어 있고, 각각의 연결은 일반적으로 여러 개의 연접들로 구성되는데, 뇌의 연접 수는 약 100조 개가 넘는다.
④ 뇌의 무게는 약 1.3kg이며 두개골은 뇌를 보호하기 위해 매우 단단한 뼈로 이루어져 있다. 뇌에서 중요한 역할을 하는 대뇌 반구(cerebral hemispheres)는 2개의 반구로 분리되어 있고 2개의 반구는 그 기능이 서로 다르다.
  ㉠ 대뇌 반구의 가장 바깥쪽 층은 대뇌 피질(cerebral cortex)이라고 하고 피질은 약 2~4mm 두께이며 주로 신경 세포의 세포체인 회색질(gray matter)로 구성된다.
  ㉡ 대뇌 피질은 전두엽(frontal lobe), 측두엽(temporal lobe), 두정엽(parietal lobe), 후두엽(occipital lobe)으로 구성된다.

2. 대뇌의 구조와 기능 [기출개념]

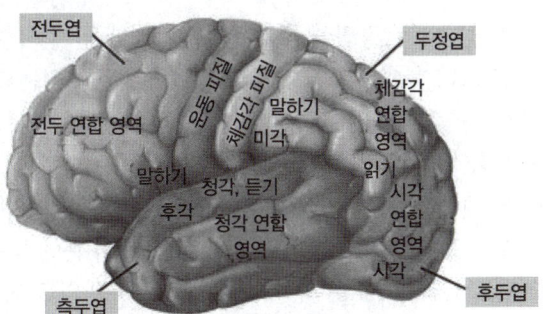

[그림 2-13] 대뇌의 구조

(1) **전두엽(frontal lobe, 이마엽)** ★★
① 머리의 이마 부분에 있고, 사고와 운동 기능을 관장한다.
② 의지, 계획, 창조력, 상상력, 말을 하는 언어 능력, 기쁨, 슬픔, 억제의 감정 등 고차원적 기능을 담당한다.

개념 Plus

피질(cortex, 겉질)
- cortex는 피층, 껍질이라는 뜻으로 피질을 의미한다.
- 피질 또는 겉질이라고 번역되어 있는데 같은 의미이다.

핵심 Check

대뇌의 구조와 기능
- **대뇌 피질(겉질)**: 뇌의 겉 부분을 둘러싸고 있는 표면층으로, 좌우 두 개의 반구에 존재한다.
- **후두엽**: 일차 시각 피질이 위치하며, 시각 정보를 처리한다.
- **두정엽**: 일차 체감각 피질이 위치하며, 통증 등 체감각 정보를 처리한다.
- **측두엽**: 일차 청각 피질이 위치하며, 청각 정보를 분석하고, 언어 정보를 처리한다.
- **전두엽**: 일차 운동 피질이 위치하며, 사고와 운동 기능을 통제하는 일을 한다.

(2) 두정엽(parietal lobe, 마루엽) ★★
   ① 정수리 쪽의 머리 윗부분에 위치한다.
   ② 피부 근육의 감각, 맛을 느끼는 미각, 통증 등 체감각 정보를 처리한다.
(3) 측두엽(temporal lobe, 관자엽) ★★
   ① 머리의 측면에 위치한다.
   ② 청각과 언어 기능을 관장한다.
(4) 후두엽(occipital lobe, 뒤통수엽) ★★
   ① 사물을 보는 시각 기능을 관장한다.
   ② 꿈도 후두엽에서 만들어진다고 알려져 있다.

3. 시각계의 조직화
① 운전을 하는 중 요란한 사이렌 소리와 번쩍이는 불빛에 깜짝 놀라 주변을 둘러보면 어디론가 빠르게 달려가는 소방차나 응급차를 보게 된다. 이때 우리는 '빨간색', '하얀색', '소방차', '응급차', '빠르게 달린다.' 등을 각각 별개로 인식하지 않고 통합적으로 지각한다. 이는 우리의 지각이 조직화되어 있기 때문이다.
② 시각계는 크기, 모양, 방향, 색깔, 운동, 위치 등과 같은 다양한 특성에 관한 정보를 처리하기 때문에 시각의 조직화는 중요하다. 조직화된 시각계는 특정 정보를 처리하고 여러 정보를 통합하여 일관성 있는 지각을 만들어내는 데 핵심적인 역할을 한다.

> **개념 Plus**
>
> **조직화**
> 사물이 일정한 질서를 이루고 유기적 활동을 하도록 통일이 이루어진 것을 의미한다.
>
> **조직화의 중요성**
> 일반 회사와 같은 조직에는 지휘 계통이 있어야 그 조직이 잘 운영되고, 서랍이나 컴퓨터 등의 자료들도 정리가 잘되어 있어야 필요시 그것들을 잘 찾아서 활용할 수 있다. 만약 당신이 필요한 책이 있어서 도서관이나 서점에 갔을 때 책들이 분야별로 정리가 되어 있지 않다면 필요한 책을 찾기 어려울 것이다.

02 공간적 조직화

1. 공간적 조직화
(1) 개요
   ① 제주도의 바닷가의 한 장면을 목격했다고 가정했을 때 이를 전기적 신호로 변환하고 전기적 지도의 형태로 조직화가 일어나지 않는다면 눈으로 봤으나 뇌에서 처리하지 못하여 그 풍경을 제대로 감상하지 못할 수도 있다.
   ② 공간적 조직화(spatial organization): 환경에서 특정 위치에 있는 자극이 신경계 내 특정 부위의 활동으로 표상되는 방식이다. 공간적 조직화는 망막상에서 장면의 그림이 전기화학적 신호로 변환되면 시각계 상위 수준에 있는 구조들에서 망막의 '전자 지도(electronic map)'의 형태로 새로운 유형의 조직화가 일어난다.
(2) 일차 시각 피질(primary visual cortex, V1) 영역의 전자적 지도
   ① 망막상의 각 점이 줄무늬 피질(겉질)이 공간적으로 어떻게 표상되는지 알아보기 위해서 아래의 내용을 확인한다.
      ㉠ 먼저 시각적 대상이 망막에 맺힌 위치를 확인한다.
      ㉡ 망막의 특정 지점이 피질의 어느 지점에 있는 신경 세포로 하여금 발화를 일으키는지 확인한다.

ⓒ 역으로 피질의 한 신경 세포의 활동을 기록하면서 망막에서 그 신경 세포의 수용장 위치를 찾아낸다.

② 망막 위상적 지도(retinotopic map)
㉠ 피질에 있는 망막의 대응되는 전자적 지도를 망막 위상적 지도라고 한다.
㉡ 조직화된 공간적 지도의 존재가 의미하는 것은 어떤 물체와 망막에서 서로 가까이 있는 두 지점은 뇌에서도 서로 가까이 있는 신경 세포를 활성화시킨다는 것이다.

③ 피질 확대(cortical magnification) 기출개념
㉠ 망막상에서의 지점 간 간격은 피질상에 있는 지점 간의 간격과 동일하지 않다.
㉡ 중심와(망막 중심 오목)의 위치는 망막 주변부에 있는 위치보다 더 많은 공간이 할당된다.
ⓐ 중심와는 망막의 0.01%만 차지하지만 중심와로부터 들어오는 신호는 피질상의 망막 위상적 지도의 8~10%를 차지한다.
ⓑ 망막에 비해 작은 중심와의 영역이 피질상에서는 오히려 큰 영역이 할당되는 것을 피질 확대라 한다. 그리고 뇌 영상법을 통해 피질 확대 계수를 측정할 수 있다.

(3) 뇌 영상법 ★ 기출개념
① 뇌 영상법(brain imaging): 뇌의 어느 영역이 활동하고 있는지를 보여주는 영상을 만들어내는 기법을 의미한다.
② 양전자 방출 단층 촬영술(PET; Positron Emission Tomography)
㉠ 양전자 방출 단층 촬영술은 인체에 해롭지 않은 약물을 몸에 주사하여 이를 통해 뇌 활동에 대한 정보를 얻어낸다.
㉡ 활동하는 뇌의 부분은 혈액으로부터 더 많은 연료를 필요로 하기 때문에 약물이 혈류에 투입되면 혈류의 양을 통해 정보를 얻을 수 있다.
㉢ 뇌 활동의 변화는 혈류의 변화를 동반하게 되므로 주사된 약물의 방사능을 관찰하여 뇌 활동에 대한 정보를 얻을 수 있다.
③ 기능성 자기 공명 영상법(fMRI; functional Magnetic Resonance Imaging)
㉠ 기능성 자기 공명 영상법은 어떤 자극을 지각하거나 특정 행동을 할 때 일어나는 자기적 반응의 변화를 탐지함으로써 뇌의 여러 영역의 상대적인 활성을 결정한다.
㉡ 뇌 활동이 높은 영역에서는 헤모글로빈 분자들이 운반하고 있던 산소 일부를 잃어버려 자성이 더 증가하게 되어 자기장에 더 강하게 반응한다.
㉢ fMRI는 약물의 주입이 필요하지 않고, 보다 정확하기 때문에 뇌 활동 연구에 주요 방법으로 사용되고 있다.
④ 우리가 지각하는 것이 뇌 속의 그림과 정확하게 일치하지 않는데, 피질상의 공간은 더 큰 것은 더 크게 지각한다는 의미가 아니라 더 자세하게 지각한다는 의미이다.

2. 피질의 조직화

(1) 위치 기둥과 방위 기둥

① 신경 세포의 수용장은 모두 망막에서 대략 동일한 위치에 있음이 밝혀졌다.

② 허블(Hubel)과 위젤(Wiesel)에 의하면, 줄무늬 피질은 피질의 표면과 수직인 위치 기둥으로 조직화되어 있어서 한 위치 기둥 내에 있는 모든 신경 세포는 망막에서 모두 같은 위치에 수용장을 갖는 것으로 보인다.

③ 그리고 이 신경 세포는 모두 같은 방위를 갖는 자극을 선호한다.

　㉠ A 경로에 있는 세포는 수평선에서 가장 많이 발화하고, B 경로에 있는 모든 세포는 45° 기울어진 선에서 가장 많이 발화했다.

　㉡ 이러한 결과를 근거로 피질이 방위 기둥으로 조직화되어 있으며, 각각의 기둥은 특정 방위에 가장 잘 반응하는 세포를 가지고 있다.

　㉢ 근접해 있는 방위 기둥이 약간 다른 방위를 선호하는 세포들을 갖고 있어 신경 세포가 선호하는 방위가 질서 정연하게 바뀐다는 것이다.

(2) 한 개의 위치 기둥 속의 많은 수의 방위 기둥

① 위치 기둥의 크기는 1mm이다. 한 개의 위치 기둥 안에는 모든 방향을 담당하는 방위 기둥을 포함하고 있다.

② 위치 기둥 속 신경 세포는 망막의 특정 위치로부터 신호를 받는데 이 위치는 시야의 작은 영역과 대응된다.

③ 따라서 위치 기둥이 담당하는 대상은 어떤 방향이라도 위치 기둥 속 신경 세포 중 일부가 발화하게 되어 있다.

④ 시야의 작은 영역으로부터 들어오는 정보를 효과적으로 처리하기 위한 것이다.

(3) 타일링(tiling) 효과

① 시각 피질에서 나무의 표상은 개별적인 피질 기둥들 속 신경 세포들의 발화에 포함된다.

② 서로 분리된 기둥들 속의 정보가 피질에서 결합하여야만 사물을 지각할 수 있다.

③ 위치 기둥이 모두 같이 작용함으로써 전체 시야를 덮게 되는데 이 효과를 타일링(tiling)이라 한다. 한 벽면이 서로 이웃한 타일에 의해 덮이는 것과 마찬가지로 시야도 서로 이웃하거나 종종 서로 겹치는 위치 기둥에 의해 처리된다.

03 피질의 정보 전송 경로

1. '무엇'과 '어디에'의 정보 전송 경로

구분	내용
무엇 경로	• 피질에서 측두엽(관자엽)에 이르는 경로로 대상의 정체를 판단하는 경로임 • 측두엽 위치에 따라 배쪽 경로라고 하기도 함
어디에 경로	• 피질에서 두정엽(마루엽)에 이르는 경로로 대상의 위치를 판단하는 경로임 • 두정엽의 위치에 따라 등쪽 경로라고 함

개념 Plus

배쪽 경로와 등쪽 경로
- 배쪽 경로(복측 경로, ventral pathway): 측두엽이 있는 뇌 아래쪽, 뇌의 배쪽 부분이다.
- 등쪽 경로(배측 경로, dorsal pathway): 유기체의 등 혹은 위쪽 표면으로, 상어나 돌고래의 등 지느러미(dorsal fin)에서 유래했다.

(1) 뇌 절제
① 뇌 절제: 특정 뇌 영역의 기능을 찾기 위해 신경계의 조직을 파괴하거나 제거하는 것인데, 이를 통해 무엇과 어디에 경로에 대한 정보를 얻을 수 있다.
② 원숭이 뇌 절제 실험
  ㉠ 측두엽(관자엽) 일부와 두정엽(마루엽)을 제거하고 실험을 진행하였다.
  ㉡ 대상 모양을 변별하는 문제와 도형 찾기와 같은 위치 변별 문제를 제시하였다. 측두엽을 제거한 경우 모양 변별을 하지 못하였고, 두정엽을 제거한 경우에는 위치 변별을 하지 못하였다.
③ 그러나 실제로는 일상의 행위를 할 때 대상의 정체(무엇)와 위치(어디에)는 서로 연동되어 있다.
  예 컵에 물을 따라 마시는 행위를 할 때 무엇과 어디에의 두 경로는 서로 협응하고 있다.

2. '무엇'과 '어떻게'에 대한 정보
① 앞서 살펴본 위치에 관한 '어디에 경로'는 단순히 어디에뿐 아니라, 관련 행위를 어떻게 수행할지에 대한 물리적 상호 작용이 포함된다.
② 뇌 손상으로 인해 카드 삽입구에 카드를 넣지 못했던 환자에게 삽입구에 '편지를 우체통에 넣는 것처럼'라고 요구하자 과제를 수행할 수 있었다.
③ 이로써 위치를 판단하기 위한 기제와 시각과 행위를 협응시키는 또 다른 기제가 있음을 시사한다.

04 얼굴, 장소, 신체의 지각

1. 얼굴, 장소, 신체의 지각을 위한 구조 [기출개념]
복잡한 자극에 반응하는 신경 세포에 관한 연구가 측두(관자) 피질 영역을 중심으로 활발하게 이루어지고 있다. 유사한 자극들에 반응하는 신경 세포가 뇌의 한 영역에 집중되어 있다는 증거가 발견되고 있는데, 이런 특정 유형의 자극에 관한 정보를 처리하는 데 전문화된 구조를 모듈(module)이라고 한다.

2. 원숭이 하측두 피질(IT; Inferior Temporal cortex)의 얼굴 신경 세포
① 원숭이 측두엽(관자엽)에 집중된 이 신경 세포들을 연구하기 위해 얼굴, 신체, 과일, 도구 등 뒤죽박죽된 패턴 이미지를 보여주면서 피질 신경 세포의 활동을 기록하였다.
② 다른 자극에 비해 얼굴 자극에 두 배 이상 강하게 반응하는 신경 세포가 있었다.
③ 동일한 기제가 '얼굴 탐지'와 같은 복잡한 자극에 반응하는 신경 세포를 만들어내는 데 관여할 것으로 보인다.
④ 1천억 개의 신경 세포 수와 피질의 각 신경 세포는 평균 1,000개의 다른 신경 세포로부터 정보를 입력받는데, 얼굴을 지각해내는 복잡한 신경 회로를 만들어 낼 수 있다.

> **개념 Plus**
> **모듈(module)**
> • 단위, 기준, 구성(조립) 단위, 규격 구조를 의미한다.
> • 컴퓨터 용어로 프로그램 내부를 기능별 단위로 나눈 일부분이다.

핵심 Check

시각계의 조직화에 대한 요약

- 시각계는 공간적, 기능적으로 조직화되어 있다.
- 시각계의 공간적 지도는 망막 위상적인데 망막이나 어떤 장면의 특정 지점이 피질의 특정 지점에 대응된다는 의미이다.
- 시각계는 기능적으로 잘 조직화되어 있어서 무엇과 어디에/어떻게를 위한 경로가 따로 있다.
- 얼굴, 장소, 신체 같은 특정 유형의 자극에 반응하는 신경 세포가 많이 있는 특정 피질 영역이 있다.

3. 인간의 뇌에서 얼굴, 장소, 신체를 위한 영역 [기출개념]

(1) 방추형 얼굴 영역 ★★
① IT 피질 아래 얼굴에 가장 잘 반응하는 신경 세포 영역이 있는 것으로 확인되었는데 이를 방추형 얼굴 영역이라고 한다.
② 측두엽(관자엽) 손상이 얼굴 인식 불능증(얼굴 실인증, 안면 실인증)을 초래한다는 사실은 얼굴 지각에 전문화된 영역이 있다는 추가적인 증거가 될 수 있다.

(2) 측두 피질(관자 겉질)에 있는 또 다른 두 개의 전문화된 영역
① 해마곁 장소 영역은 실내 또는 실외 풍경을 보여주는 사진에 의해 활성화된다.
② 이 영역은 텅 빈 방이나 가구가 잘 놓인 방 두 가지 모두에 대해 활성화된다는 점에서 공간적 배치에 관한 정보이다.
③ 줄무늬 겉질 바깥 신체 영역은 신체 혹은 신체 일부의 사진에 의해 활성화된다.
④ 얼굴 같은 대상은 얼굴에 전문화된 영역에서 큰 활동을 집중적으로 일으킬 수 있지만 광범위한 피질 영역에 걸쳐 추가적인 활동을 일으킨다.

기출개념확인

01 대뇌 피질(겉질) 중 사물을 보는 시각 기능을 관장하는 영역은?
① 두정엽(마루엽) ② 전두엽(이마엽)
③ 측두엽(관자엽) ④ 후두엽(뒤통수엽)

02 다음 중 뇌에 대한 설명으로 옳지 않은 것은?
① 인간의 뇌는 약 1천억 개의 신경 세포를 포함하고 있다.
② 각각의 신경 세포는 서로 다른 신경 세포와 연결되어 있다.
③ 인간의 대뇌 반구는 서로 분리되어 있지만, 그 기능은 동일하다.
④ 대뇌 반구의 가장 바깥쪽을 대뇌 피질이라고 한다.

정답 · 해설
01 ④ 대뇌 피질(겉질) 중 사물을 보는 시각 기능을 관장하는 영역은 후두엽이며, 뒤통수엽이라고도 한다.
02 ③ 인간의 대뇌 반구는 서로 분리되어 있으며 각 기능이 모두 다르다.

제2장 | 실전연습문제

* 기출유형 은 해당 문제가 실제 시험에 출제된 유형임을 나타냅니다.

기출유형
01 다음 중 무주의 맹에 관한 설명으로 옳지 <u>않은</u> 것은?

① 어떤 것에 집중할 때 다른 것에는 상대적으로 주의를 덜 기울이게 되는 현상을 말한다.
② 운전을 하면서 지나가는 행인을 보지 못할 가능성이 커지는 이유 중 하나는 무주의 맹 때문이다.
③ 주의력을 기울이지 않아도 지각할 수 있는 능력을 말한다.
④ 우리가 경험하는 모든 것을 인식할 수 없기 때문에 발생한다.

기출유형
02 대뇌 피질(겉질) 중 청각과 언어 기능을 관장하는 부위인 것은?

① 전두엽　　② 두정엽
③ 측두엽　　④ 후두엽

03 뇌의 활동을 알아보는 연구 기법 중 어떤 자극을 지각하거나 특정 행동을 할 때 일어나는 자기적 반응의 변화를 탐지함으로써 뇌의 어느 영역이 상대적으로 활성화되어 있는지 알아보는 방법은?

① 엑스레이(X-ray) 촬영법
② 기능성 자기 공명 영상법
③ 양전자 방출 단층 촬영술
④ CT 촬영법

04 눈으로 들어온 빛의 초점에 문제가 생겨 근거리의 대상은 잘 보이지만 원거리 대상은 잘 보이지 <u>않는</u> 현상은?

① 원시　　② 난시
③ 착시　　④ 근시

기출유형
05 인간의 뇌에 대한 설명으로 옳지 <u>않은</u> 것은?

① 인간의 뇌는 약 10조 개의 신경 세포로 이루어져 있다.
② 뇌의 신경 세포는 네트워크를 통해 서로 복잡하게 연결되어 있다.
③ 대부분의 신경 신호는 신경을 통해 겉질로 연결된다.
④ 대뇌 반구의 가장 바깥층은 대뇌 피질이라고 한다.

기출유형
06 우리의 시각계가 관찰 대상의 크기, 모양, 방위, 색깔, 운동 및 공간적 위치 등과 같은 다양한 특성에 관한 정보를 처리하는 데뿐만 아니라 여러 정보를 통합하여 일관성 있는 지각을 만들어낼 수 있는 기제와 관련된 역할은?

① 시각의 조직화　　② 지각의 유연성
③ 선택적 주의 집중　　④ 양안 운동

07 우리의 밝기 지각이 그 영역을 둘러싼 배경 중에서 그 영역이 소속되어 있는 것처럼 보이는 부분의 영향을 받는 것과 관련된 원리는?

① 일관성의 원리
② 전경과 배경의 원리
③ 소속성의 원리
④ 항등성의 원리

08 〔기출유형〕 인간이 지각할 수 있는 가시광선의 범위는?

① 0nm~700nm
② 400nm~700nm
③ 700nm~1000nm
④ 700nm 이상

09 인간의 뇌 영역 가운데 얼굴 지각에 전문화된 영역이 있다는 증거가 될 수 있는 증상은?

① 모듈　　② 안면 마비
③ 안면 경련증　　④ 얼굴 실인증

10 다음 중 실내 또는 실외 풍경을 보여주는 사진에 의해 활성화될 수 있는 뇌의 영역은?

① 해마곁 장소 영역　　② 방추형 얼굴 영역
③ 정교화　　④ 지각 추정

11 〔기출유형〕 시각계의 조직화에 대한 설명으로 옳지 <u>않은</u> 것은?

① 시각계의 조직화는 공간적으로, 기능적으로 조직화되어 있다.
② 시각계의 공간적 지도는 망막 위상적인데, 이는 겉질에 있는 지점이 망막 또는 어떤 장면에 있는 특정 지점에 대응된다는 의미이다.
③ 시각계는 기능적으로 잘 조직화되어 있어 무엇과 어디에, 어떻게를 위한 흐름이 따로 있다.
④ 공간적 조직화는 망막상에서의 장면이 화학적 신호로 변환되고 전달되지만 상위 수준의 구조들에서 새로운 형태의 유형의 조직화는 일어나지 않는다.

12 눈으로 들어오는 빛의 초점이 망막에 형성되도록 하기 위해서는 빛을 굴절시켜야 하는데 이러한 빛의 굴절을 담당하는 기관은?

① 홍채와 중심와
② 동공과 망막
③ 시신경과 시신경 유두
④ 각막과 수정체

13 뇌의 구조와 관련된 특성 중 특정 유형의 자극에 관한 정보를 처리하는 데 전문화된 구조를 무엇이라고 하는가?

① 분화　　② 연접
③ 모듈　　④ 분기

14 다음 중 자극이 지각되는 맥락이 중요함을 설명하는 것과 거리가 먼 것은?

① 같은 밝기라도 주변의 색상에 의해 더 밝게 또는 더 어둡게 보일 수 있다.
② 달은 밝기가 일정하므로 어떤 장면에서 봐도 항상 동일한 밝기로 지각된다.
③ 전체 환경에서 세부적인 조직화를 어떻게 하냐에 따라 밝기에 대한 지각은 달라질 수 있다.
④ 선글라스를 착용하더라도 대상의 상대적 밝기를 지각하는 데는 크게 어려움이 없다.

15 대뇌 피질(겉질) 중 피부 근육의 감각, 맛을 느끼는 미각, 사물에 대한 지각, 수학이나 물리학에서 필요한 입체, 공간적 사고와 인식 기능, 계산 및 연상 기능 등을 관장하는 부위는?

① 전두엽　　② 두정엽
③ 측두엽　　④ 후두엽

16 우리의 시각계 내 작은 중심와에 겉질상의 큰 영역이 할당되는 것을 무엇이라고 하는가?

① 피질 확대　　② 측면(외측) 억제
③ 망막 위상적 지도　　④ 맹점

17 다음 중 막대 세포에 관한 설명으로 옳지 않은 것은?

① 두 개의 광 수용체 중 하나로 막대 모양으로 생겼다.
② 밝은 빛에서 물체의 형태나 색상을 구분하는 기능을 수행한다.
③ 주로 망막의 주변부에 분포되어 있다.
④ 약한 빛에서 명암이나 물체의 형태를 구분하는 기능을 수행한다.

18 우리 눈으로 들어오는 빛의 양을 조절하는 기능을 가진 눈의 구조는?

① 망막　　② 수정체
③ 홍채　　④ 공막

19 다음 중 측면 억제에 관한 설명으로 옳지 않은 것은 무엇인가?

① 투구게의 겹눈에서 처음으로 연구되었다.
② 어두운 면과 밝은 면의 대비를 확대시킴으로써 망막에 도달되는 정보를 개선한다.
③ 측면 억제를 통해 모서리 정보를 교양시켜 사물을 적절히 인지할 수 있다.
④ 투구게의 특정 수용기가 자극을 받으면 이웃 수용기의 신경 세포의 전기적 반응은 확대된다.

20 신경 세포의 가지 돌기에서 시작하여 축삭에서 축삭 종말까지 이동하는 전기화학적 신호를 무엇이라 하는가?

① 활동 전위　　② 휴식 전위
③ 막전위　　④ 이온 이동

제2장 | 실전연습문제 정답·해설

01	02	03	04	05
③	③	②	④	①
06	07	08	09	10
①	③	②	④	①
11	12	13	14	15
④	④	③	②	②
16	17	18	19	20
①	②	③	④	①

01 ③

우리가 경험하는 모든 것 중에서 의식할 수 있는 것이 제한된 까닭에 선택적으로 주의 집중을 하지 않으면 지각할 수 없다.

참고 무주의 맹
1992년 아리엔 맥(Arien Mack)과 어빈 록(Irvin Rock)이 만든 용어로 인간의 뇌가 한 번에 들어오는 시각, 청각 등의 감각 자극을 처리하지 못해 생긴다. 즉, 주의력 부족으로 생기는 인식의 오류이다. 이처럼 어느 한 가지에 집중하면 다른 것은 인식하지 못하게 되는데, 집중할 때 주의를 분산시키지 않으려는 뇌의 특성으로 인해 나타나는 현상이다. 인간의 주의력에 한계가 있다는 의미로 운전 중 전화를 하는 행위는 매우 위험할 수 있다.

02 ③

측두엽(관자엽)에 대한 설명이다. 측두엽은 머리의 측면에 있는 일차 청각 피질을 가리키며, 청각과 언어 기능을 관장한다.

오답분석
① **전두엽**: 머리의 앞쪽 부분으로 사고와 운동 기능을 관장한다. 무엇인가 하려는 의지, 계획, 창조력, 상상력, 말을 하는 언어 능력, 기쁨, 슬픔, 억제의 감정 등 고차원적 인지 기능을 담당한다.
② **두정엽**: 정수리를 중심으로 한 머리 윗부분으로 피부 근육의 감각, 맛을 느끼는 미각, 사물에 대한 지각, 수학이나 물리학에서 필요한 입체, 공간적 사고와 인식 기능, 계산 및 연상 기능 등을 수행한다.
④ **후두엽**: 머리의 뒷부분으로 사물을 보는 시각 기능을 관장한다.

03 ②

기능성 자기 공명 영상법에 대한 설명이다. functional Magnetic Resonance Imaging, 줄여서 fMRI라고 한다.

참고 양전자 방출 단층 촬영술(PET)
흔히 PET라고도 하는데 양전자 방출을 이용하는 핵의학 검사 방법 중 하나로 양전자를 방출하는 방사성 동위 원소를 결합한 의약품을 체내에 주입한 후 양전자 방출 단층 촬영기를 이용하여 이를 추적하여 체내 분포를 알아보는 방법이다. 뇌 기능 평가뿐만 아니라 암, 심장 질환, 뇌 질환 등의 검사 목적으로도 사용된다.

04 ④

근시에 대한 설명이다. 반대로 멀리 있는 것은 잘 보이지만 가까운 곳에 있는 대상은 잘 보이지 않는 경우는 원시라고 한다.

오답분석
① 원시는 멀리 있는 것은 잘 보이지만 가까운 곳에 있는 대상은 잘 보이지 않는다.
② 난시는 눈으로 들어온 빛이 한 초점에 맺히지 못해 사물이 흐리게 보인다.

05 ①

인간의 뇌는 해부학적, 기능적으로 서로 다른 수십 개의 영역으로 구성된 약 1천억 개의 신경 세포를 포함한다. 각각의 신경 세포는 다른 신경 세포와 약 1천 개에서 1만 개의 시냅스를 형성한다.

참고 시냅스
시냅스는 하나의 신경 세포에서 다른 신경 세포로 신호를 전달하는 특수한 접점 구조로서, 하나의 신경 세포의 축삭 돌기와 다른 신경 세포의 수상 돌기가 만나는 부위이다. 시냅스는 뇌 기능을 매개하는 기초 단위이다.

06 ①

주행 중 요란한 사이렌 소리를 내고 번쩍이는 불빛을 깜빡이며 어디론가 빠른 속도로 달려가는 빨간색 소방차를 발견할 때 이때 우리는 '빨간색', '소방차', '빠르게 달린다.' 등을 각각 별개로 인식하지 않고 통합적으로 지각하게 된다. 이는 우리의 지각이 조직화되어 있기 때문이다.

> **참고** 시각의 조직화
>
> 시각의 조직화는 각 부분들로부터 의미 있는 전체를 구성하려는 인간 시각 체계의 기본적인 특성이다.

07 ③

같은 회색이라도 검은색 사이의 흰 배경 위에 놓여 있으면 상대적으로 더 어둡게 보이고, 반대로 검은색 위에 놓여 있는 것처럼 보이면 상대적으로 더 밝게 보이는 것을 '소속성의 원리'의 예라고 할 수 있다.

08 ②

가시광선은 사람의 눈에 보이는 전자기파의 영역으로 보통 인간의 눈은 400nm에서 700nm까지의 범위를 감지할 수 있다.

> **참고** 적외선과 자외선
>
> 적외선은 가시광선보다 파장이 긴 전자기파다. 가시광선 영역에서 빨간색 쪽으로 벗어나므로 적외선이라고 부른다. 자외선의 파장은 가시광선보다 짧고, X선보다는 길다. 자외선은 햇빛에서 나온다.

09 ④

시각에는 문제가 없으면서도 뇌의 특정 영역, 예를 들어 측두엽(관자엽)이 손상되면 얼굴을 인식하지 못한다는 사실을 통해 얼굴과 같은 유형의 자극에만 활성화되는 전문 영역이 있음을 알 수 있다.

10 ①

관자 겉질에 있는 전문화된 영역으로 공간의 배치에 관한 정보와 기억과 관련이 있다.

11 ④

공간적 조직화는 망막상에서 장면의 그림이 전기적 신호로 변환되면 시각계 상위 수준에 있는 구조들에서 망막의 '전자적 지도(electronic map)'의 형태로 새로운 유형의 조직화가 일어난다.

12 ④

눈으로 들어오는 빛이 초점이 망막에 형성되기 위해서 빛을 굴절시켜야 하는데 일차적으로는 각막에 의해 80% 굴절이 이루어지고 나머지 20%의 굴절은 수정체에 의해 이루어지며 초점의 위치를 조절한다.

> **오답분석**
>
> ① 홍채는 눈으로 들어오는 빛의 양을 조절한다. 중심와는 수정체 오목 또는 황반이라고도 불리며 망막의 중앙 부위로 혈관이 없고 원뿔 세포만으로 채워져 있다.
> ② 동공은 빛이 들어가는 부분으로 빛의 세기에 따라 홍채에 의해 크기가 조절된다. 망막은 빛의 초점이 모이는 곳으로 여러 층으로 구성되어 있다.
> ③ 시신경 유두는 신경절 세포의 축삭이 합쳐져 눈을 떠나는 출구 지점이다. 이 부분에는 원뿔(원추) 세포와 막대 세포가 없어 시각이 형성되지 않는 맹점이 된다.

13 ③

유사한 자극들에 반응하는 신경 세포가 뇌의 한 영역에 몰려 있는데 특정 유형의 자극에 관한 정보를 처리하는 데 전문화된 구조를 모듈이라 부른다.

14 ②

동일한 밝기의 달이라도 밝은 구름 뒤에서는 어둡게 보이기도 하고 어두운 구름 뒤에서는 밝게 보이는 등 맥락에 따라 지각이 다르게 이루어진다.

15 ②

대뇌 피질(겉질) 중 피부 근육의 감각, 맛을 느끼는 미각, 사물에 대한 지각, 수학이나 물리학에서 필요한 입체, 공간적 사고와 인식 기능, 계산 및 연상 기능 등을 관장하는 부위는 두정엽(마루엽)이다.

16 ①

비록 중심와는 망막 넓이의 0.01%만 차지하지만 중심와에서부터 들어오는 신호는 피질(겉질)상의 망막 위상적 지도의 8~10%를 차지한다. 이렇게 작은 중심와에 피질(겉질)상의 큰 영역이 할당되는 것을 피질(겉질) 확대라고 한다.

17 ②

밝은 빛에서 물체의 형태나 색상을 구분하는 기능을 수행하는 것은 원뿔 세포로, 색채 지각에 어려움 겪는 색채시 결함과 관련이 있다.

18 ③

홍채는 수축과 이완을 통해 동공 크기를 조절하여 안구로 들어오는 빛의 양을 조절하며, 각막과 수정체 사이에 위치한다.

19 ④

특정 수용기가 자극을 받으면 받을수록 이웃 수용기의 신경 세포의 전기적 반응은 감소하고 측면 억제가 작동한다.

20 ①

활동 전위(action potential)는 다른 신경 세포로부터의 신호에 의해 자극된 신경 세포의 가지 돌기에서 시작하는 전기화학적 신호이다. 활동 전위는 신경 세포의 축삭에서 축삭 종말로 이동한다.

오답분석

② **휴식 전위**: 신경 신호를 전송하지 않을 때 뉴런 막을 가로지르는 전압의 차이이다.
③ **막전위**: 이온을 띠는 두 용액이 막을 사이에 두고 접하여 있을 때 생기는 전위의 차이를 말한다. 세포막 안쪽과 바깥쪽의 전위차를 말한다.

무료 학습자료 제공 · 독학사 단기합격 **해커스독학사**
www.haksa2080.com

무료 학습자료 제공 · 독학사 단기합격 **해커스독학사**
www.haksa2080.com

전문가가 분석한 출제경향 및 학습전략

제3장은 지각과 주의와의 관계를 중요하게 다루고 있다. 따라서 시각 체계에 있어서 주의가 어떤 영향을 미치는지 학습하는 것이 중요하다. 움직이거나 고정된 대상을 지각하는 데 있어서 상황에 따라 어떤 지각적 변화가 나타나는지 이해하도록 한다. 그리고 대상을 지각할 때 깊이, 크기, 움직임 및 색채 등 다양한 물리적 속성 차원에서의 시각 체계가 각각 어떻게 작동하는지에 초점을 맞춰 학습할 필요가 있다.

제3장 | 핵심 키워드 Top 10
핵심 키워드 Top 10은 본문에도 동일하게 ★로 표시하였습니다.

01	무주의 맹(inattentional blindness) ★★★	p.85
02	밝기 항등성(lightness constancy) ★★★	p.106
03	크기 항등성 ★★	p.94
04	운동 맹시(akinetopsia) ★★	p.97
05	색채시 결함(color deficiency) ★★	p.102
06	가현 운동 ★	p.76
07	변화 맹시(change blindness) ★	p.86
08	가산 혼합(빛 혼합), 감산 혼합(물감 혼합) ★	p.102
09	삼원색 이론(trichromatic theory of color vision) ★	p.102
10	행위 지원성 ★	p.111

제3장

시각 체계

제1절 물체와 장면의 지각
제2절 주의와 지각
제3절 깊이와 크기 지각
제4절 움직임 지각
제5절 색채 지각
제6절 지각과 환경

제1절 물체와 장면의 지각

01 지각적 조직화

1. 조직화의 의미와 중요성
① 조직화: 마치 생물체처럼 전체를 구성하고 있는 각각의 부분들이 서로 밀접하게 관계를 갖는 것과 같이 사물이 일정한 질서를 갖고 유기적인 활동을 하도록 통일이 이루어지고 그렇게 하는 것을 의미한다.
② '생산 라인이나 업무 체계를 조직화하다.'라는 말과 같이 조직화가 잘 되지 않은 집단이나 체계는 혼란스럽고 제대로 일 처리가 되지 않을 것이다.
③ 따라서 지각적 조직화가 잘 되어 있는지의 여부가 우리가 정보를 받아들이고 활용하는 데 매우 중요하다고 할 수 있다.

2. 지각적 조직화
① 지각적 조직화(perceptual organization): 환경에 있는 요소들을 지각적으로 묶어 물체를 지각하는 과정이다.
② 지각적 조직화에는 집단화와 분리가 있다.
  ⊙ 집단화: 시각적 사건이 함께 묶여 단위나 물체가 되는 과정이다.
  ⓒ 분리: 한 영역이나 물체를 다른 영역이나 물체로 분리하는 것이다.

3. 지각적 조직화에 대한 게슈탈트 접근
(1) 구조주의
① 1879년 라이프치히에서 분트(Wundt)가 제창하였다.
② 감각 기관으로부터 들어온 감각과 복잡하고 의식적인 경험인 지각을 구분하였다.
③ 구조주의는 감각을 화학의 원자와 같이 보고, 원자가 조합되어 복잡한 구조를 이루듯이 감각이 조합되어 복잡한 지각을 구성한다고 보았다.
④ 그러나 감각의 합이 지각을 이룬다거나 과거 경험이 지각에 영향을 미친다고 보는 구조주의적 관점과 게슈탈트 접근은 다르다.

(2) 가현 운동 ★ 기출개념
① 스트로보스코프가 만든 운동 착시를 가현 운동(假現運動, apparent movement)이라고 하며, 실제로 움직이지 않는 대상이 어떤 조건에서 움직이는 것 같이 보이는 현상이다. 이는 가상(假象) 운동이라고도 하는데 '가현'보다는 '가상'이라는 단어가 보다 의미적으로 분명하게 들린다.

개념 Plus

조직(organization)
'짜서 이룬다' 또는 '얽어서 만든다'는 뜻이며, 특정한 목적을 달성하기 위하여 여러 개체를 모아서 집합체를 이루는 것 또는 그 집합체의 뜻이다.

핵심 Check

조직화
사물이 일정한 질서를 갖고 유기적인 활동을 하도록 통일이 이루어지는 것 또는 그렇게 하는 것을 의미한다.
예 생산 라인과 업무 체계를 조직화하다.

지각적 조직화 (perceptual organization)
환경의 요소들을 지각적으로 묶어 물체를 지각하는 과정이다.

개념 Plus

구성주의 심리학(요소주의, 내성 심리학)
분트(Wihelm Wundt, 1832~1920)는 독일의 라이프치히대학교 교수였던 본인만의 심리학 연구 방법론 등을 통해 철학에서 하나의 학문이 될 수 있다고 보았다. 분트와 티치너는 인간의 마음이나 의식의 구조를 자연과학적 방법을 통해 연구하려 했다. 그들은 엄격하게 잘 훈련된 내성법을 이용할 때 그 의식의 구성 요소를 분석하는 것이 가능하며, 그렇게 해야 마음이나 의식을 이해할 수 있고 마음의 구성 요소가 무엇이며, 그 요소가 왜, 어떻게 상호 작용하는지를 알 수 있다고 믿었다.

② 가현 운동을 쉽게 설명하면 다음과 같다.
　㉠ 여러 개의 전구(a, b, c, d…)가 줄지어 있을 때 왼쪽에서부터 오른쪽에 있는 전구가 순서대로 불이 켜진다.
　㉡ a 전구가 켜진 후 불이 꺼진다. 약 1초의 몇 분의 일 정도로 짧은 시간 후 b 전구의 빛이 켜졌다가 꺼지고, 이후 c와 d 전구도 같은 방식으로 켜졌다 꺼지면 그 결과 불빛이 움직이는 것 같다는 지각이 일어난다는 것이다.
③ 가현 운동은 감각으로 설명될 수 없는데, 지각 체계가 실제로 존재하지 않는 운동의 지각을 만들어냈지만, 착시 현상일 뿐이다.
④ 즉, a, b, c, d의 전구가 순서대로 커졌다 꺼졌을 뿐 전구는 전구가 실제로 왼쪽에서 오른쪽으로 이동한 것이 아니라는 점에서 부분(전구의 불빛이라는 감각의 합)이 전체(운동이라는 지각)가 아니라는 게슈탈트의 입장과 일치한다.

핵심 Check

가현 운동
- 실제로는 움직이지 않은 대상이 움직이는 것 같이 보이는 현상을 말한다.
- 일렬로 있는 전구가 시간차를 두고 점멸을 반복하면 마치 불빛이 움직인다는 지각이 일어난다.
- 이러한 가현 운동은 실재하지 않은 운동의 지각을 만들어낸다는 점에서 전체는 그 부분의 합이 아니라는 결론을 끌어낸다.

4. 게슈탈트 조직화 원리 [기출개념]

(1) 게슈탈트 심리학
① 1910년에 게슈탈트 심리학을 창건한 베르트하이머, 코프카, 퀼러 등의 심리학자들은 구성주의를 비판하면서 마음이나 의식을 요소나 부분의 합으로 이해하기보다는 잘 조직화된 하나 전체로 이해해야 한다고 주장하였다.
② 게슈탈트 심리학은 감각을 토대로 형태를 형성해 내는 능력 중에서 특히 시각적인 형태에 대한 논리를 체계화 하였다.
③ 게슈탈트 심리학에서 자극 표상은 접근성·유사성·방향성·포괄성 등과 같은 지각적 원리에 따라 조직화되는데, 이는 우리에게는 자극을 하나로 통합해 지각하려는 경향성이 있기 때문이다.

(2) 게슈탈트 심리학의 조직화의 원리
① **연속성 원리**: 직선이나 완만한 곡선으로 연결된 점들은 함께 속한 것으로 지각되며 이 선들을 가장 원만한 경로를 따르는 것을 지각하는 경향이 있다.
　예 밧줄
② **형태 원리**(law of pragnanz, 단순성의 원리): 모든 자극 패턴은 가능한 한 가장 간단한 구조를 내는 방향으로 보인다.
③ **유사성의 원리**: 비슷한 사물은 함께 집단을 이룬다.
④ **근접성의 원리**: 가까운 사물들은 함께 집단화되어 보이는 원리이다.
⑤ **공통 운명의 원리**: 같은 방향으로 움직이는 사람들은 함께 집단화된다.
⑥ **균일 연결성 원리**: 밝기, 색, 표면, 결 또는 운동과 같은 시각 속성들로 연결된 영역이면 한 단위로 지각된다.

5. 지각적 분리

(1) 전경과 배경의 속성
① 전경과 배경(figure and ground)은 루빈(Edgar Rubin, 1915~1921)이 명확하게 발표했는데, 이는 무엇보다도 형태와 지각을 이해하는 데 기초가 되었다.

② 루빈(Edgar Rubin)은 전경과 배경 간의 가장 뚜렷한 차이점을 다음과 같이 분류하였다.
  ㉠ 배경은 형태가 없지만, 전경은 형태를 가지고 있으며, 전경은 물건처럼 보이고, 기억하기 쉽다. 예컨대 [그림 3-1]에서와 같이 검은 영역이 도형일 때는 꽃병을 꽃병으로 보지 못한다.
  ㉡ 배경은 도형의 가장자리 뒤에 퍼져 있는 것 같이 보인다. [그림 3-1]에서 꽃병이 형으로 보인다면 그것은 흰 배경 앞에 있는 것으로 보인다.

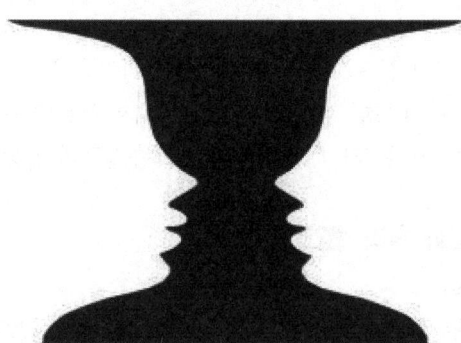

[그림 3-1] 얼굴-꽃병 그림

  ㉢ 전경은 물체의 특징을 가지고 있는 것에 반해, 배경은 뚜렷한 형태를 이루고 있지 않다.
  ㉣ 전경은 흔히 전면으로 두드러지는 경향이 있으며, 배경은 뒤에 있는 것처럼 보인다.
  ㉤ 전경은 인상적이다. 즉, 뚜렷한 의미를 나타내고 기억이 더 잘된다.

(2) 전경을 정하는 요인들
  ① 좌우의 선호는 없고 아래 부분을 전경으로 보는 경향이 있다. 이는 전경은 수평선 아래에 있을 가능성이 크기 때문이다.
  ② 볼록한 부분을 전경으로 지각할 가능성 또한 크다.
  ③ 게슈탈트 심리학의 경험에 대한 시각
    ㉠ 과거의 경험이 있더라도 게슈탈트의 조직화 원리에 따라 과거 경험의 효과가 상쇄될 수 있다.
    ㉡ 경험이 있더라도 재인하기 쉽게 제시하지 않을 경우 경험으로 지각하지 못할 수 있다.
  ④ 깁슨(Gibson)과 피터슨(Peterson)의 실험
    ㉠ 1초 미만의 극히 짧은 시간 동안 형과 배경을 구분하는 매우 빠른 과정을 연구하였다.
    ㉡ 사람들은 처음에는 형을 잘 지각하지 못하지만, 지각적으로 집단화하게 되면 오히려 그것을 지각하지 않는 것이 힘들다.
      예 어떤 풍경 그림을 보았을 때, 처음에는 바위로만 보이던 것을 멀리서 보면 사람의 얼굴처럼 보이는 그림이 있다. 전체 그림에서 그 바위들을 집단화하여 얼굴로 지각한 이후로는 지속적으로 바위가 아닌 사람의 얼굴로 보여 다른 지각을 하기 어렵다는 의미이다.

02 장면과 장면의 대상 재인

1. 장면
① 장면(scene): 어떤 장소의 겉으로 드러난 면을 말하는데 배경과 여러 물체를 포함하고 있는 환경에 대한 것이며 어떤 행위를 할 수 있는 공간으로서 단순한 물체와는 개념이 다르다.
② 대상 재인: 기억에 저장된 표상과 객체의 표상을 대응시켜 그 객체를 충분히 재인할 수 있도록 하는 상위 수준의 과정을 사용하는 것을 말한다.

2. 장면의 주요 의미를 지각하기
① 수십 개 이상의 TV 채널이 있지만 채널을 빠르게 돌리더라도 각 장면(예 요리나 여행하는 장면 등)의 의미를 우리는 바로 알 수 있다. 즉, 장면은 크고 복잡하더라도 매우 짧은 시간(몇 초) 동안 바로 알 수 있다.
② 한 실험에서 참여자에게 표적 그림을 보여주고 0.25초로 16장의 그림을 제시하면서 그림 중 표적이 있는 것을 인지할 수 있는지 확인한 결과 참여자들은 거의 100% 맞출 수 있었다.
③ 얼마나 빠르게 장면을 인식하는지를 검토하기 위해 27ms에서 500ms 범위 사이에서 차폐법을 사용하여 자극을 노출하고 참여자의 반응을 측정하였다.
  ㉠ 자극이 짧은 시간 제시되면 사진의 밝고 어두운 정도만 지각하였다.
  ㉡ 67ms 정도의 시간에서는 큰 물체를 파악할 수 있었고, 0.5초이면 작은 물체나 성별의 구분과 같이 더 자세한 내용도 파악할 수 있었다.
④ 한 장면의 전반적인 핵심 내용이 맨 처음 지각되고 난 다음 자세한 내용과 작은 물체의 지각을 할 수 있다.

3. 전체 이미지
① 우리가 장면의 핵심 내용을 빠르게 지각할 수 있는 이유는 전체 이미지 특성(global image feature) 정보 때문이다.
② 전체 이미지의 특징은 총체적이고 빠르게 지각되며, 장면의 구조와 공간 배치에 관한 정보를 갖고 있다.

구분	내용
자연스러운 정도	바다와 같은 자연의 장면에는 물결 모양 같은 느낌의 텍스쳐가 있다면 인간이 만든 물체에는 선이 곧거나 수평선, 수직선이 많은 특징이 있음
열린 정도	• 바다와 같은 장면에는 수평선이 보이고 물체는 별로 보이지 않음 • 이와 반대로 숲은 빽빽한 나무나 돌들로 인해 열린 정도가 낮음
거친 정도	바다의 경우 수평선과 같이 평탄한 장면이 많고 작은 요소들이 별로 없는데 반해, 숲은 상당히 거칠면서도 작은 요소들이 많고 복잡함

📑 개념 Plus
표상과 재인
• 표상
 - 자극에 대한 정보를 포함하며, 자극의 주관적 지각 경험을 발생시키는 뇌의 신경 활동 패턴이다.
 - 시각 체계의 표상 과정: 망막의 광 수용기가 빛에 반응 → 신경 신호가 V1으로 이동 → 상위의 시각 영역으로 이동 → 망막상의 복잡한 정보 표상 구성(예 모양, 색상, 질감, 동작 등)
• 재인: 자극의 표상을 장기 기억에 저장된 표상과 일치시키는 과정이며, 유사한 자극과의 사전 접촉에 근거한다.

✓ 핵심 Check
장면과 대상 재인
• 장면: 배경과 여러 물체를 포함하는 환경이며 어떤 행위를 하는 공간이다.
• 대상 재인: 기억에 저장된 표상과 객체의 표상을 대응하여 그 객체를 재인할 수 있도록 하는 상위 수준의 과정이다.

구분	내용
확장도	• 철로나 장면 내 평행선이 모이는 것처럼 보이는 길거리의 경우 확장도가 큼 • 확장도는 관찰자의 시점에 달려 있음
색	장면에 따라 특징적인 색을 갖고 있음 예 바다는 파란색, 숲은 초록색과 갈색을 특징적으로 가짐

4. 환경의 규칙성 기출개념

(1) 환경의 규칙성
우리가 언어를 사용할 때마다 매번 문법 규칙을 자각하지 못한 채 단어와 문장을 구사하는 것처럼 사람들은 환경의 규칙성을 활용하면서도 자신이 어떤 구체적인 정보를 사용하는지는 자각하지 못하는 것으로 보인다.

(2) 물리적 규칙성
① 물리적 규칙성은 규칙적으로 발생하는 환경의 성질이다.
② 환경에는 비스듬한 방향보다 수직과 수평 방향이 더 많다.
③ 환경에 있는 물체들이 때로 동질적인 색을 가지는데, 근처의 물체들은 다른 색을 갖고 있다.
④ 인위적으로 조명을 아래에서 쏘지 않는 한 빛은 위에서 아래로 내려온다.
⑤ 인간의 지각 체계는 우리 환경의 물리적 성질에 응하도록 맞추어져 있다.

(3) 의미적 규칙성
① 의미적 규칙성은 여러 유형의 장면에서 실행되는 기능과 상관된 성질을 의미한다.
② 어떤 장면에는 전형적으로 속하는 사물 등이 있는데, 맥락을 먼저 제시한 후 표적 사진을 구분하도록 짧게 제시해도 정확하게 파악할 수 있다.
③ 희미한 물체의 다양한 특성(multiple personalities of a blob): 의미적 규칙성의 효과 중 하나로 희미한 물체의 다양한 특성은 여러 장면에서 하나의 대상이나 물체가 그 장면의 맥락에 따라 다른 물체로 지각되는 현상을 말한다.
예 그림들이 전체적으로 뿌옇게 처리되어 명확히 보이지 않아 대략적으로만 알 수 있는 몇 개 장면에 하나의 동일한 것으로 추측되는 희미한 물체가 포함되어 있는데, 어떤 경우는 컵으로 어떤 경우는 신발로, 어떤 경우는 거리에 설치된 물건으로 보인다. 이는 같은 물체라고 하더라도 맥락에 의해 지각이 달라질 수 있음을 보여준다.

> **개념 Plus**
> **블랍(blob)**
> 얼룩이나 물방울, 작은 방울, 형태가 뚜렷하지 않은 희미한 것을 의미한다.

기출개념확인

01 실제로는 아무것도 움직이지 않았는데도 움직인 것으로 지각되는 현상은?

① 왕복 운동
② 진동 운동
③ 이동 운동
④ 가현 운동

02 다음 중 게슈탈트 조직화 원리에 해당하지 <u>않는</u> 것은?

① 유사성의 원리
② 개연성의 원리
③ 균일 연결성 원리
④ 공통 운명의 원리

정답·해설

01 ④ 실제로는 아무것도 움직이지 않았는데도 움직인 것으로 지각되는 현상은 가현 운동이다.

02 ② 개연성의 원리는 지각 과정에서 발생하는 추리와 관련된 원리로 나무 밑동을 보고 과거 본 적이 있는 동물이 웅크리고 있는 모습으로 지각하는 것을 설명해주는 원리이다.

제2절 주의와 지각

01 주의의 기능

1. 주의의 기능
① 주의: 어떤 것에 집중하거나 특정 사물에 초점을 주면서 한편으로는 다른 것을 무시할 수 있는 능력이다.
② 우리가 다른 것을 배제하면서 어떤 것에 선택적으로 초점을 맞추는 이유는 그 대상이 관찰자에게 중요하기 때문이며, 우리가 모든 것에 관심을 기울일 경우 시스템이 과부하로 효율적으로 처리를 하지 못하기 때문이다.
③ 흔히 선택과 집중이라는 표현을 쓰며, 일을 효율적으로 처리하기 위해 어떤 것에는 집중하고 어떤 것을 무시할 필요성이 있는데, 이를 선택적 주의라고 한다.

2. 선택적 주의와 의식의 한계 〔기출개념〕

(1) 양분 청취법(dichotic listening)
① 칵테일파티 효과: 콜린 체리(Colin Cherry, 1953)는 칵테일파티와 같이 시끄러운 환경에서 어떻게 사람들이 대화를 이해하는지에 대한 상황을 실험실에서 재구성하였다.
② 이 연구 참가자들은 [그림 3-2]와 같이 왼쪽 귀와 오른쪽 귀에 각각 다른 음성 메시지를 전달하는 헤드폰을 착용한다.
③ 그들은 한쪽 귀에 들려오는 메시지를 따라서 말하도록 요청받았다. 1~2분 동안 하나의 메시지를 따라 말하게 하고 나서 다른 쪽 귀에 들려준 메시지가 무엇인지 물었다.
④ 참가자들은 따라 말하지 않았던, 즉 주의를 기울이지 않았던 메시지의 내용에 대해서는 거의 기억하지 못했다. 그러나 주의를 기울이지 않는 메시지의 톤이 바뀌거나 남성의 목소리가 여성의 목소리로 바뀔 때는 즉시 알아차렸다.
⑤ 즉, 주의를 기울이지 않은 메시지의 경우 낮은 수준의 감각 변화는 알아차리지만, 의미 변화는 알아차릴 수 없었다.

핵심 Check

선택적 주의 집중
- 선택적 주의(selective attention)는 어떤 것에는 주의 집중하고, 다른 것은 무시하는 것을 말한다.
  [예] 독서에 집중하면서 다른 소리를 무시하는 것이 해당한다.
- 우리는 모든 광경, 소리, 냄새 등 감각 자극 및 이러한 자극의 모든 순간의 변화를 지속적으로 의식한다고 하더라도 매우 제한된 부분에서만 세부 사항을 의식한다. 즉, 모든 것을 처리할 수는 없기 때문에 집중할 정보와 무시할 정보를 선택해야 한다.

[그림 3-2] 칵테일파티 실험 과정

(2) 주의 여과 이론(filter theory of attention)
① 우리의 감각 수용기가 자극을 받으면 모든 정보가 물리적 신호로 들어오지만, '제한된 용량 시스템'에 접근하기 위해 선택된 신호만 해석된다.
② 선택되지 않은 신호는 걸러지고 그 신호 안의 정보는 손실된다.
③ 신호의 선택 수행은 여과기 역할을 함으로써 제한된 용량 시스템이 의식을 허용하고 기억에 정보를 저장할 수 있도록 한다.
④ 주의 여과 이론은 칵테일파티 효과에 대한 의문들을 제기한다.
　㉠ 의문이 드는 것은 주의를 기울이지 않더라도 자신의 이름은 쉽게 알아차릴 수 있다는 것이다.
　㉡ 양분 청취법 후속 연구에서 자신의 이름과 같은 특정 단어는 주의를 기울이지 않았음에도 주의를 끄는 경향이 있는 것으로 밝혀졌다.
　㉢ 이런 연구 결과가 시사하는 바는 주의를 기울이지 않은 메시지가 어느 정도 처리되지만, 그 메시지가 특별히 중요하지 않다면 그 내용은 폐기되어 나중에 그 내용을 인출할 수 없다는 의미이다.

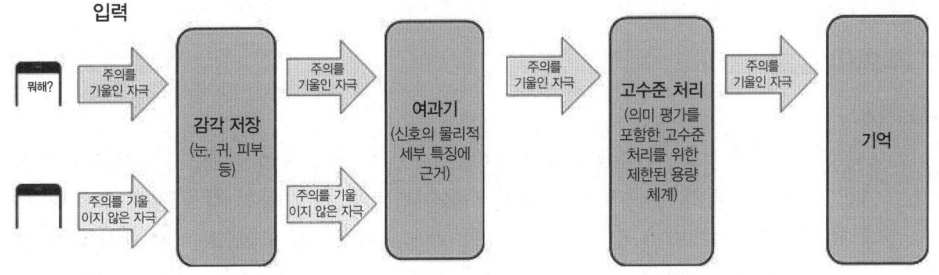

[그림 3-3] 주의 여과 이론에 따른 감각 자극의 저장 과정

3. 주의를 끄는 요인들

(1) 자극 돌출성(stimulus salience)
① 빨간색, 노란색과 같은 색은 우리의 주의를 끌어 당긴다. 이런 색이나 움직임, 방향 등과 같이 두드러진 자극과 같은 물리적 속성들을 자극 돌출성(stimulus salience)이라 한다.
　예 흰 옷을 입은 사람들 중 특정한 사람이 다른 색의 옷을 입었거나 모두 같은 방향을 보는데, 반대 방향을 바라본다거나 하는 것들이 그런 예가 될 수 있다.

② 또한, 천둥 번개와 같이 큰 소리나 번쩍임 등은 주의를 이동시킴으로써 주변의 위험에 대한 경고의 역할을 하는데, 이런 자극 돌출성에 의해 주의가 비자발적으로 이전될 때, 이 이전을 주의 포획(attention capture)이라고 한다.

(2) 인지적 요인
① 주의는 색이나 움직임 방향 등과 같은 자극의 돌출성에 의해서만 결정되는 것은 아니고, 관찰자의 흥미나 의미에 따라 달라질 수 있다.
② 관찰자가 가지고 있는 '장면 도식'도 주의에 영향을 미친다.
   예 화장실에 프린터기가 있다고 하면 통상적으로 있어야 할 장소가 아니기 때문에 대부분의 사람들은 주의를 더욱 오래 기울이게 될 것이다.

(3) 과제 요구
① 농구와 같은 스포츠 게임에서 상대를 속이려는 의도가 아니라면 통상적으로 어떤 과제를 수행할 때 과제와 관련 없는 대상이나 영역에는 거의 응시를 하지 않는다.
② 눈 운동과 응시점은 그 사람이 이제 막 시도하려고 하는 행동과 밀접하게 관련되어 있다.
   예 음식을 먹을 때 먹으려고 하는 음식(콩나물)을 응시한 후 그 음식을 먹는 행동을 하게 된다.
③ 인도를 걷거나 복잡한 차도를 건널 때와 같은 역동적인 상황에서는 정적인 상황과는 다른 양상을 보일 수 있다.
   예 길을 걸으면서 보행자를 피하도록 하고, 과제에서 불량해 보이는 보행자, 충돌할 것 같은 위험한 보행자, 안전한 보행자의 3가지 유형의 보행자와 마주하는 상황을 마주하게 되었을 때 안전한 보행자에 비해 불량해 보이는 보행자에 대한 응시 시간이 4배 길었다.

02 주의와 지각

1. 주의의 효과

(1) 개요
① 주의는 선택적으로 중요하다고 생각하는 어떤 것에 주의를 기울일 수 있는 능력이다. 그래서 우리가 어떤 것에 주의를 기울이면 주의를 기울인 것을 지각하게 된다.
② 주의를 기울이게 되면 효과적인 대처가 가능해진다. 즉, 주의를 기울인 위치에 있는 것에 빠르게 반응할 수 있고 대상을 보다 쉽게 알아차릴 수 있으며 이로 인해 생리학적 반응이 촉진된다.

(2) 공간주의
① 공간주의(spatial attention): 특정 위치에 주의를 기울이는 것을 말한다.
   ㉠ 운전할 때 도로가 막히면 어떤 위치에서 사고가 났는지 등에 대해 알게 됨으로써 보다 빠르게 반응할 수 있다.
   ㉡ 사전 단서(precueing)와 정보 처리 효과(사전 단서 절차 실험)
      ⓐ 자극의 위치에 대해 사전에 타당 또는 타당하지 않은 단서를 제공한 후 반응하는 실험에서 화면에 +와 → 가 나올 때 타당 단서는 화살표 방향과 표적이 일치하고, 타당하지 않을 경우, 일치하지 않는다.

개념 Plus

도식
도식은 사물의 구조·변화 상태 따위를 일정한 양식으로 나타낸 그림 또는 그 양식을 의미하는데, 여기서는 인지적인 '틀'이나 '구조'를 말한다.
즉 화장실에 대한 장면 도식은 화장실의 내부 구조와 그 안에 위치할 사물들이 포함될 것이다. 그런데 프린터는 사무용품으로 화장실에서 사용하는 물품도 아니거니와 습기에도 취약하기 때문에 화장실 용품으로는 부적절하다.

ⓑ 타당 단서가 제공되었을 때 평균 반응 시간이 짧았고, 타당하지 않은 단서를 제공했을 경우에는 평균 반응 시간이 더 길었다. 즉, 주의를 기울이면 정보 처리가 더 효과적으로 처리된다.
② 주의가 대상에 대한 우리의 반응을 촉진시킬 수 있는데, 이때 주의가 대상의 한 곳에 집중되면 주의의 촉진 효과는 대상의 다른 주변으로 확산된다.
㉠ 동일 대상 이득(same-object advantage): 한 대상 내에서 촉진이 확산될 때 나타나는 빠른 반응이다.
㉡ 나무 뒤에 숨은 것을 동물로 해석할 가능성이 높은 것처럼 부분적으로 가려진 대상을 지각하는 데 도움을 준다.

(3) 외형(appearance) 지각과 주의
① 주의를 기울이면 대상의 외형이 변할 수 있는지는 아래의 실험을 통해 확인 가능하다.
② 카라스코(Carrasco)의 실험

구분	내용
실험 내용	• 관찰자에게 눈을 지속적으로 응시점에 고정하도록 요구함 • 단서 자극이 왼쪽 또는 오른쪽에 67ms 동안 번쩍인 후 서로 반대 방향으로 경사진 격자가 40ms 동안 번쩍임 • 관찰자는 각각의 시행에서 대비가 더 큰 격자 자극이 왼쪽이나 오른쪽으로 기울어졌는지를 표시함
결과	• 두 격자가 대비가 동일할 때 관찰자는 주의를 더 기울인 쪽의 격자가 대비가 더 크다고 보고됨 • 즉, 주의로 인해 격자의 대비가 증가됨

(4) 주의와 생리적 반응
① 주의는 뇌 특정 영역의 반응을 증가시킨다.
㉠ 얼굴 이미지와 집 이미지 자극을 중첩시켰을 때 양안 경쟁이 일어나기보다는 얼굴이나 집 중 하나의 이미지에 주의를 기울인다는 것이다.
㉡ 관찰자가 얼굴에 또는 집에 주의를 기울이는가에 따라 방추형 얼굴 영역과 해마 주변 장소 영역이 활성화된다.
㉢ 이미지의 움직임에 주의를 기울일 때에는 운동에 특화된 영역이 활성화된다.
㉣ 각기 다른 유형의 이미지나 유형(예 얼굴, 집) 또는 움직임에 대해 주의를 기울이면 그 대상의 유형에 대한 정보를 처리하는 뇌 영역이 활성화된다는 것이다.
② 관찰자가 주의를 어느 곳에 기울이냐에 따라 활성화되는 뇌의 영역이 결정되는데, 실험 과정을 통해 주의 지도(attention map)가 완성된다면 관찰자가 어떤 지점을 응시하고 있는지를 정확히 예측할 수 있다.

2. 무주의 현상 〔기출개념〕

(1) 무주의 맹(inattentional blindness) ★★★
① 주의는 선택적으로 어떤 대상에 집중하는 능력인데, 이는 우리가 모든 것에 주의를 기울일 수 없기 때문이다. 그래서 주의를 기울이지 않음, 즉 무주의 맹이 발생할 수 있다. 주의를 기울이지 않으면 분명한 자극도 지각하지 못한다.

② 무주의 맹과 관련된 실험은 상당히 많은데 이런 실험들을 통해 하나의 사건에 주의를 기울이게 되면 바로 눈앞에서 다른 일이 일어나더라도 이를 알아차리는 데 실패한다.
> 예 운전 중 전화를 받으면 신호등이나 보행자를 보지 못하는 위험한 상황이 발생할 수 있다는 것이 좋은 예가 될 수 있다.

③ 주의 과실(attention blink)과 유사한 개념으로 볼 수 있는데, 주의 과실은 우리가 다른 것을 처리할 때 자극이 발생하면 주의를 둔 위치의 자극을 의식하지 못하는 것이다.

(2) 변화 맹시(change blindness) ★
① 복잡한 장면의 변화를 신속하게 탐지할 수 없는 현상을 변화 맹시(change blindness)라고 한다. 변화 맹시는 동시에 여러 가지 일에 주의를 기울이는 데 제한된 능력을 반영한다고 할 수 있다.
② 영화나 드라마를 만들 때 장면과 장면을 편집하여 영상을 만드는 과정에서 소품의 위치나 내용물이 달라지는 경우가 있다. 이때 우리는 영화나 드라마 속 연속성 오류를 쉽게 탐지하지 못한다.
> 예 예전에 영화나 드라마 속 오류를 찾는 TV 프로그램이 있었는데 주인공이 팔을 다쳐서 왼팔에 깁스를 하고 나왔다. 그리고 다음 회에는 오른쪽 팔에 깁스를 하고 나오는 경우가 있더라도 사람들이 잘 알아차리지 못한다는 것을 보여주었다. 이러한 변화를 탐지하기 위해서는 상당한 주의를 기울여야 하기 때문이다.

(3) 장면 지각과 주의
① 주의를 요구하는 중심 과제와 주변 과제를 동시에 수행해야 하는 이중 – 과제 절차 실험을 통해 장면의 속성은 주의를 거의 기울이지 않아도 지각될 수 있다는 것을 알 수 있다.
② 중심 과제가 얼마나 주의를 요구하는지의 수준에 따라 주변 과제의 이행률에는 차이가 발생할 수 있다.
③ 장면 지각에 주의가 요구되지만, 장면 지각의 어떤 측면은 주의를 요구하지 않을 가능성이 있다.
④ 또한, 방해 과제가 지각하는 능력을 감소시킬 수 있다는 최근의 실험 결과 등을 고려할 때, 주의가 장면 지각에 필수적인지의 여부는 추후 연구가 필요하다.

3. 자극의 주의 분산 효과
(1) 주의 분산과 과제 특성
① 주의를 기울이지 않는 자극은 과제의 난이도에 따라 수행의 차이가 발생한다.
② 난이도에 차이가 있는 과제에서 과제와 무관한 별도의 자극을 제공할 때, 쉬운 과제에서는 반응이 느려진 반면, 어려운 과제에서는 영향을 덜 받았다.

(2) 주의 부하 이론 [기출개념]
① 라비(Lavie)는 주의 부하 이론(load theory of attention)을 지각 용량과 지각 부하로 나누었다.
  ㉠ 지각 용량(perceptual capacity): 지각 과제를 수행하기 위해서 사용 가능한 용량이다.

핵심 Check

무주의 현상
- **무주의 맹(inattentional blindness)**: 관찰 장면에서 관찰자가 특정 사건 연쇄에 주의를 기울이게 되면 분명하게 관찰되는 자극도 지각하지 못한다.
- **변화 맹시**: 한 장면에서 변화를 탐지하는 것이 어려운 현상을 가리키는 용어로, 흔히 영화에서 소품이 바뀌거나 공간적 배치가 달라져도 잘 알아차리지 못하는 것을 통해서 변화 맹시를 확인할 수 있다.

ⓒ 지각 부하(perceptual load): 지각 과제를 수행하기 위해 요구되는 사람의 지각 용량의 양이다.
② 저부하 과제는 적은 양의 지각 용량을, 고부하 과제는 많은 지각 용량을 사용한다.
③ 과제를 수행할 때 남아 있는 지각 용량의 양은 과제와 무관한 자극이 주어진 경우 주의가 분산되는 데 영향을 미친다.

구분	내용
지각 용량을 적게 사용하는 과제	자원의 일부만 사용하기 때문에 다른 자극을 처리할 수 있는 가용 정보 처리 자원이 어느 정도 남아 있음
지각 용량을 많이 사용하는 과제	지각 용량의 대부분을 사용하기 때문에 다른 자극을 처리하기 위한 자원이 별로 없어서 다른 자극을 처리할 수 없으므로 과제 수행에 영향을 거의 받지 않음

> **개념 Plus**
> **지각 부하**
> 우리가 인터넷으로 파일을 받을 때 'loading'이라는 단어를 종종 보는데 'load'는 '(무거운 짐)을 지는 것, 부담, 근심, 걱정'을 의미하며, '적재량, 일의 양, 분담량, 하중, (짐을) 싣다, (사람을) 태우다, ~ 많이 올려 놓다.' 등의 뜻이다. 지각 용량이 많을 경우 흔히 '과부하되다'라는 표현을 쓰곤 한다. 지각 부하는 지각의 양이 많고 적음에 따라 과부하 또는 저부하라고 할 수 있다.

4. 주의와 대상 지각

(1) 주의와 대상 지각
우리는 주의를 통해 사물을 지각하고 반응하는 능력을 향상시킬 수 있다. 즉 색, 형태, 운동, 위치 등의 세부 특징들을 결합(binding)함으로써 하나의 대상 지각을 할 수 있게 된다.

(2) 결합
① 굴러가는 붉은 공을 관찰한다고 할 때 단순해 보이지만 형태에 민감한 신경 세포와 색과 움직임 등에 민감한 신경 세포가 각각 활성화된다.
② 공의 색, 움직임, 위치 등이 피질의 다양한 영역을 활성화하지만, 우리는 공의 색, 움직임, 위치 등을 각각 별개로 지각하지 않는다.
③ 결합(binding problem): 대상의 개별적 특성이 함께 결합하는 것으로 이는 세부 특징 통합 이론으로 설명할 수 있다.

(3) 세부 특징 통합 이론 `기출개념`
① 트리즈만(Treisman)의 세부 특징 통합 이론(feature integration theory)은 우리가 어떻게 동일한 대상의 부분으로서 개개의 특징을 지각하는가에 대해 설명한다.
② 주의 전 단계(preattentive stage)
  ㉠ 이 과정에서 대상의 이미지를 처리하는 과정을 거치는데, 색, 모양, 운동 등의 개별적인 특징이 독립적으로 존재한다.
  ㉡ 이러한 세부 특징 분석의 과정은 대상이 의식되기 전 초기 지각 과정에서 발생하기 때문에 우리가 지각하지 못한다는 것이다.
  ㉢ 관련 증거
    ⓐ 착각 조합(illusionary conjunctions): 과제 수행과 무관한 자극들이 함께 제시된 실험 상황에서 참가자가 다른 자극으로부터 나온 세부 특징을 조합하여 실제로는 제시되지 않은 자극을 관찰하였다고 보고하는 현상을 말한다.
      예 초록색 셔츠를 입은 남자가 교실로 불쑥 들어와 노란색 지갑을 순식간에 집어 들고 나가는 상황 연출 후 이 상황을 목격한 사람들에게 진술하게 했더니 '노란 셔츠를 입은 남자가 초록색 지갑을 훔쳤다.'라는 진술처럼 대상의 색상이 바뀌는 것도 착각 조합의 예다.

③ 초점화된 주의 단계(focused attention stage)
　㉠ 두 번째 단계인 초점화된 주의 단계에서 세부 특징이 결합되어 대상을 지각하게 된다.
　㉡ 이 단계에서 관찰자의 주의는 전체 대상의 지각을 생성하기 위해 세부 특징 결합에 중요한 역할을 한다.
　　ⓐ 두정엽(마루엽)이 손상된 발린트 증후군(Bálint's Syndrome) 환자의 경우 개별적 대상에 주의를 집중하지 못한다.
　　ⓑ 이 경우 빨간색 R과 파란색 B의 다른 두 색의 글자를 10초 동안 보여주었을 때 파란색 R로 기억하는 경우와 같은 착각 접합이 나타날 수 있다.
　㉢ 세부 특징 분석 접근법은 지식이 관여되지 않는 상향식 처리(bottom-up processing)를 한다. 그러나 어떤 상황에서는 하향식 처리(top-down processing)를 할 수 있다.
　　ⓐ 한 실험에서 삼각형이 주황색일 경우에도 종종 검은색으로 지각되기도 한다.
　　ⓑ 실험 참가자에게 당근, 호수, 타이어를 보여줄 것이라고 사전 정보를 제공할 경우 착각 접합이 발생할 가능성이 줄어들었다. 즉, 주황색 삼각형을 당근으로 지각하였다.
　　ⓒ 대상의 색상에 대한 참가자의 지식이 각 대상의 특징을 정확하게 결합하는 능력에 영향을 미친다.
　　ⓓ 세부 특징 분석이 하향식 처리와 결합하면 사물을 더 정확하게 지각할 수 있다.

④ 시각 검색 과제
　㉠ 시각 검색: 군중 속에서 친구를 찾거나 그림책에서 특정 인물이나 어떤 사물을 찾을 때 하는 일이다.
　　예 『월리를 찾아라』
　㉡ 접합 검색: 두 개 또는 그 이상의 세부 특징의 조합을 동일 자극 안에서 찾는 과제이다. 접합 검색이 결합 문제를 연구하는 데 유용한 이유는 접합 검색에서 표적을 찾는 것이 특정 위치에 주의 집중하며 화면을 주사하는 것을 포함하기 때문이다.
　　ⓐ 두정엽이 손상된 발린트 증후군 환자는 접합 검색에서 표적을 찾지 못했다.
　　ⓑ 세부 특징 검색만 요구할 때는 표적을 찾을 수 있었는데, 이는 위치 각각에 대한 주의가 요구되지 않기 때문이다.
　㉢ 세부 특징 이론에서는 대상에 대한 우리의 지각을 만드는 기제의 핵심 요소를 주의라고 본다.

📑 개념 Plus

세부 특징 분석 접근법
- 상향성 처리(bottom-up processing): 감각 수용기에 수용된 정보에 근거한 처리이며, 자료 주도적 처리(databased processing)을 의미한다.
- 하향성 처리(top-down processing): 지각하는 사람이 가지고 있는 지식과 같은 고차 정보의 분석에서 시작되는 처리이며, 개념 주도적 처리를 의미한다.

📑 개념 Plus

『월리를 찾아라』
(원제: *Where's Wally?*)
영국인 삽화가 마르틴 핸드포드가 만들어낸 어린이 서적 시리즈로 『월리를 찾아라! 1』에는 마을, 바닷가, 기차역 등 우리 주변의 장소에서 월리와 그의 친구들을 찾는 내용으로 구성되어 있다.

기출개념확인

01 한 장면에의 변화를 탐지해내는 것이 어려운 현상은?

① 변화 맹시
② 주의 분산
③ 탐지 실패
④ 주의 초과

02 다음 중 우리의 주의를 끄는 요인과 거리가 먼 것은?

① 자극 돌출성
② 관찰자의 흥미
③ 과제 수행
④ 주의 산만

정답·해설

01 ① 한 장면에의 변화를 탐지해내는 것이 어려운 현상을 변화 맹시라고 한다.
02 ④ 우리의 주의를 끄는 요인과 거리가 먼 것은 주의 산만이다.

제3절 깊이와 크기 지각

01 눈 운동 단서

1. 눈 운동 단서(oculomotor cue)
(1) 개요
우리는 주변 장면을 바라볼 때 사물과의 거리나 깊이를 지각할 수 있는데 거리가 멀어진다고 하더라도 사물을 일정한 크기로 지각할 수 있다. 이렇게 사물의 거리와 깊이를 정확하게 지각하기 위해서 조절과 수렴이라는 과정을 이해할 필요가 있다.

(2) 조절(accommodation)
① 조절: 망막에 상이 선명하게 맺히도록 하기 위해 눈의 수정체의 원근 조절로 형태가 변화되는 과정이다.
② 멀리 있는 대상에 초점을 맞추기 위해서는 수정체를 평평하게 만들어야 하므로 모양근(섬모체근)이 이완된다.
③ 가까이 있는 대상에 초점을 맞추기 위해서는 수정체를 둥글게 만들어야 하므로 모양근이 수축된다.

(3) 수렴(convergence)
① 수렴: 멀리 있는 대상을 볼 때는 시선이 평행이 되지만, 그 대상이 가까이 오면 초점을 유지하기 위해서 두 눈이 안쪽으로 모이게 되는 것이다.
② 대상이 10cm보다 더 가까워진다면 두 눈은 교차되고, 두 눈의 긴장도는 증가한다.
③ 수렴은 조절과 유사하게 매우 짧은 거리에서만 깊이 단서로 작용한다.

2. 단안 깊이 단서(monocular depth cues)
(1) 개요
한쪽 눈으로만 작동되는 것으로 그림 단서(pictorial cue)와 움직임 – 기반 단서(movement – based cue)를 포함한다.

(2) 그림 단서(pictorial cue)
우리는 사진이나 사실적인 그림을 볼 때 사진이나 그림이 입체적이지 않지만, 장면에 있는 대상들의 상대적인 깊이를 알 수 있다. 이 단서들은 망막 상에서의 대상의 위치, 크기, 조명 효과에 따라 깊이를 제공한다.

구분	내용
부분 가림 (partial occlusion, 중첩)	• 어떤 대상이 부분적으로 다른 대상을 가릴 때 발생함 • 즉, 어떤 대상이 다른 대상을 부분적으로 가리고 있다면 가려진 대상은 가린 대상의 뒤에 있기 때문에 더 먼 거리에 있을 수밖에 없다는 단서를 준다는 것임 예 전봇대가 자동차를 가리고 있을 때 이는 전봇대가 자동차보다 앞에 있다는 정보를 주는 것으로 가림은 관계들의 대상들의 상대적인 깊이에 대해 풍부한 정보를 제공해 줌
상대적 높이 (relative height)	• 망막상에서 수평선과 대상의 상대적 높이(relative height)는 관찰자와 대상의 상대적 거리에 대한 정보를 제공해 줌 • 수평선에 근접해 있는 대상은 더 멀리 있는 것이고 지평선이나 수평선 아래 있는 대상들은 보다 가깝게 위치하고 있는 것들이라는 정보를 준다는 것임
상대적 크기	두 대상이 같은 크기라는 것을 알고 있을 때 상대적 거리를 추정할 수 있음 예 A, B 두 사람의 크기가 같을 때 A가 다른 사람의 크기의 절반 정도로 보인다면 A가 B보다 두 배 멀리 떨어져 있음을 의미함
친숙한 크기	대상의 크기에 대한 사전 지식이 거리를 판단할 때 사용되는 단서임 예 탁구공, 야구공, 농구공이 같은 크기로 보인다면 크기가 가장 작은 탁구공이 가장 가깝고 농구공이 가장 멀리 있다고 생각할 것임. 각각의 공의 크기에 대한 사전 지식이 거리 판단에 사용되었기 때문임
조망 수렴 (크기 조망)	흔히 예술가들이 그림에 깊이감을 주기 위해 사용하는 기법으로 멀어질수록 크기가 작아지고 수렴되는 것처럼 보임 예 기찻길
대기 조망 (atmospheric perspective)	• 공기에는 습기, 연기 등이 포함되어 있고, 이것들이 빛을 산란시키는데 이것이 깊이에 대한 단서를 제공함 • 가까운 대상보다 먼 거리의 대상이 덜 뚜렷하게 보이고 종종 연한 청색을 띰 • 멀리 있는 물체가 더 푸르게 보이는 이유는 대기가 푸른색을 띠는 단파장의 빛을 더 많이 산란시키기 때문임
표면 결의 기울기	호숫가의 돌이나 물결 등과 같은 반복되는 요소가 있는 표면의 결 요소들은 거리가 멀어질수록 크기가 작게 보이는데, 이를 통해 깊이 정보를 제공함
음영	빛이 어떤 부분과 어떤 부분을 다르게 비춤으로써 음영 차이가 발생하는데, 이러한 음영에 의해 표면의 상대적 깊이나 방향에 대한 정보를 얻을 수 있음

(3) 동적 단서 [기출개념]

① 화면과 시선이 교차하는 시점의 변화는 망막상에서 각 대상의 위치의 변화가 일어나는데, 이러한 변화들은 장면에서 대상들이 어떻게 배열되어 있는지에 대한 정보를 제공하며, 상대적 깊이 정보를 준다.

② 움직임을 통해 나오는 깊이 정보는 매우 강력하다. 이 장면은 운동 시차, 잠식과 증식의 동적(운동 기반) 단서를 포함한다.

개념 Plus
지각 단서가 작용하는 범위
조절과 수렴은 가까운 범위(2m 이내), 운동 시차, 잠식과 증식은 중간 정도의 범위(20m 이내), 대기 조망과 상대적 높이는 먼 범위(30m 이상)에서, 가림과 상대적 크기는 깊이 지각의 전체 범위에서 작용하는 것으로 보인다.

핵심 Check
단안 깊이 단서
- 단안 깊이 단서(monocular depth cues)에서 mono는 하나를 의미하고 ocular는 눈의 의미로 한쪽 눈만으로 바라볼 때에도 깊이 정보를 제공할 수 있다는 것이다.
- 단안 단서들은 그림이나 사진들이고, 운동 정보 단서들은 숲을 거닐고 있거나 영화를 보는 상황에서의 깊이 정보를 제공한다.

개념 Plus
대응점과 호롭터
- **대응점**: 왼쪽 망막과 오른쪽 망막에서 일치하는 한 점을 의미한다.
  예) 두 눈의 중심와
- **호롭터**: 대응점에 망막의 상이 투사하는 장면상의 위치에 정리된 가상 표면을 의미한다.

---

③ 운동 시차(motion parallax)
  ㉠ 운동 시차는 우리가 움직일 때 발생한다. 가까이 있는 대상은 빠르게 움직이는 것처럼 보이고, 멀리 있는 대상은 느리게 움직이는 것처럼 보이는 현상이다.
  ㉡ 실제로 움직이는 차나 기차에서 밖을 보면 가까운 대상들은 빨리 지나가는 데 반해 멀리 있는 대상은 천천히 움직이는 것처럼 보이는 경험이 있을 것이다.
  ㉢ 운동 시차는 많은 동물들에게 가장 중요한 깊이 정보라고 할 수 있다.
④ 잠식(deletion)과 증식(accretion)
  ㉠ 잠식(deletion)은 관찰자가 옆으로 이동할 때 가려지고, 증식(accretion)은 관찰자가 옆으로 이동할 때 드러나는 것이다.
  ㉡ 잠식과 증식은 환경에서 우리가 움직일 때 항상 일어날 수 밖에 없으며, 무엇이 가려지고 드러나는지 등의 정보를 알려주는 단서가 된다.

3. 양안 깊이 단서 [기출개념]

(1) 개요
한쪽 눈으로도(단안, monocular) 거리와 깊이 지각이 가능하지만, 양안을 통한(양안 단서, binocular cue) 입체적 깊이 지각(stereoscopic depth perception)은 좌우 눈에 맺히는 상의 차이 때문에 깊이와 공간 배열에 대해 보다 풍부한 정보를 제공한다.

(2) 두 눈으로 보기
① 3D 영화는 2차원의 평면 스크린에 3차원의 입체감을 구현하는 것으로 우리의 두 눈이 각기 다른 영상을 받아들이게 해주기 때문에 가능하다.
② 사시의 경우 이중 시지각을 피하기 위해 한쪽 시각을 억제하며 한쪽 눈으로만 세상을 본다. 이로 인해 양쪽 눈이 서로 협응하여 동일한 위치를 조준할 수 없기 때문에 입체적으로 지각하기가 어렵다.

(3) 양안 부등(시차)
① 양안 부등(시차): 왼쪽과 오른쪽 망막 상의 차이(binocular disparity)를 말한다.
② 대응점(corresponding points): 좌우 두 눈이 서로 중복되었을 때 겹쳐지는 망막 상의 위치를 말한다. 사람이 바라보는 것은 대응점에 맺히는데 대응점에 맺힌 대상들은 호롭터(horopter)에 위치한다.
③ 호롭터에 있지 않는 대상의 이미지는 비대응점에 맺히는데 대응점으로부터 대상이 이탈한 정도를 절대 부등이라 부른다.
  ㉠ 부등각이라 불리는 절대 부등의 양은 이미지에 대한 대응점이 있는 위치와 이미지가 실제로 있는 위치 간의 각도를 측정하면 알 수 있다.
  ㉡ 호롭터로부터 멀리 떨어질수록 대상의 부등각은 커진다.
④ 장면에서 대상들의 절대 부등의 차이를 상대 부등이라 하며, 상대 부등은 장면의 대상들이 서로 상대적으로 어디에 위치하는지를 표시하는 것을 돕는다.

(4) 부등과 입체시(지각)
① 절대 부등과 상대 부등 정보는 우리가 쳐다보는 곳으로부터 대상이 얼마나 떨어져 있는지를 나타낸다.

② 양안 부등에 의해 제공된 정보에서 만들어진 깊이감(입체시), 관찰자의 지각과 부등 간의 관계이다.
　㉠ 입체시의 예는 입체경에 의해 얻어지는 깊이 효과로 설명할 수 있다.
　㉡ 두 눈의 거리만큼 떨어진 두 개의 수정체가 달린 카메라로 찍은 두 개의 사진을 제공한다.
　　ⓐ 오른쪽 눈에는 오른쪽 그림을 왼쪽 눈에 왼쪽 그림을 제시하게 되면 사람이 경치를 보면서 왼쪽과 오른쪽 눈에 약간 다른 영상이 보이는 것과 같은 동일한 양안 부등을 낳는다.
　　ⓑ 좌우 양안에 부등을 만드는 방법 중 하나는 한쪽 눈에는 적색 필터를, 다른 한쪽에는 녹색 필터로 된 영상을 보는 것이다.
　　ⓒ 한 방향으로만 진동하는 광파장, 즉 편광을 통해 한 영상은 진동이 수직이 되도록 편광되고, 다른 영상은 진동이 수평이 되도록 편광되는데, 이렇게 하면 3차원 지각 부등을 만들 수 있다.

(5) 대응 문제
① 우리의 뇌는 자동적이고 무의식적으로 양안의 시차를 깊이 단서로 사용한다.
② 대응 문제(correspondence problem)는 이런 양안 부등으로부터 깊이를 지각하기 위해 뇌는 오른쪽 망막과 왼쪽 망막이 대응되는 부분을 알아야 양안 부등 조율의 크기를 측정할 수 있다.
③ 왼쪽과 오른쪽 망막 상의 차이 때문에 각기 다른 깊이를 가지게 되어 사물과 사물의 거리가 각각 다른 거리에 있는 것처럼 보인다. 시각 체계는 이 부등을 계산하기 위해 좌우 망막에 맺힌 두 사물의 영상을 비교하는데, 이것을 대응 문제라고 한다.
④ 우리의 시각 체계는 유사한 부분을 대응시켜 부등을 계산해서 깊이 지각을 만들어 낸다.

> **핵심 Check**
> **절대/상대 부등과 대응 문제**
> • **절대 부등**(absolute disparity): 대응점으로부터 대상이 이탈한 정도이다.
> • **상대 부등**(relative disparity): 장면에서 대상들의 절대 부등의 차이이다.
> • **대응 문제**(correspondence problem): 특정 세부 특징이 다른 쪽 눈의 어떤 세부 특징과 대응되는지를 결정하는 문제이다.

02 양안 깊이 지각

1. 양안 깊이 지각의 생리학 [기출개념]
① 양안 깊이 세포(binocular cells): 1960~1970년대 연구에서 절대 부등에 반응하는 양안 깊이 세포라는 신경 세포가 발견되었다.
② 특정 신경 세포는 왼쪽 및 오른쪽 눈의 절대 부등이 약 1°일 때 가장 잘 반응하는 것으로 보인다.
③ 원숭이 실험을 통해 절대 부등에 민감한 세포가 일차 시각 수용 영역에서 발견되었고, 상대 부등에 민감한 신경 세포가 측두엽과 다른 영역에서 발견되었다.
　㉠ 원숭이를 생애 첫 6개월 동안 매일 왼쪽 또는 오른쪽 눈으로만 보도록 교대시키면서 양육하였다.

ⓒ 원숭이의 피질 신경 세포를 기록했을 때 양안 신경 세포가 거의 없었고, 깊이를 지각하기 위해 양안 부등을 사용하지 못했다.
ⓒ 실험을 통해 양안 신경 세포를 제거하면 입체시도 제거된다는 것을 알 수 있다.
④ 신경 세포의 활성화와 깊이 지각과의 연결을 확인하기 위해 피질에 미세 전극을 삽입하였고, 전극 주위의 신경 세포를 활성화하기 위해 전극에 전하가 흐르게 하였다.
㉠ 부등이 망막상의 이미지에 의해 나타난 것과 다르게 향하도록 뉴런들을 자극했을 때, 원숭이들은 깊이의 지각이 자극 받았던 뉴런들에 의해서 신호받은 부등으로 이동했다.
ⓒ 선택적 양육과 미세 자극법은 양안 깊이 세포가 깊이 지각에 관여하는 생리학적 근거라는 것과 지각을 처리하는 과정에서 생리학과 지각의 관계가 있음을 입증했다고 할 수 있다.

03 크기 지각

1. 크기 지각

(1) 크기 지각

크기 지각은 거리나 깊이 지각에 영향을 받는다. 즉, 정확한 깊이 지각에 대한 정보가 없으면 크기 지각을 잘못할 수 있다.

(2) 크기 항등성 ★★ 기출개념

① 우리는 각기 다른 거리에서 물체를 바라보더라도 물체 크기의 지각이 거의 같다. 이를 크기 항등성이라 한다.
  ㉠ 사람의 크기를 추정할 때 사람과 떨어진 거리가 달라져도 비슷한 결과를 얻을 수 있다.
  ⓒ 거리가 두 배가 되면 망막에 맺힌 이미지는 반이 된다.
② 크기 항등성의 계산

$$S = K(R \times D)$$

S: 대상의 지각된 크기
K: 상수
R: 망막 상의 크기
D: 대상의 지각된 거리

  ㉠ 지각 대상이 멀어질수록 망막 상의 크기는 작아지지만, 거리 지각 D가 커지므로 크기는 항상적으로 유지된다.
  ⓒ 크기 항등성으로 인해 각각 다른 거리에서 물체를 보아도 물체가 축소되거나 팽창되어 보이지 않는다.

(3) 크기 지각을 위한 주변 정보
① 상대적 크기
㉠ 어떤 대상의 크기를 다른 대상의 크기를 판단하기 위한 기준으로 사용할 수 있다.
㉡ 190~200cm 정도의 키가 큰 사람들이 홀로 길을 걷고 있다면 그의 키가 얼마나 큰지 알 수 없지만, 보통 사람들과 같이 있게 되면 그들의 키가 훨씬 크다는 것을 알 수 있게 된다.
② 바닥 정보
㉠ 벽돌이나 타일에 두 개의 물체가 있을 때 각각 거리가 달라도 동일한 크기라는 것을 알 수 있다.
㉡ 상대적으로 뒤에 있는 물체가 작아 보이더라도 벽돌이나 타일의 크기는 동일하기 때문에 같은 크기라는 것을 추정할 수 있다.

2. 착시 `기출개념`

(1) 뮐러 – 라이어(Muller – Lyer)의 착시
① 아래 [그림 3 – 4]의 두 선분이 실제로는 길이가 같으면서도 오른쪽 그림의 선분이 더 길게 지각된다.
② 왼쪽 화살표는 외부 모서리의 일부로 보이고, 오른쪽 화살표는 내부 모서리의 일부로 보이기 때문이다.
③ 상대적으로 더 멀리 떨어져 있다고 생각되는 내부 모서리, 즉 오른쪽 화살표의 선분이 더 길어 보이는 일종의 착시가 발생하는 것이다.

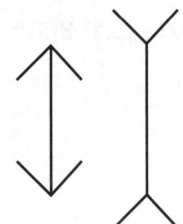

[그림 3 – 4] Muller – Lyer의 착시

④ 그레고리(Gregory, 1966)는 이러한 착시가 3차원 세계에서 안정된 지각을 유지시키도록 돕는 기제가 2차원 표면에 그려진 대상에 적용될 때 착시를 일으킨다고 주장하였다.
⑤ 하지만 나무 화살표와 같은 3차원 자극을 사용해도 위와 같은 착시 현상이 나타난다는 점에서 위와 같은 설명은 설득력이 부족하다고 할 수 있다.

(2) 폰조(Ponzo)의 착시

[그림 3-5]에서 같은 크기의 동물임에도 불구하고 위쪽에 있는 동물이 더 크게 보인다. 철도의 위쪽에 있는 동물이 더 멀리 있는 것으로 깊이 정보를 제공하기 때문에 더 크게 보인다.

[그림 3-5] Ponzo의 착시

기출개념확인

01 우리가 각기 다른 거리에서 대상을 바라보더라도 그 물체에 대한 지각이 항상적인 것은?

① 동일 시각도 ② 양안 지각
③ 크기 항등성 ④ 운동 시차

02 왼쪽과 오른쪽 망막 상의 차이는 무엇인가?

① 양안 단서 ② 양안 입체시
③ 양안 부등 ④ 대응 문제

정답·해설

01 ③ 우리가 각기 다른 거리에서 대상을 바라보더라도 그 물체에 대한 지각이 항상적인 것은 크기 항등성이라고 한다.
02 ③ 왼쪽과 오른쪽 망막 상의 차이는 양안 부등이라고 한다.

제4절 움직임 지각

01 움직임 지각의 기능

1. 움직임 지각의 기능
움직임(운동) 지각은 현재 벌어지는 상황에 관한 정보를 제공하며(예 대상의 모양이나 사람들의 기분 지각을 돕는 등) 다양한 기능을 수행한다. 특히 움직임 지각은 동물의 생존에 중요하다. 움직이지 않는 것보다는 움직이는 존재가 동물에게 훨씬 더 위험할 수 있다는 점을 고려한다면 이해가 쉬울 것이다.

2. 움직임과 주변 환경 이해
① 우리는 주변 인물의 활동이나 몸동작과 같은 움직임을 통해 정보를 파악한다.
② 일반적으로 주변 물체의 움직임은 우리가 움직이는 것과 반대쪽인 경우가 많다.
　예 움직임은 보행자가 나아가는 방향과 속도에 관한 정보를 제공한다.
③ 움직임은 현재 어떤 일이 벌어지고 있는지에 관한 정보뿐 아니라 다양한 행동에 관한 정보를 준다.
　예 커피를 마시기 위해 컵에 물을 부을 때 대부분의 사람들은 누가 알려주지 않더라도 물이 넘칠 때까지 물을 붓지는 않을 것이다.
　㉠ 운동 맹시(akinetopsia) ★★
　　ⓐ 뇌 손상(대뇌 피질의 운동 지각 영역)에 의해 운동 지각을 상실한 것으로 운동 맹시 환자의 경우는 다음과 같다.
　　　• 그들은 물이 차오르는 것을 지각할 수 없기 때문에 잔에 커피나 차를 타기 어렵다.
　　　• 언제 물 따르는 일을 멈춰야 하는지 결정하기 어렵다.
　　　• 주변 사람의 움직임을 지각하기 어려워 같은 공간에 있던 사람이 갑자기 사라지거나 건널목을 건널 때 멀리서 보이던 차가 갑자기 눈앞에 나타나는 듯한 경험을 할 수 있다.
　　ⓑ 운동 지각 능력을 상실한 사람들은 단순히 일상생활이나 사회활동을 하는 데 어려운 것만이 아닌 심각한 위험에 처할 수 있다.

3. 주의 포획 〔기출개념〕
① 주의 포획(attentional capture): 주의를 끌어 들이는 운동이 갖는 힘이다.
　㉠ 주의 포획은 의도적으로 찾을 때만 발생하지 않는다.

개념 Plus

운동 지각 능력
- 운동 맹시(akinetopsia): 운동 지각에 관여하고 있는 대뇌 피질의 영역이 손상되어 운동 맹시를 일으킨 상태이다.
- 주의 포획(attention capture): 자극 특출성이 주의에 대해 불수의적인 이동을 일으킬 때 발생한다.
　예 주의는 움직임에 의해 포획될 수 있다.

> **핵심 Check**
>
> **주의 포획**
> - **주의 포획**: 대화나 과제에 집중하고 있다가도 무엇인가 움직임이 발생하면 즉각 주의를 움직이는 물체에 기울이게 되는 것을 말한다.
> - 동물들이 위험에 직면할 때 움직이지 않는 이유 중 하나는 위험을 가하는 동물로부터 이러한 주의 포획을 제거하기 위해서다.

      ⓒ 다른 사람과 대화를 하고 있거나 다른 일에 주의를 기울이고 있을 경우에 무엇인가 움직임이 있다면 우리는 즉각 주의를 움직이는 물체에 기울이게 된다. 움직이지 않는 것보다 움직이는 것이 보다 위험한 것일 수 있다.

  ② 주의 포획은 동물의 생존에 중요하다. 많은 동물들이 위험한 상황에서 부동자세를 취하는 것을 볼 수 있는데 움직이지 않음으로써 주의를 끌지 않게 되어 주변 환경 속에서 자신을 구별하지 못하도록 은폐할 수 있기 때문이다.

4. 움직임과 정보

  ① 새가 나뭇가지 사이나 덤불에 숨으면 새를 구성하는 선분이 비슷하여 새의 존재를 알아채기 어렵다.

  ② 새가 움직이면 새를 구성하는 모든 요소들이 움직임에 의해 지각적으로 재조직됨으로써 배경과는 분리된 전경이 창출된다.

  ③ 움직이지 않았을 때는 드러나지 않던 대상이 움직임에 의해 분명하게 드러난다.

  ④ 관찰자는 대상이 움직일 때 그 대상의 모양을 보다 빠르고 정확하게 지각하게 된다. 움직임이 주는 정보는 그만큼 강력하다고 할 수 있다.

02 움직임 지각과 뇌

1. 뇌 속의 운동 관련 영역

  ① 움직임에 선택적으로 반응하는 신경 세포가 중간 측두 피질(MT; Middle Temporal cortex)에 많이 모여 있는 것으로 알려져 있다.

  ② 행동과 MT 세포의 반응과의 관계가 매우 밀접한 것으로 확인되었다.

  ③ 자극과 지각의 관계: 눈 앞에 어떤 물체가 상당한 속도로 이동하거나 한 무리의 점이 같은 방향으로 움직일 때 우리는 그 방향으로 진행되는 움직임을 지각한다.

2. MT 피질과 움직임 지각 〔기출개념〕

  ① MT 피질이 움직임 지각에 중요하게 작용한다는 것을 입증하기 위해 MT의 일부 또는 전부를 손상시킨 후 그 결과가 움직임 지각에 미치는 효과를 측정한다.

      ㉠ 여러 방향으로 움직이는 많은 점 중 1~2%만 같은 방향으로 탐지할 수 있었다.

      ⓒ 하지만 MT가 손상된 이후에는 같은 방향으로 움직이는 점의 개수가 전체의 10~20%까지 높아진 후에야 움직임 방향을 탐지하기 시작하였다.

  ② 미세 자극법에 의한 MT 신경 세포 활성화

      ㉠ 미세 자극을 통해 아래쪽 방향의 움직임에 민감하게 반응하는 MT 신경 세포를 활성화하자 왼쪽에서 오른쪽 방향으로 이동하는 점을 오른쪽 아래 방향으로 이동하는 것으로 지각이 바뀌었다.

      ⓒ 이러한 사실은 MT 신경 세포가 움직임 지각에 관여하고 있음을 보여주는 증거이다.

③ 움직임 지각과 관련해서는 MT와 MST(Medial Superior Temporal, 내상측두엽)가 특화된 것은 사실이지만, 뇌 속 다른 영역에 산재한 신경 세포도 움직임에 반응한다는 점도 기억할 필요가 있다.

3. 세포 하나의 관점에서 본 움직임
① MT에는 시야의 각 방향(예 12시 방향, 7시 방향, 2시 방향 등)으로 움직이는 자극에만 반응하는 선별 세포들이 따로따로 존재한다.
② 방향 선별 세포 각각의 반응만으로는 자극이 움직이는 방향을 결정할 수 없다.
③ 우리의 시각 체계는 MT 세포들이 일차 시각 피질에 있는 많은 방향 선별 세포의 반응을 조합해 놓으면 그 결과를 이용하는 방식 또는 물체 끝의 움직임에 반응하는 띠 피질(겉질)의 세포를 통해 확보된 정보를 이용하는 방식으로 이러한 문제를 해결할 수 있다.

03 움직임(운동)과 인간의 신체

1. 신체의 가현 운동(apparent movement)
① 주먹이 얼굴 앞과 뒤에 있는 각각의 신체 동작 2장의 사진을 번갈아 제시한 실험에서 아래와 같이 나타났다.
  ㉠ 사진이 번갈아 제시되는 속도에 따라 다른 결과가 나타났다.
  ㉡ 사진이 빠르게 제시될 때에는 최단 경로 제약의 적용으로 팔이 머리를 뚫고 지나가는 그림으로 지각한 데 반해 속도가 줄어들자 팔이 머리를 앞뒤로 우회하는 것으로 지각하기 시작하였다.
② 복잡하고 의미 있는 자극의 운동 지각에는 정보를 처리할 시간이 필요하다는 것을 시사한다.
③ 가현 운동 실험 관련 PET를 통한 뇌 활성화 연구 결과
  ㉠ 두 가지 움직임 모두 두정엽(마루엽)의 운동 관련 영역을 활성화시키는 것으로 나타났다.
  ㉡ 관찰자가 머리를 우회하는 팔 운동으로 지각할 때에는 뇌의 운동 영역이 활성화되었지만, 팔이 머리를 뚫고 지나가는 그림으로 지각할 때에는 운동 영역이 활성화되지 않았다.

2. 점빛 보행자의 움직임 [기출개념]
① 점빛 보행자 자극은 사람의 여러 관절에다 작은 불빛을 부착시킨 후 암실에서 걷게 하거나 다른 작업을 수행하게 하여 몸에 붙은 점빛을 움직이게 하고 움직이는 모습을 동영상으로 촬영하여 만든 것이다.
② 사람이나 살아 있는 유기체의 움직임을 생물성 운동이라고 하는데 우리의 시각 체계는 복잡하게 움직이는 한 무리의 점을 조직화하여 걷는 사람이라는 지각 경험을 만들어 낼 수 있다.

③ 생물성 운동에 반응하는 특화된 영역이 있다.
　㉠ 위 관자 고랑(STS; Superior Temporal Sulcus)이 뒤섞인 점의 움직임을 관찰할 때보다 생물성 운동을 관찰할 때 더 활성화된다는 사실이 다수의 연구를 통해 확인되었다.
　㉡ 머리뼈 경유 자기 자극법
　　ⓐ 두개골 밖에 위치한 코일을 작동시켜 자기장을 진동시킴으로써 피질 속 특정 영역의 기능을 일시적으로 훼방하는 기법이다.
　　ⓑ 이 기법을 STS 영역에 적용하자 생물성 운동에 대한 관찰자의 지각 능력에 문제가 발생하였다.
　　ⓒ 자기장을 다른 뇌의 영역에 적용하였을 때에는 생물성 운동 지각에 별다른 영향을 미치지 못하였다.

기출개념확인

01 움직임(운동) 지각에 관여하고 있는 대뇌 피질의 영역이 손상되어 움직임 지각 능력을 상실한 것은?

① 실인증　　　　　　② 실행증
③ 운동 맹시　　　　　④ 운동 시차

02 주의 포획에 대한 설명이 아닌 것은?

① 주의를 끄는 움직임의 능력이다.
② 대상의 모양, 사람의 기분 지각 등의 정보 등을 제공한다.
③ 무엇인가 의식적으로 찾을 때만 일어난다.
④ 많은 동물들이 위험에 처할 때 부동자세를 취하는 것과 관련이 있다.

정답·해설

01 ③ 뇌 손상으로 인해 움직임 지각 능력을 상실한 것은 운동 맹시라고 한다.
02 ③ 주의 포획은 무엇인가를 의식적으로 찾을 때만 일어나는 현상은 아니다.

오답분석
① 주의를 끄는 움직임의 능력을 주의 포획이라 한다.
② 다른 사람과 대화를 하고 있다가도 무엇인가 움직임이 옆눈을 자극하면 우리는 즉각 주의를 움직이는 물체에 기울이게 된다.
④ 주의 포획 능력은 동물의 생존에 중요한 역할을 수행한다. 많은 동물들이 위험에 직면하게 되면 부동자세를 취하는데, 이는 움직임에 대한 주의 포획을 제거할 수도 있고 주변 물체 속에서 동물을 구별해내기 어렵게 만들기 때문이다.

제5절 색채 지각

01 색채 지각과 삼원색

1. 색의 본질

(1) 색의 물리적 속성과 지각적 속성
① 색은 지각이다. 즉, 우리가 보는 색은 우리의 뇌에서 일어나는 현상이다.
   예 꿈을 꾸면서 색을 지각하는 것이다.
② 우리는 파장들을 가진 빛이라는 물리적 속성을 통해 색상을 지각한다.

(2) 색채 지각의 기능
① 색채 신호를 통해 색은 물체를 인지하고 구분하는 것을 돕는다.
② 색은 지각 조직화를 촉진하고 색채 지각은 물체와 물체를 구분하는 것을 촉진하는데 특히, 복잡한 장면에서 특정 물체를 찾는 능력을 촉진한다.
   예 초록색 과일 속에 있는 빨간 과일은 쉽게 찾아낼 수 있다.
③ 친숙한 물건의 색을 아는 것은 그 물건을 재인하는 것을 도와준다.

(3) 색채 지각 범위 `기출개념`
① 빨강, 노랑, 초록, 파랑의 기본색들을 조합하면 대부분의 색을 기술할 수 있다.
   예 푸르스름한 초록색, 누르스름한 노란색 등과 같이 기술할 수 있다.
② 가시 스펙트럼에서 파랑이 가장 짧고 초록은 중간, 노랑과 빨강이 가장 길다.
③ 색환(동그랗게 만든 색의 띠): 4개의 기본색을 토대로 다른 색들도 포함되어 있다.
   ㉠ 사람들은 약 200개 정도의 색을 변별할 수 있다.
   ㉡ 어떤 색의 강도를 변화시키거나, 색을 밝게 또는 어둡게 하거나 색의 채도를 변화시키는 방법 등을 통해 많은 색을 만들 수 있다.
   ㉢ 파장, 강도, 채도를 변화시키면 색을 100만 개 이상으로 만들어 낼 수 있다.

(4) 색의 파장 `기출개념`
① 반사율과 투과
   ㉠ 색은 물체에 반사되어 우리 눈에 들어오는 빛의 파장에 의해 결정된다.
   ㉡ 파랑, 초록, 빨강과 같은 유채색은 특정 파장이 다른 파장보다 더 많이 반사되는 선별적 반사 과정에 의해 발생한다.
   ㉢ 흰색, 회색, 검은색과 같은 무채색은 스펙트럼의 모든 파장에서 고르게 반사된다.
   ㉣ 주위의 대부분은 물체가 일부 파장을 선별적으로 반사하는 데서 생성된다.

> **개념 Plus**
> **색채 지각**
> 어떤 대상이나 물체가 자체적으로 색채를 가지고 있는 것이 아니다. 우리가 보는 색은 우리의 뇌에서 일어나는 현상이다.
> 예 사과는 붉은 색감을 일으키는 장파장을 주로 반사하는데, 붉은색이 우리 뇌의 색채 인식 과정을 거치면서 발생한다.

> **개념 Plus**
> **투명한 물체의 선별적 투과**
> 투명한 물체의 경우에는 일부 파장만이 통과하는 선별적 투과를 통해 유채색이 창조된다.

> **핵심 Check**
>
> **파장과 색의 연결**
> - 빛의 색은 가시 스펙트럼의 파장과 연합되어 있다.
> - 물체의 색은 반사되거나 투과된 파장과 연합되어 있다.
> - 색을 섞었을 때 눈에 반사되어 들어가는 파장과 연합되어 빛을 혼합하면 더 많은 파장이 반사되고(가산), 물감을 혼합하면 더 적은 파장이 반사된다(감산).
>
> **개념 Plus**
>
> **빛과 색의 3원색**
> - 빛의 3원색: 빨강, 초록, 파랑
> - 색의 3원색: 청록, 자홍, 노랑

② 가산 혼합(빛 혼합) ★
  ㉠ 흰 표면에 파란색 빛을 비추고 그 위에 노란색 빛을 같이 비추면 두 색이 겹쳐진 부분은 흰색으로 지각된다.
  ㉡ 가산 색 혼합: 빛을 혼합하면 빛의 파장이 더해져서 파란색의 단파장, 노란색의 중파장과 장파장이 모두 반사되기 때문에 흰색으로 보이게 된다.
③ 감산 혼합(물감 혼합) ★
  ㉠ 물감은 섞이면 각 물감이 각자 흡수하던 파장을 흡수하기 때문에 두 물감이 공통적으로 반사하는 파장만이 반사된다.
  ㉡ 감산 색 혼합: 파란 물감과 노란 물감은 초록색과 연합된 파장의 일부를 제외한 모든 파장을 흡수한다.

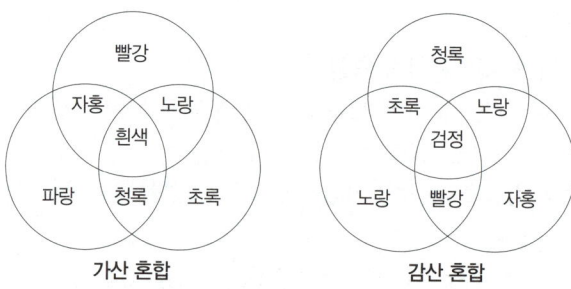

[그림 3-6] 가산 혼합(빛)과 감산 혼합(색)의 비교

2. 삼원색 이론(trichromatic theory of color vision) ★

(1) 영 - 헬름홀츠 삼원색 이론(trichromatic theory of color vision) `기출개념`

① 세 개의 수용기 기제의 활동에 의해 색채 지각이 일어난다는 삼원색 이론은 토마스 영(Thomas Young)에 의해 처음 제안되었다.
② 특정한 빛에 대해 각각 진동할 수 있는 무한한 수의 추상체가 망막에 존재할 수 없기 때문에 추상체의 수가 제한되어 있고 삼원색을 적당하게 혼합하면 만들어 낼 수 있다는 생각에 기초하여 서로 다른 입자들의 수가 3개라고 제안하였다.
③ 이후 헤르만 헬름홀츠(Hermann von Helmholtz)에 의해 검토되어 영 - 헬름홀츠 삼원색 이론이라고 한다.
④ 영과 헬름홀츠는 3개의 삼원색(빨강, 파랑, 초록)의 빛 파장을 조합하면 어떤 색이라도 만들어 낼 수 있고 눈은 서로 대응하는 3개의 색 수용기를 가진다고 생각하였다.
⑤ 망막은 3가지 유형의 색 수용기를 가지고 있고 각각 세 가지 색 가운데 어느 하나에 민감하고 수용기의 조합에 의해 다른 색들을 보게 된다.
  예 노란색에 민감한 수용기는 없지만, 빨간색과 초록색에 민감한 원추체를 자극하면 노란색을 볼 수 있다.

> **핵심 Check**
>
> **삼원색설**
> - 망막에는 세 가지 유형의 색채 수용기가 있다.
> - 각 수용기는 세 가지 기본색(빨강, 파랑, 초록) 중 하나에 민감하다.
> - 수용기가 어떤 조합으로 반응하는가에 따라 우리는 다른 색을 경험한다.

3. 색채시 결함(color deficiency) ★★ `기출개념`

(1) 색채시 결함

① 색을 지각하는 데 있어서 부분적으로 어려움을 겪는 것을 색채시 결함(color deficiency)이라고 한다. 색채시 결함을 색맹이라고 부르기도 한다.

② 색채시 결함이 있는지 여부는 이시하라 색판을 통해 알아낼 수 있다.
③ 이상 3색시(색채시, anomalous trichromat): 보통의 경우처럼 색 대응을 하는 데 3개의 파장을 보통과 다른 비율로 혼합한다. 특히 아주 인접한 두 개의 파장은 일반적인 색채 지각을 하는 사람만큼 구분하지는 못한다.

(2) 단색시(흑백시) 결함(monochromat)
① 색맹 중에서 아주 드문 유형으로 100만 명 중 10명 정도로 나타난다.
② 일반적으로 단색시인 사람들의 눈에는 원뿔 세포가 없다. 따라서 이들의 시각은 어두울 때와 밝을 때 모두 막대 세포 시각의 특징을 보여준다.
③ 단색시인 사람은 모든 것을 밝기의 정도, 즉 흰색, 검은색, 회색으로만 보기 때문에 글자 그대로 색맹이라고 할 수 있다.
④ 색을 지각할 수 없다는 점 외에도 단색시인 사람은 시력이 매우 낮으며 밝은 빛에 과민하기 때문에 낮 동안에는 짙은 안경을 써서 눈을 보호해야 한다.

(3) 2색시(dichromat)
① 2색시인 사람은 3색시인 사람보다는 못하지만, 일부 색을 경험할 수 있다.
② 2색시에는 제1색맹, 제2색맹, 제3색맹의 세 가지 유형이 있다.
③ 제1색맹과 제2색맹은 X 염색체에 있는 유전자에 의해 유전된다.

4. 대립 과정설

(1) 헤링(Hering)의 대립 과정설(opponent – process theory)
① 헤링은 삼원색설로는 설명하기 곤란한 색채 경험이 있음을 지적하였다.
② 시각 정보는 수용기를 떠난 후에 빨강과 초록, 파랑과 노랑, 검정과 흰색의 대립색으로 분석된다.
③ 시상(thalamus)은 망막의 신경 정보가 대뇌로 이동하는 데 중요한 역할을 하는데, 빨강에는 흥분하고 초록에는 억제되는 신경 세포들과 초록에는 흥분하고 빨강에는 억제되는 신경 세포들이 있다.
④ 대립 과정설은 잔상을 설명할 수 있다.
⑤ 초록색을 응시하다가 흰 백지를 보면 초록색의 보색인 빨간색이 보인다. 헤링은 빨간색 – 초록색 지각과 파란색 – 노란색 지각을 담당하는 추가적인 색 처리 과정이 있다고 생각하였다.

(2) 색채시 처리의 두 과정
① 색처리는 두 단계로 이루어진다.
② 각 수용기는 세 가지 기본색(빨강, 파랑, 초록) 중 하나에 민감하고 수용기가 어떤 조합으로 반응하는가에 따라 다른 색을 경험한다(영 – 헬름홀츠의 삼원색설).
③ 그런 다음 원추체들의 신호는 시각 피질로 가는 도중에 신경계의 대립 과정 세포들에 의해 처리된다.

개념 Plus
이시하라 색판
이시하라 색판은 색채시 결함 여부를 검사하는 데 사용되는 검사판이다. 색이 있는 점들로 숫자나 패턴이 그려져 있는데, 색채시 결함이 있는 사람들은 숫자나 패턴을 볼 수 없다.

예 붉은색 점들이 있는 사이에 파란색으로 7 혹은 5와 같은 숫자가 점들로 연결되어 있을 때 색채시 결함이 있다면 이 숫자들은 보이지 않을 것이다.

02 대뇌 피질에서의 색채 처리

1. 피질 내 색채 중추 [기출개념]

① 색채 처리에 특화된 영역이 있다.
  ㉠ 원숭이 뇌의 V4(시각 수용 영역 V1 외측)라고 불리는 영역에 있는 많은 신경 세포가 색채에 반응한다.
  ㉡ 뇌성 색맹(cerebral achromatopsia): 대뇌의 손상으로 인해 색채를 지각하지 못하는 것을 말하는데, 이것은 색채 지각을 위해 특화된 영역이 있다는 반증이라고 할 수 있다.
② 뇌의 여러 부위에서 대립 세포가 발견된다는 연구 결과는 '색채 중추가 있다'기보다 색채 지각은 색채 정보뿐만 아니라 다른 정보들도 처리하는 피질의 여러 영역에 분산되어 있는 것으로 보인다.
③ 뇌 손상이 전색맹(완전한 색맹)을 일으키는 경우 안면 실인증과 같은 다른 증상도 나타난다는 연구들이 있다. 이를 통해 색채 지각이 색채 외에 형태와 같은 다른 정보에도 반응하는 뇌의 여러 시각 영역의 활동에서 드러남을 알 수 있다.

2. 피질에 있는 대립 신경 세포

① 대립 신경 세포(opponent neurons): 한쪽 편의 빛에는 흥분하고 다른 편의 빛에는 억제하는 세포가 망막과 외측 슬상핵(LGN; Lateral Geniculate Nucleus)에서 발견되었다. 대립 신경 세포의 발견은 삼원색 이론이 제안하는 세 개의 시각 색소와 대립 과정 이론이 통합되어야 한다는 생리학적 증거를 제시하였다.
② 피질에는 단일 대립 신경 세포와 2중 대립 신경 세포로 두 가지 대립 신경 세포가 있다.

구분	내용
단일 대립 신경 세포	• 중파장에 대해서는 흥분을 증가시키고 수용장의 주변부에 주어지는 장파장에 대해서는 흥분을 감소시킴 • 특정 영역 내의 색을 지각하는 데 중요함
2중 대립 신경 세포	• 수용장의 왼쪽에 중파장의 수직 막대 그리고 수용장의 오른쪽에는 장파장의 수직 막대가 주어질 때 가장 많이 반응함 • 색 간의 경계를 지각하는 데 중요함

3. 색채와 형태의 관계

① 시각계가 물체의 형태를 알아내면 즉, 형태가 정해지면 색이 더해진다.
② 최근 연구 결과에 따르면 형태 처리와 색채 처리는 아주 밀접하게 연결되어 있으며 심지어 색이 형태를 알아내는 데 참여할 수도 있다는 것을 시사한다.
③ 피질에서 형태 처리와 색채 처리가 아주 밀접하게 연결되어 있다.
④ 색은 장면에 있는 물체와 영역을 채워줄 뿐만 아니라 그 물체와 영역의 모서리와 형태를 알아내는 것을 도와주기도 한다.

03 색채 항등성과 밝기 항등성

1. 색채 항등성(color constancy) 기출개념

(1) 개요
① 색채 항등성(color constancy)은 빛의 상태가 달라져도 물체의 색을 비교적 일정하게 지각하는 것을 말한다.
② 어떤 물체에 반사되어 나오는 빛은 그 물체의 반사율과 그 물체에 반사되어 나오는 조명에 달려 있다.
  ㉠ 초록색에서 실제로 반사되어 나오는 파장을 알려면 파장별 초록색의 반사율과 조명의 양을 곱해야 한다.
  ㉡ 태양광에서 보았을 때보다 전등 밑에서 보았을 때 초록색의 장파장이 더 많이 반사된다.
  ㉢ 조명이 달라 물체에서 반사되어 나온 빛의 파장별 구성이 다른데도 초록색은 여전히 초록색으로 지각된다.

(2) 색채 순응
① 색채 순응(chromatic adaptation)은 특정 부분의 빛에 노출될 경우 순응 기간 동안 제시됐던 스펙트럼 영역에서 나오는 빛에 대한 민감도가 떨어지는 것으로 색채 순응에 의해 색채 지각이 달라질 수 있다.
  ㉠ 빨간 빛에 순응하면 장파장 원뿔 세포 색소를 선별적으로 표백시켜서 빨간색에 대한 민감도를 감소시킨다.
  ㉡ 그래서 색채 순응이 된 빨간 색과 오렌지색을 보면 채도가 낮고 덜 밝게 보인다.
② 색채 순응이 색채 항등성에 영향을 미친다.
  ㉠ 관찰자가 미순응 조건인 경우에서는 색채 항등성이 나타나지 않았다.
  ㉡ 관찰자가 색채 순응이 된 조건에서는 초록색 종이가 조금 누르스름하게 지각되었다. 즉, 물체의 지각이 약간 바뀌긴 했지만, 색채 순응이 되지 않았을 때보다 훨씬 적게 달라졌다.
  ㉢ 이러한 결과는 조명이 달라져도 비교적 일정하게 색채 지각을 할 수 있도록 눈이 파장에 대한 민감도를 조정할 수 있다는 것을 의미한다.

(3) 주위의 효과
① 물체가 여러 가지 다른 색의 물체로 둘러싸여 있을 때 색채 항등성이 가장 잘 나타난다. 이런 상황은 우리가 일상생활에서 사물을 볼 때 흔히 일어나는 상황이다.
② 시각계는 물체가 어떻게 조명을 받는지에 대한 정보를 토대로 조명의 특성을 추정하고 적절하게 수정함으로써 일정하게(항등적으로) 색채를 지각하도록 하는 것으로 보인다.

(4) 기억과 색
① 물체의 정상적인 색에 대한 지식은 색채 항등성을 유지하도록 돕는 요인 중 하나이다.

> **핵심 Check**
>
> **색채 항등성(color constancy)**
> - 색채 경험은 주변의 맥락에 영향을 받는다.
> - 날씨의 변화나 조명의 변화에 따라 사물에서 반사되는 파장은 달라진다.
> - 다양한 빛 아래에서 사물의 색을 일정하게 지각하는 것을 색채 항등성이라 한다.

② 기억색(memory color)은 물체의 전형적인 색에 대한 사전 지식이 지각에 영향을 미치는 현상이다.
 ㉠ '빨간 사과, 초록색 나무'와 같이 물체의 색에 대해 알고 있기 때문에 친숙한 물체에 대해 색을 더 풍부하고 채도도 높게 지각한다.
 ㉡ 레몬, 오렌지, 바나나와 같은 색을 가진 과일의 강도와 파장을 회색 배경과 물리적으로 조정하여 제시하였다. 예를 들어 바나나를 회색으로 보여주어도 어느 정도는 노란 것으로 보인다고 보고한다는 것이다.
 ㉢ 이런 결과를 토대로 과일의 특징적인 색에 대한 지식이 관찰자가 경험하는 색을 실제로 변화시켰다고 볼 수 있다.
③ 기억이 색채 경험에 미치는 효과는 크지 않아도 친숙한 물체들의 색을 정확하게 지각하는 데에는 기여한다.

2. 밝기 항등성(lightness constancy) ★★★ 기출개념

① 밝기 항등성(lightness constancy)은 조명이 달라져도 흰색, 회색, 검은색과 같은 무채색이 같은 밝기로 보이는 것을 말한다.
② 밝기 항등성이 일어나는 경우에 밝기 지각은 물체에 비춰지는 조명의 강도에 의해서가 아니라 물체의 반사율에 의해 결정된다.
 ㉠ 검게 보이는 물체의 반사율은 5%이다.
 ㉡ 회색으로 보이는 표면의 반사율은 회색의 농담에 따라 10~70% 정도이다.
 ㉢ 희게 보이는 물체의 반사율은 80~95%이다.

기출개념확인

01 색을 지각하는 데 있어서 일부 어려움을 겪는 것은?
① 색채시 결함 ② 인지 장애
③ 시각 장애   ④ 색소 결함

02 조명 상태가 달라져도 물체의 색을 비교적 일정하게 지각할 수 있는 것은?
① 밝기 항등성 ② 색채 항등성
③ 지각 항등성 ④ 대상 항등성

> **정답·해설**
> **01** ① 색을 지각하는 데 있어서 일부 어려움을 겪는 것을 색채시 결함이라고 한다.
> **02** ② 조명 상태가 달라져도 물체의 색을 비교적 일정하게 지각할 수 있는 것을 색채 항등성이라고 한다.

제6절 지각과 환경

01 지각에 대한 생태학적 접근

1. 생태학적 접근의 개관
생태학은 생물의 생활 상태, 생물과 환경의 관계를 연구하는 생물학의 한 부분으로 지각에 대한 생태학적 접근(ecological approach to perception)은 움직이는 관찰자, 관찰자의 미래 움직임, 관찰자의 환경 지각을 유도하는 지각 정보를 어떻게 창출하는지에 관심을 갖는다.

2. 움직이는 관찰자와 환경 정보
(1) 움직임과 지각 정보
   ① 자동차를 몰고 거리를 주행할 때 건물이나 나무는 움직이지 않음에도 불구하고 자동차가 움직임으로 인해 건물과 나무가 자동차를 지나가는 것처럼 보인다.
   ② 자동차가 속도를 내면 자동차 주변의 모든 것이 자동차의 움직임과 반대로 지나간다.
   ③ 주행하고 있는 자동차에서 관찰하는 모든 것은 눈의 움직임(optic flow)이다. 이러한 눈의 움직임을 통해 우리가 얼마나 빨리 움직이고 어느 방향으로 향하는지 등을 알 수 있다.

(2) 눈의 움직임
   ① 움직임의 변화(gradient of flow, 흐름의 기울기): 관찰자가 이동할 때 관찰자에 가까운 것은 빠르게, 멀리 떨어진 것은 느리게 움직이는데 이런 빠르고 느린 움직임의 속도를 말한다. 즉, 움직임의 변화는 관찰자가 움직이는 속도에 대한 정보이다.
   ② 확장점(focus of expansion): 관찰자가 움직이고 있는 목표 지점, 예를 들면 조종사가 착륙을 시도할 때 비행기가 착륙할 활주로의 지점과 같이 움직임이 없는 지점을 확장점이라고 한다.

(3) 불변의 정보
   ① 불변의 정보(invariant information): 관찰자가 움직이더라도 변하지 않는 정보이다.
   ② 움직임 정보: 관찰자가 환경에서 움직이는 한 계속 존재하므로 불변 정보를 준다.
      ㉠ 물론 관찰자가 장면을 지나 움직이면 다르게 보일 수도 있다.
      ㉡ 확장점이 불변 속성인 까닭은 관찰자가 움직이는 방향의 지점에 항상 있기 때문이다. 관찰자가 방향을 바꾸면 확장의 초점 역시 새 위치로 옮겨지지만 여전히 거기에 있다.

개념 Plus

눈의 움직임
(optic flow, 광학 흐름)
- 운동 시차의 다른 형태로 앞으로 전진하거나 뒤로 후퇴할 때 망막 상에서 대상이나 표면의 상대적인 움직임이다.
- 'optic'은 눈 또는 광학의 뜻이며, 'flow'는 '흐르다, 지나가다'라는 의미이다.

ⓒ 따라서 장면이 구체적인 점에서는 달라져도 움직임과 확장의 초점은 관찰자가 움직이는 속도와 방향에 대한 정보를 계속 제공한다.

3. 자기 - 생성적 정보

① 자기 - 생성적 정보(self-produced information)는 관찰자의 행위에 의해 생성된 정보이다.
   예 사람이 자동차를 운전할 때 차의 움직임이 정보를 주고 관찰자는 이 정보를 가지고 바른 방향으로 운전을 할 수 있다.
② 체조 선수는 600ms 이내에 공중회전을 하고 착지할 때 정확한 자세로 동작을 끝내야 한다.
   ㉠ 이러한 공중회전을 하기 위해 제한된 시간에 정해진 일련의 동작을 마칠 수 있는 방법을 배워야 한다.
   ㉡ 베누아 바르디(Benoit Bardy)와 마켈 로랑(Makel Laurent, 1998)은 체조 선수들이 눈을 감고 공중회전을 할 때 잘하지 못함을 발견했다. 선수들이 눈을 뜨고 회전을 하면서 그 궤도를 공중에서 수정한다는 사실을 알아낸 것이다.
   ㉢ 이와 반대로 초보자의 경우 눈을 감고 회전하는 것이 수행에 별 영향을 주지 않았다.
③ 숙련된 체조 선수의 경우 그들의 지각과 동작을 조정하는 것을 배우고 훈련하였지만, 초보자들은 그렇지 않았기 때문인 것으로 보인다.
④ 따라서 자동차 운전, 비행기 조종처럼 공중회전도 움직임이 만든 정보를 기반으로 앞으로의 움직임을 유도한다고 할 수 있다.

4. 여러 감각들 간의 관여 [기출개념]

① 깁슨(Gibson)은 시각, 청각, 촉각, 후각, 미각 중 어느 한 감각 기관이 어떤 행동을 전적으로 맡는다기 보다는 어떤 행동에 여러 감각 기관이 반응한다고 주장하였다.
② 예를 들어, 균형 감각은 바로 서 있거나 균형을 유지하는 능력인데 우리 몸의 위치를 감지하는 체계 때문에 다른 감각 기관의 관여가 필요하다.
   ㉠ 이러한 체계에는 내이의 전정 기관, 근육과 관절의 수용기가 포함된다.
   ㉡ 몸의 균형을 유지하는 데 시각도 중요한 역할을 하는데, 눈을 감으면 균형 상태를 유지하기 어렵다. 그 이유는 시각이 참조 틀을 주며 이것이 근육으로 하여금 균형을 계속 유지하도록 조정하기 때문이다.
   ㉢ 그네 방 실험
      ⓐ 13~16개월 사이의 유아들을 '그네 방'에 두었다. 방의 바닥은 고정되었지만, 벽과 천장이 유아들의 앞뒤로 움직이도록 설계된 방이다.
      ⓑ 벽이 유아 쪽을 향해 다가오면 유아는 자신이 앞쪽으로 쏠린다고 느낄 것이고 균형을 잡기 위해 몸을 뒤로 젖히게 될 것이다.
      ⓒ 벽이 유아로부터 멀어지면 반대로 균형을 잡기 위해 몸을 앞으로 기울이게 된다.
      ⓓ 그네 방 실험이 보여주는 것은 내이와 근육, 관절 수용기들이 제공하는 균형 정보원보다 시각이 균형에 있어서 중요하다는 것을 보여준다.

02 환경에서의 항행

1. 항행
항행은 선박, 자동차, 비행기 등이 목적지에 도착하도록 하는 동작을 의미한다. 본 서에서는 자동차 운전, 걷기, 길 찾기 등에 대해서만 살펴본다.

2. 운전
① 마이클 랜드(Michael Land)와 데이비드 리(David Lee, 1994)는 실제 환경에서 발생하는 눈의 움직임(optic flow) 정보에 어떻게 반응하는지 알아보기 위해 자동차에 운전대의 각도와 속도를 기록하는 장치를 장착하고 비디오 안구 추적기로 운전자가 보는 곳을 측정하였다.
② Land와 Lee는 Gibson이 주장한 '확장의 초점이 움직이는 관찰자가 향하는 곳의 정보를 준다'는 것과 달리 운전할 때 확장의 초점(확장점)을 정면으로 보기보다 앞에 있는 어떤 점을 보는 경향이 있다는 것을 알아냈다.
　㉠ 차가 직선 도로를 주행하거나 굽은 도로를 주행할 때도 마찬가지로 도로 위에 있는 확장점은 보지 않고 길옆에 접하는 지점을 본다는 것이다.
　㉡ 이러한 사실은 움직이면서 가는 방향을 정할 때에는 눈의 움직임 이외의 다른 정보도 사용한다는 것을 암시한다.

3. 걷기
① 보행자가 이동 중 사용하는 전략으로 시각적 방향 전략(visual direction strategy)이 있다.
　㉠ 보행자는 자기의 몸을 어떤 표적에 맞춘다.
　㉡ 그러다가 진로를 이탈하면서 표적도 이탈되는데 이때 보행자는 표적을 다시 중앙으로 이동시켜 경로를 수정하게 된다.
② 움직임 정보가 항상 필요하지는 않다. 그 이유는 한밤중이나 눈보라가 칠 때처럼 움직임 정보를 거의 얻기 힘들 때에도 길을 찾을 수 있기 때문이다.
③ 한 실험에서 6m 정도 떨어진 목표물까지 눈을 감고 찾아갈 수 있는지 확인하였는데 대부분의 참여자가 표적에 가까운 곳에 멈추었다. 이는 시각적 자극 없이도 가까운 거리는 비교적 정확하게 걸어갈 수 있다는 것을 보여주는 예라고 할 수 있다.

4. 길 찾기
(1) 길 찾기
① 길 찾기(wayfinding)는 출발 지점에서 육안으로 목적지를 볼 수 없을 만큼 먼 거리를 방향 등의 전환을 하면서 찾아가기 위해 경로를 택하는 것이다.
② 같은 길을 여러 번 가 보았다면 목적지에 도달하는 것이 어렵지 않을 수 있다.
③ 그러나 길 찾기가 그리 만만한 일이 아니다. 길 찾기는 주변의 물체를 지각하고 기억하고 어디서 어느 방향으로 전환하는지 등을 아는 매우 복잡한 과정이기 때문이다.

> **핵심 Check**
>
> **랜드마크(Land Mark)**
> - 길을 가는 중 어디서 방향을 바꿔야 하는지를 알려주는 단서를 말한다.
> - 길을 찾아갈 때 이러한 랜드마크에 관한 정보를 수집함으로써 길 찾기 과제를 효과적으로 수행할 수 있다.

(2) 중요한 랜드마크 `기출개념`

① 랜드마크(landmark): 길을 가는 도중에 어디서 방향을 바꿔야 하는지를 알려주는 단서이다.

② 사하르 하미드(Sahar Hamid)와 동료들(2010)은 컴퓨터 화면에서 미로처럼 생긴 공간을 돌아다니기를 학습하는 참여자들이 랜드마크를 활용하는 방법을 연구하였다.
  ㉠ 이 미로에는 정보가 있는 랜드마크와 정보가 없는 랜드마크가 있다.
  ㉡ 실험 참여자가 일정 정도 미로의 배치를 학습할 수 있는 훈련 시간을 거쳐 안구 측정기를 장착한 후 랜드마크의 사용에 관한 정보를 수집하였다.
  ㉢ 참여자들은 정보가 있는 랜드마크를 더 오래 응시했다.
  ㉣ 이후 랜드마크를 절반으로 줄인 후 실험에서 참여자가 오래 응시한 정보가 있는 랜드마크를 없애면 미로의 수행이 매우 저조했다.

(3) 항행과 뇌 활동

① 길을 찾는 과정에서 랜드마크를 정보로 활용하는 동안 뇌에서는 어떤 활동이 일어나는지를 알기 위해 건물들의 사진을 보여주면서 뇌의 활동을 fMRI로 촬영하였다.

② 항행과 관련 있다고 알려진 뇌의 해마곁이랑(parahippocampal gyrus)은 정보가 있는 건물에 대해 더 큰 반응을 보였다.

③ 정보가 있는 랜드마크가 재인이 잘 될 뿐만 아니라 보다 높은 수준의 뇌 활동과도 관련이 있다고 할 수 있다.

(4) 길 찾기와 뇌 손상 `기출개념`

① 팽대후부 피질 손상
  ㉠ 팽대후부 피질(retrosplenial)에 손상을 입은 사람은 자신의 집이나 직장과 같이 자주 다니는 길을 찾을 수 없다.
  ㉡ 이 환자를 대상으로 행동 검사를 한 결과 방에 있는 물건 등의 위치는 기억할 수 있었으나 집과 같은 낯익은 장소나 자신의 집의 실내 배치 등은 묘사하지 못했다.
  ㉢ 팽대후부 피질의 손상으로 인해 방향 능력을 상실하여 자신의 위치에서 낯익은 목적지의 방향을 알 수 없게 되었고 낯익은 랜드마크가 알려주는 방향 정보도 사용할 수 없게 된 것이다.

② 해마의 손상
  ㉠ 뇌염으로 인해 해마가 손상된 환자도 익숙한 길을 찾지 못했다.
  ㉡ 이 환자를 대상으로 자동차 운전 능력을 검사했는데 중심 도로에서는 주행을 잘 했으나, 수십 년간 운전하고 다닌 길임에도 불구하고 길을 찾지 못했다.
  ㉢ 이 실험을 통해 엘리너 맥과이어(Eleanor Maguire)는 오래전 학습한 길의 자세한 내용을 처리하려면 해마가 중요하다고 결론지었다.

③ 길 찾기 기제에는 해마곁이랑, 팽대후부 피질, 해마 이 세 구조가 관여하는 것으로 보인다. 즉, 길 찾기에는 뇌의 여러 구조가 관여하고 있다고 할 수 있다.

> **개념 Plus**
>
> **해마**
> 해마는 뇌의 변연계 안에 포함되어 있는데, 뇌에서 기억의 저장에 중요한 역할을 한다.

> **핵심 Check**
>
> **길 찾기 관여 영역**
> 길 찾기에는 해마, 해마곁이랑, 팽대후부 피질 등이 관여한다.

03 물체에 대한 행위

1. 물체에 대한 행위
우리가 환경 안에서 하는 주요 행위 중 하나는 구체적인 목표를 달성하기 위해 구체적인 물체를 향해 행위를 취하는 것이다. 문을 열기 위해 손을 뻗어 손잡이를 쥔다거나 못을 박으려고 망치에 손을 뻗는다거나 할 때 뻗기와 쥐기 같은 중요한 개념이 바로 행위 지원성이다.

2. 행위 지원성 ★
① 행위 지원성(affordance)은 어떤 물체의 용도가 무엇인지와 관련된 정보이다.
② 깁슨(Gibson, 1979)은 "환경의 행위 지원성은 그것이 동물에게 제공하는 것, 동물을 위해 준비하는 것이다."라고 하였다.
  ㉠ 의자와 같은 앉을 수 있는 어떤 물체는 앉는 행위를 지원한다.
  ㉡ 컵의 적당한 크기와 둥근 모양은 사람의 손이 그것을 쥘 수 있도록 지원한다.
③ 행위 지원성이 뜻하는 바는 물체의 지각이 형체 크기, 색 그리고 방향과 같이 우리가 물체를 재인할 수 있도록 하는 물리적 성질뿐만 아니라, 그 물체 용도에 대한 지각을 포함한다.
  예 둥글고 흰 커피잔의 경우 10cm 정도의 높이에 손잡이가 있다는 정보와 함께 지각 체계는 '컵을 집을 수 있다', '컵에 액체를 부을 수 있다'와 같은 정보에 반응한다. 이와 같은 정보는 컵을 보거나 알아차리는 것 이상으로 컵에 대한 우리의 행위를 안내한다.
④ 글린 험프리(Glyn Humphreys)와 제인 리독(Jane Riddoch, 2010)의 뇌 손상자의 행동 관찰 연구에서 언어 능력과 관련된 영역인 측두엽(관자엽)의 손상으로 인해 물체의 이름을 말하는 능력에 어려움이 있는 환자에게 물체의 이름과 함께 물체의 기능(예 그것으로 마실 수 있음)에 관한 단서를 제공한 후 물체를 찾도록 하면 물체를 더 빨리, 더 정확하게 찾을 수 있다는 사실을 발견하였다.
  ㉠ 물체의 행위 지원성에 관한 지식을 이용하여 물체를 찾을 수 있었던 것이다.
  ㉡ 물체의 이름을 말할 수 없고 물체의 용도를 묘사할 수는 없지만, 그 물체를 택하여 쓸 수 있는 사람들이 있는데, 이들이 측두엽이 손상된 사람이다.

3. 뻗기와 쥐기
(1) 배측(등쪽)과 복측(배쪽) 경로
① 물체를 지각하는 처리와 그 물체에 행위를 하는 처리는 각기 다른 영역에서 이루어진다.
② 탁자 위의 꽃과 여러 물건 중에 있는 커피 잔을 알아보는 것은 배측 경로를 통해 이루어진다.
③ 탁자 위 공간을 생각하고 손을 뻗는 행위는 등쪽 경로이다.
④ 꽃을 피하면서 손을 뻗을 때 손과 손가락으로 잔을 쥐도록 위치를 정하는 것은 등쪽 경로이지만 이때 손잡이를 인식하는 것은 배쪽 경로이다.

⑤ 컵에 커피가 찬 정도를 지각하는 것은 배쪽 경로이고 이후 얼마나 무거운지를 대강 계산하여 적당한 양의 힘으로 컵을 드는 것은 등쪽 경로이다.
⑥ 이처럼 커피 잔을 들어 올리는 간단한 행위도 뇌의 여러 영역들의 활동의 조율을 필요로 한다.

04 다른 사람의 행위를 관찰하기

1. 거울 신경 세포 `기출개념`
① 원숭이 신경 세포의 연구
  ㉠ 원숭이의 전운동 피질 신경 세포가 원숭이가 장난감이나 먹이 조각을 집는 행위를 할 때 어떻게 반응하는지 알아보기 위한 연구 과정에서 뜻밖에도 원숭이가 보고 있을 때 연구자가 음식 조각을 집었을 경우 원숭이의 피질 신경 세포가 반응하는 것을 확인하였다.
  ㉡ 이때 반응한 신경 세포는 앞서 원숭이가 음식을 집어들었을 때 반응한 신경 세포와 일치하였다.
② 위 실험을 계기로 거울 신경 세포(mirror neurons)를 발견하게 되었으며, 거울 신경 세포는 특정 움직임이 있거나 다른 개체의 움직임을 관찰할 때 모두 활성화하는 세포이다.
③ 대부분의 거울 신경 세포는 단지 한 유형의 행위(예 물체를 쥐거나 어디에 두기와 같은 행위)에만 반응하도록 전문화되어 있다. 원숭이가 먹이를 얻을 것을 예상해서 반응하는 것이 아니라 음식이 아닌 물체를 집어 드는 것을 볼 때도 마찬가지라는 점에 주목할 필요가 있다.
④ 시청각 거울 신경 세포(audiovisual mirror neurons)
  ㉠ 거울 신경 세포가 단지 움직임 패턴에만 반응하는 것은 아니다.
  ㉡ 전 운동 영역에는 시청각 거울 신경 세포라 불리는 신경 세포가 있는데 행위를 보거나 이 행위와 관련된 소리를 들을 때 반응한다.
  ㉢ 실험자가 땅콩을 까는 것을 보거나 땅콩을 깨는 소리를 듣는 것이 이를 지각하는 원숭이의 땅콩 까기 행위와 관련된 신경 세포의 반응을 유발한다는 것이다.

2. 사람의 의도 예측하기
① 거울 신경 세포는 그 무엇이 발생하는 이유와 그 무엇의 의도에 반응한다. 가령, 커피 잔에 손을 뻗는 행위에는 커피가 마시고 싶다거나 커피가 부족하여 다시 끓이려고 한다든지 등등 다양한 의도가 있을 수 있다.
② 의도에 따라 거울 신경 세포의 반응이 달라진다는 증거
  ㉠ 테이블에 음식들이 잘 놓여 있는 그림과 음식을 먹고 난 후 식탁이 어질러져 있는 그림을 보여준 다음에 컵을 집어 드는 사진을 보여주며 거울 신경 세포의 반응을 확인하였다.

> **핵심 Check**
>
> **거울 신경 세포(거울 뉴런)**
> 거울 신경 세포는 자신의 행위뿐만 아니라 다른 사람이 수행하는 행위를 관찰할 때에도 반응하는 신경 세포이다.

ⓒ 거울 신경 세포는 컵을 드는 행위에만 반응하지 않고 컵 주변의 맥락을 고려하는데, 음식을 먹기 전과 후라는 행위의 맥락에 따라 다르게 반응한다는 것이다.
  예 • 어떤 사람이 커피를 마실 의도로 잔을 든다면 그 다음 예상되는 행동은 그 잔을 입으로 가져가서 마시는 것이다.
  • 식탁을 치우려는 의도라면 싱크대로 잔을 가져갈 행위가 예상된다.
③ 이렇게 신경 세포가 의도에 따라 반응하는 것은 이러한 신경 세포의 반응이 어떤 맥락에서 기대되는 일련의 운동 활동에 의해 결정될 가능성이 있다는 것이다.
④ 각기 다른 의도에 반응하는 거울 신경 세포는 현재 일어나고 있는 행위와 함께 그 맥락에서 가장 있을 법한 일련의 행위에 반응한다.
⑤ 거울 신경 세포는 얼굴 표정을 참고해서 하는 소통, 몸짓, 문장의 뜻, 자신과 타인의 차이 등 사회적 상호 작용을 하는 데 필요한 중요한 역할을 맡고 있다.

기출개념확인

01 길을 가는 중 어디서 방향을 바꿔야 하는지를 알려주는 단서는?
① 눈의 움직임   ② 불변 정보
③ 참조틀   ④ 랜드마크

02 눈의 움직임(광학 흐름)을 설명하는 두 가지 요인 중 하나로 관찰자가 이동할 때 관찰자에 가까운 것은 빠르게 흐르고 먼 것은 느리게 움직이는데 이런 빠르고 느린 움직임의 속도를 일컫는 것은?
① 상대적 속도   ② 행위 지원성
③ 움직임의 변화 ④ 확장점

정답·해설

01 ④ 길을 가는 중 어디서 방향을 바꿔야 하는지를 알려주는 단서를 랜드마크라고 한다.

02 ③ 눈의 움직임(광학 흐름)을 설명하는 두 가지 요인 중 하나로 관찰자가 이동할 때 관찰자에 가까운 것은 빠르게 움직이고 멀리 떨어진 것은 느리게 움직이는데 이런 빠르고 느린 흐름의 속도를 움직임의 변화(gradient of flow, 흐름의 기울기)라고 한다. 즉, 움직임의 변화는 관찰자가 움직이는 속도에 대한 정보이다.

제3장 | 실전연습문제

* 기출유형 은 해당 문제가 실제 시험에 출제된 유형임을 나타냅니다.

기출유형
01 게슈탈트 조직화 원리 중에서 가까운 사물들을 함께 집단화하여 지각하는 것과 관련된 원리는?

① 근접성의 원리
② 유사성의 원리
③ 연속성의 원리
④ 균일 연결성의 원리

02 우리가 사물을 지각할 때 사용하는 환경 관련 물리적 규칙성에 관한 설명으로 옳지 않은 것은?

① 환경에는 비스듬한 방향보다 수직과 수평 방향이 더 많다.
② 빛은 주로 위에서 온다.
③ 규칙적으로 발생하는 환경의 성질이 있다.
④ 여러 유형의 장면에서 실행되는 기능과 상관된 성질이 있다.

기출유형
03 좌우 눈에 맺히는 상의 차이를 가리키는 말로 우리가 대상을 지각할 때 깊이와 공간 배열에 대한 풍부한 정보를 제공받을 수 있는 기제와 관련된 것은?

① 양안 진동
② 양안 부등
③ 양안 교차
④ 양안 융합

기출유형
04 주의가 대상의 한 곳에 집중되면 주의의 촉진 효과가 대상의 다른 주변으로 확산될 때 야기되는 빠른 반응을 무엇이라고 하는가?

① 명시적 주의
② 무주의 맹
③ 주의 분산
④ 동일 대상 이득

05 특정한 대상이나 위치가 눈에 띄도록 하는 색, 대비, 움직임, 방위 등과 같은 물리적 속성을 가리켜 무엇이라 하는가?

① 자극의 차폐성
② 자극의 다양성
③ 자극의 돌출성
④ 자극의 중복성

06 다음 중 주의와 지각 부하와 관련된 설명으로 옳지 않은 것은?

① 특정한 지각 과제를 수행하기 위해 요구되는 지각 용량의 양을 지각 부하라고 한다.
② 과제를 수행할 때 남아 있는 지각 용량의 양이, 과제 수행자가 과제와 무관한 자극으로부터 주의 산만을 얼마나 피할 수 있는지를 결정한다.
③ 저부하 과제는 개인의 자원의 일부만 사용되고, 제시될지 모르는 다른 자극을 처리할 수 있는 정보 처리 자원을 가용하게 남겨 둔다.
④ 고부하 과제인 경우 지각 용량의 전부 또는 대부분을 사용하기 때문에 다른 자극을 처리하기 위한 자원이 남아있지 않게 되어 과제와 무관한 자극을 처리할 수 없게 되므로 과제 수행에 심각한 영향을 받는다.

07 다른 자극으로부터 나온 세부 특징을 조합하여 실제로는 제시되지 않은 자극을 관찰하였다고 보고하는 현상은?

① 착각 접합   ② 착시 현상
③ 주의 결함   ④ 환각 현상

08 색, 형태, 운동 및 위치 등의 세부 특징을 결합하여 응집된 대상의 지각을 만들어낼 수 있는 기제의 핵심 요소는?

① 시력   ② 주의
③ 추리력   ④ 선행 학습

09 다음 중 양안 깊이 지각의 생리학에 관한 설명으로 옳지 않은 것은?

① 절대 부등에 반응하는 신경 세포가 발견되었는데 이를 양안 깊이 세포 또는 부동-선택적 세포라고 한다.
② 특정 신경 세포는 왼쪽 및 오른쪽 눈이 약 1°의 절대 부등을 낳도록 자극받을 때 가장 잘 반응한다.
③ 원숭이를 대상으로 하는 실험에서 절대 부등에 민감한 세포가 일차 시각 수용 영역에서 발견되었고 상대 부등에 민감한 신경 세포가 관자엽과 다른 영역에서 발견되었다.
④ 양안 신경 세포를 제거해도 입체시를 제거할 수는 없다.

10 다음 중 크기 항등성에 관한 설명으로 옳은 것은?

① 사물의 크기를 추정할 때 관찰 지점의 거리가 달라지면 다른 결과를 얻게 된다.
② 사물과의 거리가 두 배가 되면 망막에 맺히는 이미지의 크기 역시 두 배가 된다.
③ 지각 대상이 멀어져도 크기 항등성이 유지될 수 있는 이유는 그만큼 거리 지각이 작아지기 때문이다.
④ 서로 다른 거리에서 사물을 바라봐도 물체가 축소되거나 팽창되어 보이지는 않는다.

11 철도 위에 놓인 동일한 크기의 물체가 놓인 위치에 따라 그 크기가 달라 보이는 이유에 대한 설명으로 옳은 것은?

① 수렴하는 철도로 인해 위쪽에 있는 동물이 더 멀리 있는 것으로 깊이 정보를 제공하기 때문이다.
② 수평선을 기준으로 위쪽에 있는 물체가 더 길어 보이기 때문이다.
③ 주변 환경의 색상에 따라 동일한 크기의 물체라도 길이가 다르게 보이기 때문이다.
④ 관찰자와 물체와의 거리에 미세한 차이가 있기 때문이다.

12 다음 중 행위 지원성에 관한 설명으로 옳지 않은 것은?

① 물체가 무슨 용도인지를 나타내는 정보와 관련 있다.
② 물체를 재인할 수 있도록 해주는 물리적 특성에 국한된 행위를 말한다.
③ 못을 박기 위해 망치에 손을 뻗는다거나 쥐는 것과 관련 있다.
④ 물체와 관련된 잠재적 행위를 안내하는 정보라고 할 수 있다.

13 다음 중 운동 맹시에 관한 설명으로 옳지 <u>않은</u> 것은?

① 대뇌 피질의 운동 지각 능력의 손상과 관련 있다.
② 근육의 움직임 조절에 장애가 생겨 섬세한 움직임이나 균형을 잘 잡지 못한다.
③ 컵에 물을 따를 때 물이 차오르는 것을 지각하는 데 어려움이 커서 언제 그만 따를지 결정을 못한다.
④ 움직임에 대한 지각 능력 상실은 일상생활이나 사회생활의 곤란은 물론 삶의 위협도 초래할 수 있다.

14 다음 중 색의 파장에 관한 설명으로 옳지 <u>않은</u> 것은?

① 물체의 색은 주로 그 물체에 반사되어 우리 눈에 들어오는 빛의 파장에 의해 결정된다.
② 파랑, 초록, 빨강과 같은 유채색은 특정 파장이 다른 파장보다 더 많이 반사되는 선별적 반사라 불리는 과정에 의해 발생한다.
③ 흰색, 회색 또는 검은색과 같은 무채색은 스펙트럼의 모든 파장에서 고르게 반사될 때 발생한다.
④ 투명한 물체의 경우에는 일부 파장만이 통과하는 선별적 투과를 통해 무채색이 창조된다.

15 빛을 혼합하면 빛의 파장이 더해지기 때문에 파란색의 단파장, 노란색의 중파장과 장파장이 모두 반사되면서 무슨 색으로 보이게 되는가?

① 검은색 ② 회색
③ 흰색   ④ 노란색

16 모든 사물을 밝기의 정도, 즉 흰색, 검은색, 회색으로만 보기 때문에 글자 그대로 색맹이라고 할 수 있는 색채시 결함은?

① 단색시 ② 제1색맹
③ 2색시   ④ 3색시

17 회색으로 제시된 바나나를 약간 노란색으로 지각했다면 색채 항등성 중 어떤 요인과 가장 관련이 높다고 할 수 있는가?

① 주위 효과 ② 색채 순응
③ 기억색   ④ 색채 결함

18 다음 중 밝기 항등성의 원리에 관한 설명으로 옳지 <u>않은</u> 것은?

① 어떤 대상의 지각된 밝기가 조명이 변하더라도 동일하게 유지되는 현상을 가리킨다.
② 밝기 항등성은 조명에 의한 물체의 반사율이 아니라 조명의 강도에 의해 결정된다.
③ 실외 또는 실내에서 책을 읽을 때 종이가 조명에 영향을 받지 않는 현상이 하나의 예이다.
④ 조명이 달라져도 흰색, 회색, 검은색과 같은 무채색이 같은 밝기로 보이는 것을 말한다.

19 감각 기관은 홀로 작용하지 않으며 상호 협력적인 작용을 하는데 다음 중 균형 감각을 유지하는 데 필요한 감각과 거리가 먼 것은?

① 후각　　　　② 내이의 전정 기관
③ 시각　　　　④ 관절의 수용기

기출유형

20 운전 능력에는 문제가 없으나 오래전 학습한 길을 잃었다면 뇌의 어떤 영역의 손상을 의심할 수 있는가?

① 시상 하부　　② 뇌하수체
③ 뇌간　　　　④ 해마

제3장 | 실전연습문제 정답·해설

01	02	03	04	05
①	④	②	④	③
06	07	08	09	10
④	①	②	④	④
11	12	13	14	15
①	②	②	④	③
16	17	18	19	20
①	③	②	①	④

01 ①

게슈탈트 심리학자들은 지각이 조직화의 원리를 따른다고 주장한다. 이 중 근접성의 원리는 가까운 사물들은 함께 집단화되어 보이는 것과 관련 있다.

오답분석
② **유사성의 원리**: 비슷한 사물이 함께 집단을 이루며 지각되는 것을 말한다.
③ **연속성의 원리**: 직선이나 완만한 곡선으로 연결된 점들은 함께 속한 것으로 지각되며 이 선들을 가장 원만한 경로를 따르는 것을 지각하는 경향을 말한다.
④ **균일 연결성의 원리**: 밝기, 색, 표면, 결 또는 운동과 같은 시각 속성들로 연결된 영역이 한 단위로 지각되는 것을 말한다.

02 ④

사람들의 지각을 돕는 환경의 규칙성에는 물리적 규칙성과 의미적 규칙성이 있다. ④는 물리적 규칙성이 아닌 의미적 규칙성에 관한 설명이다.

참고 의미적 규칙성
의미적 규칙성은 여러 유형의 장면에서 실행되는 기능과 상관된 성질을 의미한다. 예를 들어 각각의 장면에서 비슷한 형태로 보이는 물체도 책상, 도로 또는 허리를 굽힌 사람 등 장소나 상황에 따라 책상 위 물건, 자동차 또는 신발 등 각기 다른 물체로 지각될 수 있다.

03 ②

양안 부등에 관한 것이다. 한 눈으로도 가까운 것과 먼 것을 구분할 수는 있지만, 좌우 눈에 맺히는 상의 차이가 깊이와 공간 배열에 대한 풍부한 정보를 제공할 수 있다. 우리가 3D 입체 영화를 볼 수 있는 것도 두 눈이 각기 다른 영상을 받아들이게끔 해주기 때문에 가능하다. 한편, 사시의 경우 한쪽 시각을 억제하며 한 번에 한쪽 눈으로만 세상을 보기 때문에 양쪽 눈이 서로 협응하여 동일한 위치를 조준하기가 어려워 입체적 지각이 어려울 수 있다.

04 ④

동일 대상 이득으로 인해 백화점에서 할인 판매 중인 상표를 보고 물건에 차례대로 주의를 집중하게 되거나, 나무 뒤에 어떤 '동물'이 숨어 있는 것 같은 그림을 볼 때 주의의 효과가 나무 뒤로 확산되면서 일부가 가려진 형태를 하나의 형태로 지각하게 될 가능성이 높아질 수 있다.

05 ③

자극의 돌출성에 의해 주의가 비자발적으로 이전되면서 하고 있던 일로부터 주의가 이동할 수 있다. 주변의 번쩍임이나 큰 소리는 주변의 위험에 대한 경고 역할을 한다.

06 ④

과제 수행에 방해가 되는 무관한 자극에 집중할 수 있는 지각 용량이 남아 있지 않으므로 과제 수행에 영향을 거의 받지 않게 된다.

07 ①

다른 자극으로부터 나온 세부 특징을 조합하여 실제로는 제시되지 않은 자극을 관찰하였다고 보고하는 현상을 착각 접합이라 한다.

오답분석
② 착시 현상은 똑같은 크기(길이)나 밝기의 대상을 주변 맥락에 따라 크기(길이)나 밝기가 다르다고 지각하는 것과 관련 있다.

참고 환각
환각은 아무런 감각 기관의 자극이 없는데도 마치 어떠한 대상이 있는 것처럼 지각하는 것을 말한다.

08 ②

군중 속에서 친구를 찾는 것과 같은 두 개 또는 그 이상의 세부특징이 동일 자극 안에서 찾는 과제에서는 주의를 특정 자극 요소에 집중해야만 가능하다.

09 ④

원숭이를 이용한 실험에서 매일 한쪽 눈으로만 교대로 보도록 하면 양안 신경 세포가 형성되지 못하면서 깊이를 지각하기 위한 양안 부등을 사용하지 못하게 된다. 실험을 통해 양안 신경 세포를 제거하게 되면 입체시도 제거됨을 알 수 있다.

10 ④

크기 항등성으로 인해 서로 다른 거리에서 사물을 바라봐도 물체가 축소되거나 팽창되어 보이지는 않는다.

오답분석
① 사물의 크기를 추정할 때 관찰 지점의 거리가 달라져도 같은 결과를 얻을 수 있다.
② 사물과의 거리가 두 배가 되면 망막에 맺히는 이미지의 크기는 반이 된다.
③ 지각 대상이 멀어져도 크기 항등성이 유지될 수 있는 이유는 그만큼 거리 지각이 커지기 때문이다.

11 ①

Ponzo 착시에 관한 내용이다. 수렴하는 철도로 인해 위쪽에 있는 동물이 더 멀리 있는 것으로 깊이 정보를 제공하기 때문에 더 크게 보인다.

12 ②

행위 지원성은 물체의 지각이 형체 크기, 색 그리고 방향과 같이 우리가 물체를 재인할 수 있도록 하는 물리적 성질뿐만 아니라, 그 물체 용도에 대한 지각을 포함한다는 것을 의미한다.

13 ②

운동 맹시(akinetopsia)는 뇌 손상으로 움직임에 대한 지각 능력을 상실한 경우를 말한다. 잔에 커피나 차를 따르는 일이 어려울 뿐만 아니라 주변 사람의 움직임을 지각하기 어려워 같은 공간에 있던 사람이 갑자기 사라지는 경험이나 건널목을 건널 때 멀리서 보이던 차가 갑자기 눈앞에 나타나는 일을 경험한다.

14 ④

투명한 물체의 경우에는 일부 파장만이 통과하는 선별적 투과를 통해 유채색이 창조된다.

15 ③

빛을 혼합하면 빛의 파장이 더해지기 때문에 파란색의 단파장, 노란색의 중파장과 장파장이 모두 반사되면 흰색으로 보인다.

참고 빛의 삼원색
빛의 삼원색, 즉 빨간색, 초록색, 파란색을 혼합하면 색의 명도가 밝아지는 가산 혼합이 이루어져 흰색이 된다. 반면, 색의 삼원색, 즉, 청록색, 자홍색, 노란색을 혼합하면 색의 명도가 낮아지는 감산 혼합이 이루어져 검은색이 된다.

16 ①

일반적으로 단색시인 사람들의 눈에는 원뿔 세포가 없어서 어두울 때와 밝을 때 모두 막대 세포 시각의 특징을 보여준다. 따라서 단색시인 사람은 모든 것을 밝기의 정도, 즉 흰색, 검은색, 회색으로만 본다.

참고 2색시와 3색시
2색시는 스펙트럼상의 모든 다른 색에 대응을 하는 데 단지 두 개의 파장만을 필요로 한다. 2색시에는 제1색맹, 제2색맹, 제3색맹의 세 가지 유형이 있는데 제1색맹은 짧은 파장의 빛은 파랑으로 지각하며 파장이 길어질수록 파랑이 점점 덜 해지다가 492nm에 이르러서는 회색으로 지각한다.
3색시(색채시)는 보통의 경우처럼 색 대응을 하는 데 3개의 파장을 필요로 한다. 하지만 보통과 다른 비율로 세 개의 파장을 혼합하며 특히 아주 인접한 두 개의 파장은 일반적인 색채 지각을 하는 사람만큼 구분하지는 못한다.

17 ③

기억이 색채 경험에 미치는 효과는 작지만, 다양한 조명 아래에서 친숙한 물체들의 색을 정확하게 지각하는 데에 기여한다.

18 ②

밝기 항등성이 일어나는 경우에 밝기 지각은 물체에 비춰지는 조명의 강도에 의해서가 아니라 물체의 반사율에 의해 결정된다. 일반적으로 검게 보이는 물체의 반사율은 5%, 회색으로 보이는 표면의 반사율은 회색의 농담에 따라 10~70% 정도이다. 그리고 희게 보이는 물체의 반사율은 80~95%이다.

19 ①

균형 감각을 유지하는 데에는 내이의 전정 기관, 근육과 관절의 수용기, 그리고 근육으로 하여금 균형을 계속 유지하도록 조정하는 데 도움을 주는 시각의 역할이 크다.

20 ④

해마가 손상된 환자의 자동차 운전 능력에 관한 연구를 통해 37년간 운전하고 다닌 길도 잃는 모습이 확인되면서 이러한 결론이 도출되었다.

무료 학습자료 제공 · 독학사 단기합격 **해커스독학사**
www.haksa2080.com

무료 학습자료 제공 · 독학사 단기합격 **해커스독학사**
www.haksa2080.com

전문가가 분석한 출제경향 및 학습전략

제4장에서는 소리의 물리적 특성에 대한 지각과 음소를 비롯한 단어 및 말소리의 지각 과정을 이해하는 데 주력할 필요가 있다. 이를 위해 먼저 청각 기관의 세부 구조와 각 기관별 주요 기능을 포함하는 청각 체계를 파악하는 것이 중요하다. 천둥과 같은 자연음과 사람의 말소리가 각각 어떤 처리 과정을 거쳐 인식하게 되는지 비교해보는 것도 좋은 학습 방법이 될 수 있다.

제4장 | 핵심 키워드 Top 10

핵심 키워드 Top 10은 본문에도 동일하게 ★로 표시하였습니다.

01	뇌 손상과 실어증 ★★★	p.139
02	외이 ★★	p.127
03	중이 ★★	p.128
04	내이 ★★	p.129
05	음향 신호 ★★	p.134
06	순음(pure tone) ★	p.124
07	음고, 음색 ★	p.126
08	말소리의 기본 단위 ★	p.135
09	음소와 음향 신호의 관계 ★	p.135
10	단어 지각 ★	p.137

제4장

청각 체계

제1절 청각 체계 및 청각의 기본 기능
제2절 청각 패턴 지각

제1절 청각 체계 및 청각의 기본 기능

01 청각의 지각 과정

1. 청각
① 소리는 공기의 압력 변화로 발생한다.
② 듣기 위해서는 이 소리의 파형을 신경 활동으로 전환해야 한다.
③ 물리적인 자극을 감각 과정을 통해 받아들여 뇌로 전달하기 위해서는 전기화학적 신호로 변환시켜야만 한다.
④ 따라서 청각은 공기의 압력 변화를 신경 신호로 변환하여 대뇌에서 소리로 해석하는 지각 과정이다.

2. 소리의 물리적 측면 기출개념

(1) 개요
① **물리적 정의**: 소리는 공기의 압력 변화이다.
   예 '그 소리의 주파수는 1,000Hz이다.'
② **지각적 정의**: 소리를 들음으로써 겪는 경험이다.
   예 '아름다운 ~ 소리를 들었다.'
③ 소리 자극은 물체의 운동이나 진동이 공기, 물, 물체 주변의 다른 탄성 매체에 압력 변화를 일으킬 때 생긴다.
④ 스피커의 진동은 주변의 공기에 영향을 미친다.
⑤ 이런 공기 압력 변화의 패턴은 초당 약 340m의 속도로 공기 속을 통과하는데 이것이 바로 음파이다.

(2) 순음(pure tone) ★
순음(pure tone, 단순음)은 단일한 주파수의 소리로 음의 높이가 일정하고 음색의 특징이 없다. 이러한 순음이 다양하게 모이면 복합음이 되며 우리가 보통 듣는 것이 복합음이다. 순음은 공기 압력 변화가 수학적 함수로 묘사되는 사인파라는 패턴으로 발생할 때의 음으로 시간에 따라 공기압이 변화하는 음파이다.
예 휘파람 소리나 플루트가 내는 고음이 해당한다.

📑 **개념 Plus**

소리 관련 용어
- **사인(sine)**: 삼각 함수에서, 직각 삼각형의 한 예각의 대변과 빗변의 비를 그 각에 대해 일컫는 말로 기호는 sin이다.
- **사인파**: 파형(波形)이 삼각 함수의 사인 곡선으로 표시되는 곡선이다.
- **음파(sonic sound, sonic wave)**: 음파는 매질을 통해 매질 내의 압력 혹은 스트레스가 진동하며 전파되어 나가는 파동이다.
- **음고(pitch)**: 음의 높이를 의미한다.

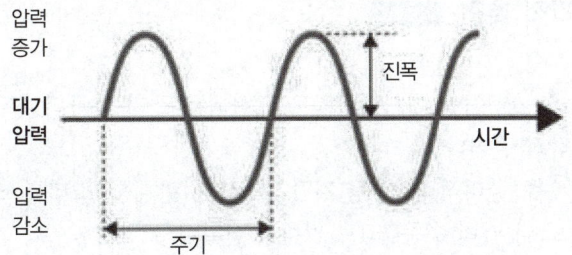

[그림 4-1] 순음에서의 사인파 압력 변화 도표

(3) 주파수와 진폭

① **주파수(frequency)**: 전파나 음파 등이 압력 변화가 반복되어 1초 동안 진동하는 횟수로 지각적 차원에서의 음고(pitch)와 관련된 물리적 차원의 속성이다. 주파수의 단위는 헤르츠(Hz)이다. 1Hz는 초당 1cycle(주기)이다.

② 인간이 지각할 수 있는 주파수의 범위는 약 20~20,000Hz이다.

③ 소리의 진폭은 음파의 가장 높은 지점과 낮은 지점 간의 압력 차를 나타낸다.
  ㉠ 속삭임과 천둥소리와 같은 다양한 범주의 소리를 진폭만으로 표현하는 데는 현실적인 어려움이 있다.
  ㉡ 큰 범위의 압력을 축소하여 표현하기 위해서 로그를 사용하는 데시벨[decibel(dB)]이라는 단위가 고안되었다.
  ㉢ 소리의 강도(진폭)와 데시벨의 예

소리	상대 진폭	데시벨
겨우 들리는 정도(청각역)	1	0
나뭇잎의 바스락거림, 속삭임	10	20
조용한 일반적인 주거 지역	100	40
일상적인 대화 소리	1,000	60
고속 지하철	100,000	100
천둥소리	1,000,000	120
이륙하는 제트 엔진(통증 역치)	10,000,000	400

(4) 복합음과 주파수 스펙트럼

① **복합음**: 진동수가 다른 두 가지 이상의 순음이 결합하여 만들어진 음이다.
② **배음(harmonic)**: 복합음은 여러 개의 순음 성분이 더해져 만들어지는데 성분들 각각을 이 소리의 배음이라고 한다.
  ㉠ 일차 배음: 기초 주파수와 같은 주파수를 가진 순음이며, 그 소리의 기초 주파수라고 한다.
  ㉡ 고차 배음: 기초 주파수의 정수배가 되는 주파수를 가진 순음을 의미한다.
③ 기초 주파수와 고차 배음을 더하면 복합음의 파형이 생긴다.

개념 Plus

피아노의 주파수
- 인간은 20~20,000Hz의 가청 주파수 범위 중 400Hz 근처의 주파수대를 잘 들을 수 있다고 한다. 그래서 피아노에서 기본음인 '라'음의 주파수는 440Hz이다.
- 88개의 피아노 건반 중 가장 낮은 음은 27.5Hz이고 최고음은 4,186Hz이다.
- 기초 주파수(fundamental frequency, 기음)는 복합음의 일차 배음으로, 복합음의 주파수 스펙트럼에서 가장 낮은 주파수이며, 고차 배음이라 불리는 다른 성분들은 기초 주파수의 배수인 주파수를 갖는다.

3. 소리의 지각적 측면 기출개념

(1) 음량
① 음량(loudness)이란 데시벨(dB)로 표현되는 소리 자극의 수준 혹은 진폭과 관련되는 지각적 질이다.
② 데시벨 수준(물리적)과 용량(지각적) 간의 관계를 스티븐스(S. S. Stevens)는 40dB의 소리 압력 수준을 1로 기준을 삼았다.

(2) 여러 주파수에서의 역
① 인간은 특정 범위의 주파수 내에서만 들을 수 있고, 들을 수 있는 주파수에서도 더 잘 들을 수 있는 것이 있다. 어떤 주파수의 경우에는 역치가 낮아서 작은 소리 압력 변화로도 잘 들을 수 있지만 주파수의 역이 높은 경우는 소리 압력의 큰 변화가 필요하다.
② 가청 곡선(audibility curve): 가청 주파수 범주에서 가청의 역치를 나타낸 도표이다. 인간의 경우 20Hz~20,000Hz 사이를 들을 수 있고 2,000~4,000Hz 사이의 주파수에 가장 민감하다(역치가 낮음).
③ 등음량 곡선(equal loudness curves): 가청 스펙트럼의 전반에서 주파수가 다르더라도 동일하게 지각되는 음압(sound pressure) 수준을 연결하여 나타낸 곡선을 말한다. 기준 주파수 범위에서 특정 dB의 음량과 동일한 음량을 내는 데 필요한 dB의 크기를 각 주파수 범주별로 표현한 것이다.
  ㉠ 예를 들어, 40dB의 경우 저주파수와 고주파수 범주에서는 올라가지만 80dB의 등음량 곡선은 30~5,000Hz 사이에서는 거의 평행하다.
  ㉡ 역 수준은 주파수에 따라 달라도 역 위의 어떤 수준에서는 여러 주파수가 같은 데시벨 수준에서 비슷한 음량을 가질 수 있다는 사실을 보여준다.

(3) 음고 ★
① 음고(pitch)는 소리 또는 가락, 음률의 높이 고저(높낮이)를 말하는 지각적인 성질이다.
  ㉠ 소리가 음계에서 배열될 수 있도록 하는 청감각의 속성으로 정의될 수 있다.
  ㉡ 주로 음악과 연관되는 음고는 말(speech)과 다른 자연음에 가깝다.
② 음고는 기초 주파수의 물리적 속성(소리의 파형과 반복 비율)과 관련된다.
  ㉠ 낮은 기초 주파수는 낮은 음고와 연관되고(예 튜바 소리), 높은 기초 주파수는 높은 음고와 연관된다(예 피콜로 소리).
  ㉡ 음고는 물리적인 것이 아니라 심리적인 것으로 물리적 방법으로는 측정하기 어렵다.
  ㉢ 우리가 특정 소리를 어떻게 지각하는가에 따라 낮은 음고, 높은 음고를 가진다고 할 수 있다.

(4) 음색 ★
① 음색(timbre)은 같은 음량, 음고, 지속 시간을 가지고 있어도 다르게 소리 나는 두 음을 구별시켜주는 음의 질이다.
② 음색은 소리의 배음 구조와 밀접하게 관련이 있는데, 배음의 상대적 강도와 그 수에 따라 음색이 달라질 수 있다.

③ 음색은 음의 개시(attack)와 음의 쇠퇴(delay)의 시간 경과와도 관련이 있다.
  예 • 클라리넷 연주에서 개시와 쇠퇴 부분을 제거하면 다른 악기와 구분이 어렵다.
    • 피아노 연주를 거꾸로 들으면 음의 개시와 쇠퇴가 바뀌기 때문에 피아노보다는 오르간과 비슷하게 지각할 수 있다.

> **개념 Plus**
> **음의 개시와 쇠퇴**
> • **음의 개시**: 음의 시작부에서의 음의 축적을 의미한다.
> • **음의 쇠퇴**: 음의 뒷부분에서의 음의 약화를 의미한다.

02 청각 기관의 구조와 기능

1. 청각 자극의 변화
소리 자극이 귀로 전달되면 다음과 같은 변화가 일어난다.
첫째, 소리 자극을 수용기로 전달한다.
둘째, 이 자극을 전기 신호로 변환한다.
셋째, 전기 신호를 음고, 음량, 음색, 음의 위치 등으로 처리한다.

2. 귀의 구조 [기출개념]

(1) 개요
귀는 청각계의 가장 외관 부분으로 머리 옆쪽에 붙어 있으며 외관상으로 단순해 보이지만 생각보다 훨씬 크고 정교한 기관이다. 귀는 소리를 신경 신호로 변환하여 뇌로 보내고, 크게 외이, 중이, 내이로 구분할 수 있다.

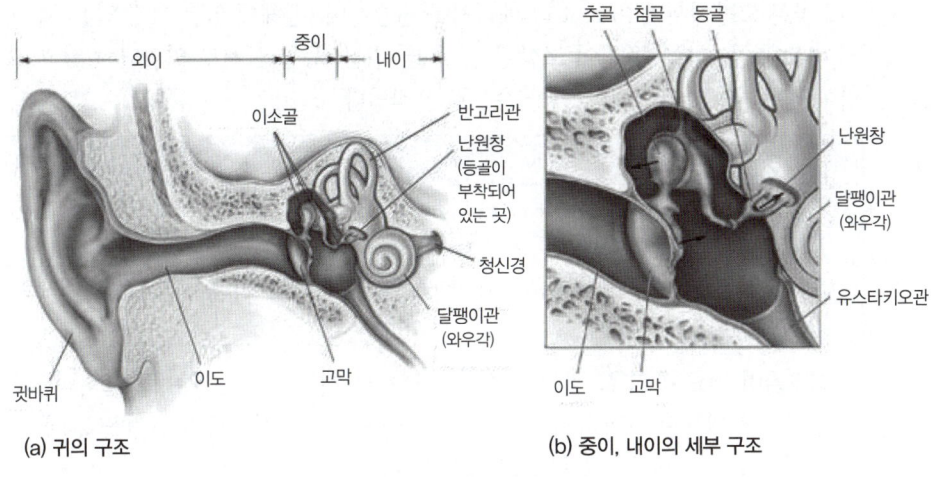

[그림 4-2] 귀의 구조

(2) 외이 ★★
① **외이(outer ear)**: 외부로 드러나 관찰 가능한 부위로 음파가 처음 지나가는 길이다. 귓바퀴, 귓구멍, 고막의 외피로 구성된다.

구분	내용
귓바퀴 (pinna, 이개)	• 귀의 가장 바깥쪽 부위로 깔때기처럼 생김 • 음파를 포착하는 것 이상으로 귓바퀴로 들어온 소리를 음원의 위치 지각이 가능한 형태로 변형시킴

구분	내용
귓구멍 (auditory canal, 이도)	• 약 3cm 길이의 관처럼 생긴 구조로 중이의 미세한 구조들을 외부의 위험으로부터 보호하는데, 귀에서 나오는 액은 관의 끝에 있는 고막(귀청)을 보호하고 중이의 막과 구조가 비교적 일정한 온도를 유지하도록 함 • 귓바퀴에 모인 음파를 고막으로 보내고 2,000~5,000Hz의 주파수들을 증폭시켜서 이 범위 내의 주파수들에 높은 민감도를 갖게 함
고막 (tympanic membrane)	귓구멍의 맨 끝에 있는 탄성이 있는 막으로 고막으로 인해 외이와 중이 사이는 밀폐된 공간이 되고, 고막에 도달한 음파에 반응하여 고막이 진동함

② 외이의 주된 기능은 소리를 고막으로 전달하여 음파에 반응하여 고막을 진동하게 하는 것이다.
　㉠ 진동은 이소골이 있는 중이로 전달된다.
　㉡ 이소골은 고막의 진동을 감지하고 증폭하여 내이, 달팽이관으로 전달한다.
　㉢ 달팽이관은 진동을 신경 신호로 변화하는 신경 세포들이 있는 기관으로 여기서 변환된 신경 신호는 청신경을 통해 뇌로 전달된다.
③ 보호 기능 외 외이의 역할은 공명이다.

개념 Plus
공명
생리학적 원리를 이용하여 소리의 강도를 증가시키는 것이다.

(3) 중이 ★★
① 중이(middle ear): 부피가 2cm³ 가량인 작은 구멍이며 이 안에는 이소골(ossicles)이 있다.
② 이소골은 고막에서 내이로 소리 에너지를 전송하며, 신체에 있는 가장 작은 세 개의 뼈로 추골, 침골, 등골이 포함된다. 추골, 침골, 등골은 서로 연결되어 있고 고막이 진동되면 추골, 침골, 등골 순으로 움직인다.

구분	내용
추골 (malleus, 망치뼈)	고막에 의해 진동되어 그 진동을 침골(incus, 모루뼈)로 전달하고 침골이 다시 그 진동을 등골로 전달함
등골 (stapes)	난원창(oval window)을 덮고 있는 막을 눌러서 그 진동을 내이로 전함

　㉠ 이소골이 필요한 이유: 공기의 진동을 액체로 채워져 있는 내이로 효과적으로 전달하기 위해서 고막의 진동을 작은 등골에 집중시킴으로써 압력을 20배 증가시키고 작은 진동으로 큰 효과를 발휘하도록 하는 것이다.
③ 중이근(middle-ear muscles): 신체에서 가장 작은 골격근으로 이 근육은 이소골에 붙어 있으면서 매우 강한 소리에 수축하여 이소골의 진동을 둔화시키는 역할을 한다.
　㉠ 저주파수 소리의 전달을 감소시키며 강한 저주파수 성분이 고주파수의 지각을 방해하는 것을 막도록 해준다.
　㉡ 근육의 수축은 자신이 내는 소리나 껌 씹는 것과 같은 소리가 다른 사람이 하는 말의 지각을 방해하지 않도록 한다.

(4) 내이 ★★

① 내이(inner ear)의 주요 구조는 액이 채워진 달팽이관이다.
　㉠ 달팽이관(cochlea, 와우관): 관자놀이 뼈(측두골) 안쪽에 위치한 달팽이와 비슷한 모양의 나선형관이다. 달팽이관 안의 액은 난원창에 기대 있는 등골의 운동에 의해 진동한다.

② 융모 세포, 기저막과 개막: 내이에는 융모 세포, 기저막과 개막이 있다.

구분	내용
융모 세포 (hair cells)	• 청각 수용기로 달팽이관의 끝에서 끝까지 융모 세포가 있으며 압력 변화에 반응해서 휘어짐 • 융모 세포에는 내융모 세포와 외융모 세포가 있고, 귀에는 한 줄의 내융모 세포(약 3,500개)와 세 줄의 외융모 세포(약 12,000개)가 있음
기저막(basilar membrane)과 개막(tectorial membrane)	• 코르티 기관(organ of Corti)과 융모 세포를 작동시키는 데 결정적인 역할을 함 • 기저막은 아래, 개막은 위에 위치하고, 코르티 기관은 와우나선관의 안쪽에 청각 변환을 담당하는 구조물임

③ 진동과 융모 세포
　㉠ 난원창의 앞뒤 운동은 달팽이관 안의 액체에 진동으로 전달되며, 이것이 기저막에 운동을 일으킨다.
　㉡ 기저막의 상하 운동은 코르티 기관을 상하로 진동하게 하며, 개막을 앞뒤로 움직이게 하는데 그 결과 융모 세포의 융모가 휘어진다.
　㉢ 외융모 세포의 경우 융모 세포가 개막에 접촉하고, 내융모 세포의 경우에는 융모 주변의 액체에 있는 압력파 때문이다.

④ 전기 신호의 유발
　㉠ 융모 세포의 융모가 한 방향으로 휘어지면서 움직이면 융모의 끝 부분에 연결되어 있는 끝 고리(tip link)가 펴지게 됨으로써 융모의 막에 있는 이온 채널이 열리게 되고 이때 양전기를 띤 칼륨 이온이 세포 안으로 흘러 들어간다.
　㉡ 반대로 융모가 다른 방향으로 휘어지면 끝 고리가 느슨해지면서 이온 채널이 닫히게 되고 전기 신호는 생성되지 않는다.
　㉢ 즉, 융모 세포의 앞뒤로 휘어짐에 따라 전기 신호의 폭발과 비전기 신호가 교대로 나타난다.
　㉣ 전기 신호는 신경 전달 물질의 방출을 낳는데 이것이 청신경 섬유와 내융모 세포가 분리되어있는 연접을 가로질러 확산하면 청신경 섬유들이 흥분하게 된다.

⑤ 융모 세포에 의해 생성된 전기 신호와 소리의 주파수와의 관계
　㉠ 융모 세포의 휘어짐이 순음 소리 자극의 압력의 증가 및 감소와 갖는 관계는 압력이 증가할 때 융모 세포가 오른쪽으로 휘면 청신경 섬유가 흥분하고 압력이 감소하면 왼쪽으로 휘면 흥분이 일어나지 않는다는 것이다.
　㉡ 위상 결속(phase locking)은 소리의 주파수 위상에 동기화되어 청각 신경 세포 집단이 시간을 맞추어 동시에 흥분하는 것을 말한다.

핵심 Check

귀의 구조와 기능
- 귀는 외이, 중이, 내이의 구조로 이루어져 있다.
- 외이: 음파가 처음 지나가는 곳으로 외계의 위험으로부터 중이를 보호하거나 공명을 통해 소리의 강도를 증가시키는 역할을 한다.
- 중이: 고막의 진동을 작은 등골에 집중시킴으로써 소리의 진동을 증가시켜 내이로 전달하는 역할을 한다.
- 내이: 달팽이관으로 전달된 진동이 기저막의 운동을 일으키고 그 결과 융모 세포가 휘어지면서 전기 신호가 발생하게 된다. 이러한 전기 신호는 신경 전달 물질의 방출을 낳는데 이것은 청신경 섬유와 내융모 세포가 분리되어있는 연접을 가로질러 확산하면 청신경 섬유들이 흥분하게 만든다.

ⓒ 소리 자극의 주파수와 청신경 섬유 흥분의 시의성(timing) 간의 연결은 시간적 부호화(temporal coding)라고 하는데 청신경 섬유에 대한 흥분 패턴의 측정은 위상 결속이 약 5,000Hz의 주파수에 이르기까지 발생한다.

3. 기저막의 진동 기출개념

(1) 베케시(Bekesy)의 발견
① 베케시(Bekesy)는 동물 등에서 채취한 달팽이관을 통해서 기저막의 진동을 관찰했다. 그가 실험을 통해 확인한 결과 기저막의 진동은 이동파(traveling wave)로 밧줄의 끝을 잡고 밧줄을 흔들면 만들어지는 파동과 비슷하다.
② Bekesy 실험에 따르면 대부분의 기저막이 진동하는데 어떤 부위는 다른 부위보다 더 많이 진동한다.
 ㉠ 기저막에서 최대 진동의 장소는 주파수에 따라 달라진다.
 ㉡ 청각의 장소설(place theory of hearing)은 소리 주파수가 달팽이관을 따라 신경 흥분이 최대인 장소에 의해 표시된다는 주장이다.
 ㉢ 기저막의 각 장소가 여러 주파수에 가장 잘 반응하도록 조율되어 있다는 의미이다.

(2) 음위상 지도
① 달팽이관의 여러 위치에 전극을 꽂아 놓고 여러 주파수에 대한 전기 반응을 측정하면 음위상 지도(tonotopic map)를 얻을 수 있다.
② 달팽이관의 정점은 낮은 주파수에 가장 잘 반응하고 기저부는 높은 주파수에 가장 잘 반응한다.

(3) 복합음과 기저막 진동
① 달팽이관은 귀에 들어오는 주파수를 기저막의 여러 장소에서의 활동으로 분리시킨다.
② 이런 달팽이관의 처리 방식을 음향 프리즘(acoustic prism)으로 묘사하기도 한다.
③ 진동, 다락문 열림, 이온 이동, 소리 자극과 동시에 일어나는 신경 흥분, 기저막의 이동과 진동은 물리적인 소리에 대한 것이다. 이후부터는 지각적인 소리에 초점을 맞출 것이다.

> **개념 Plus**
> **음위상 지도(tonotopic map)**
> 음위상 지도는 달팽이관에 질서 있게 배열되어있는 주파수 지도로 같은 특성 주파수를 가진 뉴런들이 함께 집단을 이루고 있으며 인접한 특성 주파수를 가진 뉴런들은 서로 가까이 있다.

기출개념확인

01 다음 중 소리가 음계에서 배열될 수 있도록 하는 청감각의 속성으로서 소리의 높고 낮음의 지각적 성질을 가리키는 것은?

① 옥타브
② 데시벨
③ 피치
④ 헤르츠

02 다음 중 중이에 있는 기관이 아닌 것은?

① 추골
② 달팽이관
③ 이소골
④ 이관(유스타키오관)

정답 · 해설

01 ③ 피치(pitch, 음고)는 소리가 '높다', '낮다'라고 말할 때의 지각적 성질이다. 소리가 음계에서 배열될 수 있도록 하는 청감각의 속성으로 정의될 수 있다.

참고 피치(pitch, 음고)

주로 음악과 연관되기는 하지만 피치는 말과 다른 자연음의 속성이다. 피치는 기초 주파수의 물리적 속성(소리의 파형과 반복 비율)과 관련된다. 낮은 기초 주파수는 낮은 음고와 연관되고(예 튜바 소리), 높은 기초 주파수는 높은 음고와 연관된다(예 피콜로 소리). 그러나 피치는 물리적인 것이 아니라 심리적인 것이므로 물리적 방법으로는 측정될 수 없다. 우리가 특정 소리를 어떻게 지각하는가에 따라 낮은 음고, 높은 음고를 가진다고 말할 수 있는 것이다.

02 ② 달팽이관은 귀의 가장 안쪽인 내이에 위치한다.

제 2 절 청각 패턴 지각

01 복합적 청각 자극 지각

1. 청각 조직화 [기출개념]
① 운율 형식(rhythmic pattern)은 시간상의 일련의 변화이다.
② 어떤 음은 길게 또는 어떤 음은 짧게 하는 식으로 운율 형식을 변화시킬 수 있다.
③ 운율 형식보다 규칙적인 음악의 시간 요소는 박자이다.
④ 운율 구조(metrical structure)는 음악의 기초가 되는 박자이다.

2. 운율 구조와 마음
① 운율 구조는 악보에서 박자 부호로 표시되고 연주할 때에는 좀 더 강하게 시작하거나 더 크게 연주하거나 오래 연주하는 등의 방법으로 일부 음을 강조한다.
② 메트로놈은 악곡의 박절을 측정하거나 지시하는 기계이다. 이 메트로놈을 통해 박자를 듣거나 규칙적인 간격을 가진 일련의 박자를 만들 때 2박자나 3박자의 운율을 지각할 수 있다.
③ 물리적인 자극이 같은데도 운율 구조를 변화시키는 능력은 루빈의 얼굴 – 화병 그림을 볼 때 일어나는 현상과 유사하다.
   ㉠ 얼굴 – 화병을 볼 때 얼굴과 화병을 교대로 지각할 수 있었다.
   ㉡ 얼굴 – 화병 그림과 같이 규칙적인 청각 박자도 두 가지 혹은 그 이상으로 지각될 수 있다.

3. 운율 구조와 움직임
① 왈츠의 '원, 투, 쓰리'와 같이 음악의 박자는 댄서들의 움직임에 영향을 미친다.
② 그러나 반대로 음악과 움직임의 관계가 반대 방향으로 발생할 수 있다.
   ㉠ 7개월 된 영아가 규칙적으로 반복되는 애매한 리듬을 듣는 동안 실험자 팔 속에서 올려졌다 내려지기를 반복했다. 두 번째 박자에서 올리는 2박자 운동이나 세 번째 박자에서 올리는 3박자 운동을 했다.
   ㉡ 애매한 리듬 패턴을 몇 박자로 지각했는지 확인하기 위해 고개 돌리기와 선호 절차를 이용하여 검사하였다.

구분	내용
실험 내용	• 엄마 무릎에 앉은 영아가 불빛을 보는 동안 강세가 있는 반복되는 소리를 들음 • 영아가 불빛에서 고개를 돌리면 소리가 멈춤. 몇 번 반복하게 되면 영아는 불빛을 보는 동안 소리가 난다는 것을 인지하게 됨 • 영아가 2박자 패턴과 3박자 패턴 중 어느 것을 선호하는지를 영아가 어느 소리를 오래 듣는지를 통해 알 수 있게 됨
결과	실험을 통해 영아들이 자기가 들어 올려질 때 들었던 패턴은 평균 8초를 듣는 데 반해 그렇지 않은 패턴은 6초만 듣는 것을 발견함

ⓐ 영아들은 들어 올려졌을 때 들었던 패턴을 선호하였다. 시각적인 것 때문인지를 확인하기 위해 눈을 가리고 실험을 해도 결과는 같았다. 다른 사람이 들어 올려지는 것을 보는 것만으로는 이러한 효과가 나타나지 않았다. 움직임이 운율 집단화에 중요한 것으로 보인다.

ⓑ 성인 대상 실험에서도 동일한 결과가 확인되었다. 움직임이 운율 구조 지각에 영향을 미치게 하는 결정적인 요인은 몸의 균형과 몸의 위치를 판단하는 전정계를 자극하기 때문인 것으로 보인다.

4. 운율 구조와 언어

① 운율 지각은 움직임에 대한 반응뿐만 아니라 모국어의 강세 패턴 경험에 영향을 받는다.
② 모국어의 강세 패턴이 집단화 지각에 영향을 미칠 수 있다.
③ 한 실험에서 긴 음과 짧은 음이 교대로 제시되는 소리를 들려준 후, 그 소리를 장 – 단, 단 – 장으로 집단화했는지 답하도록 요구했다.
  ㉠ 영어가 모국어인 사람들은 단 – 장으로 집단화하는 경향이 많았다.
  ㉡ 일본어가 모국어인 사람들은 장 – 단으로 집단화해서 지각하는 경향이 많았다.
  ㉢ 생후 7~8개월 된 영국과 일본의 영아들의 경우 결과가 동일했으나, 이전에 태어난 영아들에게는 차이가 없었다. 이는 생후 6개월에서 8개월 사이가 영아들의 언어 능력이 발달하기 시작하는 시기이기 때문이다.

02 말소리의 지각

1. 말소리의 지각

타인의 말소리를 정확히 지각하기 위해서는 높은 수준의 능력이 요구된다. 정확하지 않은 발음과 사투리, 억양 같은 다양한 요인들과 주변의 시끄러운 소음과 같은 다양한 상황 속에서도 대부분의 사람들이 타인의 말소리를 지각해 낸다는 것은 놀라운 일이 아닐 수 없다.

📋 **개념 Plus**

말소리
소리의 물리적 정의는 공기의 압력 변화이며 지각적 정의는 소리를 들음으로써 겪는 경험이다. 말소리는 우리가 의사소통을 위해 하는 말(speech), 의미 있는 소리라고 할 수 있다.

2. 말소리 자극 〔기출개념〕

① 말소리 자극은 화자가 단어를 발음하면서 발생하는 소리의 시작과 멈춤, 소리 끊김, 소음의 측면으로 기술할 수 있다.
② 화자가 단어와 단어를 연결해 문장을 만들면서 의미 있는 소리가 된다.
③ 말소리는 물리적 소리 자극을 받아들여 그 소리 자극을 해석하는 데 도움을 주는 인지적 과정도 요구된다.

3. 음향 신호 ★★ 〔기출개념〕

(1) 음향 신호

① 말소리는 소리를 내는 음성 기관(발성 기관) 내에 있는 여러 구조의 위치나 움직임에 의해 생성되는 의미있는 소리로 대인간 소통을 하기 위해 필요한 소리이다.
② 음성 기관은 음향 자극 또는 음향 신호(acoustic signal)라고 불리는 공기 중의 압력 변화 패턴을 만든다.
③ 음향 신호는 폐(lungs)에서 성대(vocal cords)를 지나서 성도(vocal tract)로 올라오는 공기에 의해 만들어진다.
④ 성도의 모양에 따라 소리가 달라지는데 성도의 모양은 혀, 입술, 이, 턱, 연구개(입천장) 같은 조음 기관이 움직여서 바뀌게 된다.
⑤ 모음
  ㉠ 모음은 방해 받지 않고 나오는 소리로 각 모음의 특정한 소리는 성도의 전체적 모양 변화를 통해서 만들어진다.
   예 '아, 이, 우, 에, 오'와 같은 소리는 입술의 모양이나 혀의 높낮이 등의 변화 이외에 소리가 나올 때 특별한 방해를 받지 않는다.
  ㉡ 포먼트(formant): 성도 모양이 변화되면 성도의 공명 주파수도 변화되고 여러 개의 상이한 주파수에서 압력 변화의 정점이 생기는데 이 정점이 발생되는 주파수를 의미한다.
⑥ 자음
  ㉠ 자음은 모음과 달리 성도의 수축이나 막힘에 의해 만들어진다.
   예 '마, 바, 파'와 같은 소리를 낼 때 입술이 닫혔다가 열리면서 소리가 나게 된다. 어린 아이들이 가장 쉽게 낼 수 있는 음이기도 하다. '엄마'나 '마마', '파파' 등의 단어를 전세계적으로 쓰는 이유가 있다. 이런 소리를 낼 때는 공기가 잠시 입안에 머물다가 입술이 열리면서 파열하듯이 소리가 나게 된다.
  ㉡ 영어의 /f/ 소리를 낼 때에는 아랫입술을 윗니 끝에 대고 입술과 이 사이에 공기를 불어 넣으면서 소리를 내야 한다.
  ㉢ 혀, 입술, 치아 등과 같은 기관은 소리를 내는 기관으로 조음 기관이라고 한다. 이런 조음 기관의 움직임은 말소리를 빗금으로 표시하는 분음 파형도(sound spectrogram)에서 관찰할 수 있는 음향 신호상의 에너지 패턴을 만들어낸다.

핵심 Check

말소리
말소리는 소리를 내는 음성 기관(발성 기관) 내에 있는 여러 구조의 위치나 움직임에 의해 생성되는 의미있는 소리로 대인간 소통을 하기 위해 필요한 소리이다.

개념 Plus

포먼트(formant)
- 모음의 구성 음소(音素)이며, 분음 파형도에서 모음과 연합된 에너지의 수평의 띠를 의미한다.
- 각 모음은 특징적인 포먼트를 지니는데 첫 번째 포먼트는 가장 낮은 주파수에 있고, 두 번째 포먼트는 그 다음으로 낮은 주파수에 있는 방식이다.

(2) 말소리의 기본 단위 ★
① 음소(phoneme): 말소리의 가장 작은 단위로, 이것이 바뀌면 단어의 의미가 바뀐다.
  ㉠ 음소 /ㅁ/, /ㅜ/, /ㄹ/을 가지고 있는 물이라는 단어에서 각 음소를 개별적으로 바꾸면 의미가 달라지게 된다.
  ㉡ 가령 /ㅁ/이 /ㅂ/으로 바뀌면 불로, /ㅜ/가 /ㅏ/로 바뀌면 말로 바뀐다.
  ㉢ 따라서 /ㅁ/, /ㅜ/, /ㄹ/가 음소라는 사실을 알 수 있다.
② 이러한 음소들이 연결되면 음절이 된다.
  예 감각과 지각은 /감/ /각/ /과/ /지/ /각/ 으로 5개의 음절로 나뉜다.
  ㉠ 공기 압력 변화의 패턴은 남녀노소, 말의 속도 및 억양 등에 따라 다르다.

4. 음소와 음향 신호의 관계 ★
(1) 맥락 효과
① 음소와 연합된 음향 신호는 그 맥락에 따라 달라진다.
  ㉠ 포먼트는 모음과 연합되어 있기 때문에 200Hz에서 2,600Hz 사이의 포먼트는 /di/에서 /i/에 대한 음향 단서이고, 200Hz에서 600Hz 사이의 포먼트는 /du/에서 /u/에 대한 음향 단서이다.
  ㉡ 포먼트는 /di/에서 모음에 대한 음향 신호이기 때문에 포먼트에서 선행된 포먼트 이동은 자음 /d/에 대한 신호여야 한다.
  ㉢ 하지만 /di/와 /du/의 두 번째 포먼트에 대한 이동이 다르다.
    ⓐ /di/에서 포먼트 이동은 약 2,200Hz에서 시작해서 2,600Hz 정도까지 상승한다.
    ⓑ /du/에서 포먼트 이동은 약 1,100Hz에서 시작해서 600Hz 정도까지 하강한다.
    ⓒ /di/와 /du/에서 동일한 /d/ 소리를 지각한다고 해도 이러한 소리와 연합된 음향 신호인 포먼트 이동은 매우 다르다.
    ⓓ 따라서 특정한 음소가 발생하는 맥락은 그 음소와 연합된 음향 신호에 영향을 미칠 수 있다.
② 이러한 맥락 효과는 말소리가 만들어진 방식 때문에 발생한다.
  ㉠ 우리가 말할 때 조음 기관은 일정하게 움직이게 된다. 그래서 특정한 음소와 연합된 성도의 모양은 그 음소의 전후에 있는 소리에 영향을 받게 된다.
  ㉡ 이웃한 음소를 조음할 때 생기는 중첩을 동시 조음이라고 한다.
  예 /바다/와 /보물/에서 /ㅂ/는 두 단어에 공통으로 있지만 발음할 때 입 모양은 각각 다르다. 바다의 /바/는 /아/의 입 모양으로 크게 벌리고 보물의 /보/는 입 모양을 동그랗게 모아야 하는데 모음을 발음하기 이전부터 입 모양을 크게 또는 동그랗게 모으게 된다.
③ 음향 신호가 동시 조음으로 인해서 변화함에도 불구하고 우리는 바다와 보물의 /ㅂ/ 음소를 동일하게 지각하는데 이를 지각적 항등성의 한 예라고 할 수 있다.

(2) 화자(말하는 사람)의 효과 기출개념
① 같은 단어일지라도 사람마다 발음하는 방식이 다를 수 있다. 말소리에 있어서 말하는 사람에 따른 변동성은 화자마다 특정한 음소나 단어가 매우 다른 음향 신호를 가질 수 있음을 의미한다.

> **개념 Plus**
> **맥락 효과**
> 특정한 음소와 연합된 성도의 모양은 그 음소의 전후에 있는 소리에 영향을 준다.

② 불분명한 발음도 이러한 변동성을 가중한다. 어려서 언어 자극을 받지 못했거나 지적 수준이 낮은 경우 발음이 부정확한 경우가 많다.
③ 일상 대화에서 사람들이 단어를 정확하게 발음하지 않는 경우가 많은데, 실제로 우리는 아나운서처럼 정확한 발음과 발성으로 말하기 어렵다. 이러한 사실은 분음 파형도 분석을 통해서도 확인할 수 있다.
④ 동시 조음, 말하는 사람, 부정확한 발음과 발성으로 인해 발생된 음향 신호에서의 변이성은 듣는 사람이 정확히 알아듣기 어렵게 만들 수 있다. 듣는 사람의 입장에서는 변동성이 큰 음향 신호를 친숙한 단어로 변형시켜야만 한다.

5. 음소 지각

(1) 범주적 지각

① 범주적 지각은 연속선상에 존재하는 자극이 별개의 범주로 구분되어 지각되는 경우에 발생한다.
  ㉠ 가시 스펙트럼에서 파장에 따라 색의 지각이 달라지는 것처럼 말소리의 범주적 지각도 동일한 방식으로 발생한다.
  ㉡ **음성 구동 시간(VOT; Voice Onset Time)**: 소리의 시작과 유성화에 동반되는 성대 떨림의 시작 사이에 존재하는 시간적 지연을 의미한다.
② 컴퓨터를 이용하여 VOT를 다양한 길이의 VOT로 만들어 소리를 어떻게 지각하는지 연구하였다.
  ㉠ 실험 결과, 다양한 범주의 VOT 소리 자극을 제시했음에도 두 가지 음소로 지각을 하였다.
  ㉡ VOT가 특정 범위에 이르렀을 때 다른 음소로 지각하게 되는 지점을 음소 경계(phonemic boundary)라고 한다.
③ 음소 경계의 같은 쪽에 있는 모든 자극은 범주로 지각하게 되는데 이는 지각적 항등성이라고 할 수 있다.
④ 만일 이러한 지각적 항등성이 존재하지 않는다면 우리는 VOT가 조금만 달라져도 다른 소리로 지각하게 될 것이다.

(2) 맥거크 효과 `기출개념`

① **맥거크(McGurk) 효과**: 청각 정보가 말소리 지각에 있어서 중요한 원천이긴 하지만 시각 정보도 소리 지각에 영향을 미친다는 것을 보여주는 현상을 말한다.
  예 화면을 통해 소리를 지각할 때 청각적 자극은 /바-바/를 제시하고, 입술 모양은 /가-가/를 제시하면 음향 신호에도 불구하고 청자는 /다-다/라는 소리로 지각한다.
② 언어 지각에 대한 시각의 영향을 청시각적 말소리 지각이라고 한다. 맥거크 효과 외에도 소음이 심한 환경에서 말소리를 이해하기 위해서 화자의 입술 움직임을 관찰하는 것을 예로 들 수 있다.
③ **시각과 말소리 사이의 연계에 대한 생리적 근거**
  ㉠ 입술의 모양으로 말의 의미를 알아내는 독순과 말소리를 지각하는 영역이 동일하게 활성화된다.
  ㉡ 친숙한 인물의 목소리를 들을 때 목소리 지각과 관련된 영역뿐만 아니라 얼굴을 지각하는 영역도 활성화된다.

(3) 언어와 지식과의 관계 [기출개념]

① **무의미 단어와 유의미 단어 실험**: 무의미 단어와 유의미 단어에 특정 음을 제시하고 특정 음을 지각했을 때 단추를 누르게 했을 때, 무의미 단어에 비해 유의미 단어에 대한 반응 속도가 빨랐다.

② **음소 복구 효과**: 문장 중 특정 자음의 발음을 기침 소리로 대체한 후 기침 소리가 들어 있던 위치를 묻는 실험을 했다.
  ㉠ 실험 참가자들은 기침 소리가 있던 정확한 위치와 특정 자음이 빠졌다는 사실도 알아차리지 못했다.
  ㉡ 'There was time to *ave'라는 문장에서 '*ave'를 'wave'인 (손을) '흔들다'의 의미로 이해했다. 즉, 음소 /w/가 기침 소리로 대치되었음에도 사람들은 전체 문장을 듣고 그 의미를 이해했다고 볼 수 있다.

③ 음소 복구와 관련해서 우리가 실제로 복구된 소리를 듣기 전에 그 소리와 유사한 소리에 의해 확인되어야 한다.
  ㉠ 그래서 만일 백색 소음에 차폐가 우리가 기대하고 있는 음소와 유사한 소리를 구성하는 주파수를 포함하고 있으면 음소 복구가 일어나며 우리가 그 음소를 듣게 되기 쉽다.
  ㉡ 만일 유사한 소리가 아니라면 음소 복구는 잘 일어나지 않을 수 있다.
  ㉢ 음소 복구 효과는 긴 단어일수록, 무의미 단어보다는 유의미 단어일 때 발생하기 쉽다는 사실을 통해 사람의 기대에 따른 맥락, 즉 하향 처리가 음소 복구에 관여하고 있다고 볼 수 있다.

03 단어 지각

1. 단어 지각 ★ [기출개념]

(1) 문장 속의 단어 지각
① 시각적으로는 철자의 일부가 제거되더라도 단어를 읽을 수 있다.
② 이와 유사한 효과는 구어 단어에서도 확인할 수 있다.
  ㉠ 문법에 맞는 문장, 문법에 맞지만 의미는 없는 이상한 문장, 단어들이 비문법적으로 연결된 문장의 3가지 유형의 자극을 만들어 이어폰으로 들려준 후 따라서 말하도록 했다.
  ㉡ 참가자들은 정상 문장은 89%를 똑같이 반복할 수 있었고, 비정상 문장은 79%, 비문법적 연결 문장은 56%만을 따라할 수 있었다.
  ㉢ 자극의 유형별 따라하기의 차이는 배경 소음 속에서 실시했을 때 더욱 극명해졌다. 정확한 문장은 63%, 비정상 문장은 22% 그리고 비문법적 연결은 겨우 3%에 불과하였다.

(2) 일련의 단어 사이에 있는 끊김을 지각하기
① 말소리 분절(speech segmentation): 개별 단어의 지각으로 끊임없이 대화하는 말소리에서도 개별 단어를 지각할 수 있다.
② 단어 내의 어떤 소리는 다른 소리가 뒤따라 나오기 쉽게 되어 있고, 또 다른 소리는 두 단어 사이에 공백이 있다는 정보도 말소리 분절을 위해 사용한다.
③ 언제 한 단어가 끝나고 다른 단어가 시작하는지를 알려주는 것은 단어의 의미에 대한 지식이다.
④ 이행 확률은 한 소리가 다른 소리에 뒤따라 나올 확률이다. 언어를 배우는 과정에서 이러한 이행 확률을 학습한다.
예 pre – tty – baby

(3) 화자의 특성을 고려하기
① 대화의 과정에서 말의 의미를 이해하는 데는 목소리의 특징도 작용한다.
② 이러한 특성은 나이, 성별, 정서적 상태, 출신 지역, 어조 등과 같은 정보를 전달한다.
예 "자알~ 한다."라는 표현은 맥락에 따라서는 칭찬이 아니라 빈정거리는 것일 수 있다.
③ 화자의 어조 외에 화자의 정체도 말소리 지각에 영향을 미칠 수 있다.
  ㉠ 일련의 단어를 제시하고 단어가 새로운 단어인지 이전에 등장한 적이 있는 것인지 지적하는 실험을 했다.
  ㉡ 참가자들은 단어를 같은 화자가 말했을 경우 더 빠르고 정확하게 반응하였다.
  ㉢ 이러한 결과는 [그림 4-3]과 같이 청자가 단어에 관한 정보를 단어의 의미 수준에서뿐만 아니라 화자의 목소리 특징이라는 수준에서도 받아들이고 있음을 의미한다.

[그림 4-3] 말소리 지각 그리고 하향 처리와 상향 처리

04 말소리 지각과 뇌

1. 말소리 지각의 대뇌 피질의 위치

(1) 뇌 손상과 실어증 ★★★ 기출개념
① 실어증(aphasia): 대뇌의 특정 영역에 손상을 입을 경우 언어의 표현이나 이해에 장애가 생기는 병적 증상이다.
② 브로카(Broca) 실어증: 전두엽(이마엽)에 있는 Broca 영역에 손상이 있는 경우 발생한다.
 ㉠ 다른 사람이 이야기하는 것을 이해할 수 있다.
 ㉡ 말을 하려고 노력은 하는데 짧은 문장으로만 표현할 수 있다.
③ 베르니케(Wernicke) 실어증: 측두엽(관자엽)의 Wernicke 영역에 손상이 있는 경우 발생한다.
 ㉠ 말을 유창하게 할 수 있지만, 말하는 내용이 극히 체계가 없으며 의미가 없다.
 ㉡ 다른 사람의 말을 이해하는 데 특히 어려움이 있다.
 ㉢ 단어농(word deafness): Wernicke 실어증의 극단적인 형태로 순음을 듣는 능력은 이상이 없는데도 불구하고 단어를 인식할 수 없는 상태를 말한다.

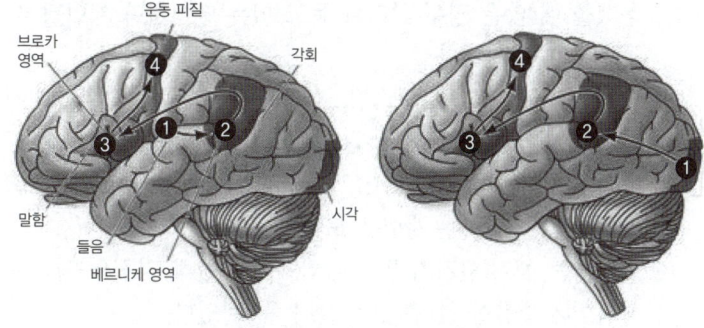

[그림 4-4] 뇌에서의 언어 정보의 이동 경로

(2) 목소리 영역과 목소리 세포 기출개념
① 위관자고랑(superior temporal sulcus): 대뇌의 측두엽(관자엽) 측면 위의 앞뒤로 뻗은 고랑으로 fMRI를 통해 사람 목소리에 더 활성화되는 '목소리 영역'이 위관자고랑에 있음을 발견하였다. 세포가 원숭이끼리 부르는 녹음된 소리에 더 강하게 반응하여 '목소리 세포'라고도 한다.
② 목소리 영역과 목소리 세포는 측두엽(관자엽)에 있는데 이 영역은 듣기에 있어서 '무엇 경로'에 해당한다.
 ㉠ 듣기와 관련된 대뇌 피질 조직은 무엇 경로를 통해 소리를 파악하고 어디 경로를 통해 소리의 위치를 찾는 데 관여한다.
 ㉡ 듣기 관련 말소리 지각의 이중-이동(흐름) 모형은 목소리를 담당하는 측두(관자)엽에서 시작하는 복측 경로(무엇 경로), 그리고 말을 생성하는 움직임과 음향 신호의 관련을 담당하는 두정(마루)엽에서 시작하는 배측 경로(어디 경로)를 제안한다.

핵심 Check

뇌 손상과 실어증
- 뇌의 특정 영역의 손상은 실어증을 유발할 수 있다.
- 전두엽 내 Broca(브로카) 영역이 손상되면 말을 이해하는 데는 어려움이 없지만 표현에 문제가 생기는 브로카 실어증이 발생할 수 있다.
- 관자엽의 Wernicke(베르니케) 영역에 손상이 있는 환자는 말을 유창하게 하지만 내용에 체계나 의미가 없다. 그리고 다른 사람의 말을 이해하는 것을 매우 어려워한다.

개념 Plus

브로카 실어증과 베르니케 실어증
- 브로카 실어증: 상대방의 말은 이해하는데, 문장으로 표현하는 데 어려움을 보여 운동성 실어증이라고 한다.
- 베르니케 실어증: 문법에 맞는 단어를 나열하여 문장을 만들기도 하지만, 언어를 이해하는 데 어려움이 있고 의미 없는 단어를 연결해 표현하는 증상을 보여 감각성 실어증이라고도 한다.

ⓐ 얼굴 지각 담당 기제가 뇌의 많은 영역에 걸쳐 분포하듯이 말소리 지각에도 다양한 측면이 있다.
ⓑ 단어 뜻, 문장의 맥락과 같은 인지적 요인, 목소리에 대한 친숙성과 같은 정서적 요인들이 영향을 미친다.

2. 대뇌 피질 신호와 말소리 재구성 [기출개념]

① 말소리 해독기를 통해 말소리 영역에 있는 전기적 신호 패턴이 어떻게 말소리로 표상되는가에 관한 연구를 진행한다.
② 말소리 해독기를 개발하기 위해 파슬리(Pasley)는 간질 발작을 치료하기 위해 뇌 조직을 일부 제거해야 하는 환자를 대상으로 뇌의 표면에 전극을 부착하고 그 활동을 기록했다.
㉠ 말소리를 들려준 후 청지각 피질상의 다양한 위치에서 발생하는 활동으로 다양한 주파수가 표상되는데, 이를 통해 말소리 자극에서 주파수 패턴의 존재 여부를 파악할 수 있다.
㉡ 이러한 활동 패턴을 분석해 말소리 분음 파형도를 만들었다.
㉢ 분석 결과
ⓐ 제시된 말소리의 주파수와 말소리 해독기로 만든 분음 파형도가 완벽하게 대응하지는 않았지만 이들 주파수 패턴을 소리로 바꿔주는 재생 기구를 사용했을 때 많은 경우 환자가 듣고 있는 단어처럼 재인될 수 있는 말소리로 듣는 것이 가능했다.
ⓑ 말을 하려고 생각하기만 해도 실제로 말할 때 발생하는 뇌 신호와 유사한 신호를 만들기 때문에 뇌 활동으로부터 말소리를 파악할 수 있다는 것은 근위축성 측색 경화증(ALS; Amyotrophic Lateral Sclerosis) 환자처럼 몸이 마비되어 말을 못하는 사람을 도울 수 있다.
ⓒ 미래에는 ALS 환자가 말소리 해독기를 통해 자신의 생각을 말소리로 변환시켜 의사소통을 할 수 있는 날이 올 수 있다.

기출개념확인

01 Broca(브로카) 실어증 환자가 손상을 입은 뇌 영역은?

① 전두엽
② 측두엽
③ 두정엽
④ 후두엽

02 다음 중 말소리 지각에 영향을 미치는 요인과 거리가 먼 것은?

① 배경 소음(주변 환경 소음)
② 사투리
③ 억양
④ 화자의 성별

정답·해설

01 ① 브로카 실어증은 전두엽의 손상과 관련 있다.

> 오답분석
> ② 베르니케 실어증은 측두엽의 손상과 관련 있다.

02 ④ 말소리 지각은 배경 소음, 억양 등의 요소에 의해 영향을 받는다.

제4장 | 실전연습문제

*기출유형은 해당 문제가 실제 시험에 출제된 유형임을 나타냅니다.

[기출유형]

01 인간이 지각할 수 있는 주파수의 범위로 옳은 것은?

① 20~20,000Hz
② 200~20,000Hz
③ 2,000~20,000Hz
④ 20,000Hz 이상

02 다음 중 소리의 지각적 특성인 '음고'에 대한 설명으로 옳지 않은 것은?

① 소리가 높다, 낮다 등으로 표현할 수 있는 지각의 질을 말한다.
② 소리의 파형과 반복 비율과 관련 있는 기초 주파수의 물리적 속성이다.
③ 기초 주파수의 높이와 음고는 반비례한다.
④ 피아노 건반의 음계는 음고를 이해하는 데 유용하다.

[기출유형]

03 다음 중 외이에 대한 설명으로 옳은 것은?

① 신체에서 가장 작은 이소골로 이루어져 있다.
② 외이의 융모 세포를 통해 소리가 중이로 전달된다.
③ 외이의 진동이 달팽이관 안의 액체에 진동으로 전달된다.
④ 소리의 강도를 증가시키는 공명 역할을 한다.

04 우리가 지각할 수 있는 말소리의 가장 기본 단위는?

① 음정   ② 음률
③ 음소   ④ 음고

[기출유형]

05 다음 중 Wernicke 실어증에 관한 설명으로 옳지 않은 것은 무엇인가?

① 언어 정보 해석을 담당하는 뇌의 특정 부위를 발견한 독일인 의사 칼 베르니케(Carl Wernicke)의 이름에서 유래했다.
② 언어 정보 해석을 담당하는 뇌의 특정 부위란 이마엽에 있는 브로카 영역이다.
③ 말을 유창하게 할 수 있다.
④ 다른 사람의 말을 이해하는 데 어려워한다.

06 다음 중 소리에 관한 설명으로 옳지 않은 것은?

① 순음은 공기 압력의 변화가 코사인파라는 수학적 함수로 묘사될 때 발생하는 음이다.
② 휘파람 소리는 순음에 가깝다.
③ 소리의 진폭은 음파의 가장 높은 지점과 낮은 지점 간의 압력 차를 나타낸다.
④ 큰 범위의 압력을 축소하여 표현하기 위해 데시벨이라는 단위를 사용한다.

07 음향 신호 중 모음이 만들어지는 과정에 대한 설명으로 옳지 않은 것은?

① 모음은 성대가 진동하면서 만들어지고 각 모음의 특정한 소리는 성대의 전체적인 모양을 변화시켜 만들어진다.
② 각 모음은 특징적인 포먼트를 갖는데 첫 번째 포먼트가 가장 높고 두 번째 포먼트부터 조금씩 낮아진다.
③ 모음에 대한 포먼트는 분음 파형도로 불리는 표시법을 사용해 나타낸다.
④ 모음을 낼 때 성도 모양이 변화되면 성도의 공명 주파수도 변화된다.

10 사람에 따라 같은 단어라도 발음이 조금씩 다를 수 있다. 이처럼 화자에 따라 발생하는 변동성에 관한 설명으로 옳지 않은 것은?

① 화자에 따라 음소나 단어가 매우 다른 음향 신호를 가질 수 있다는 것을 의미한다.
② 발음이 명확해지면 음소와 음향 신호 사이의 변동성은 줄어들 수 있다.
③ 서로 같은 단어를 사용할 경우 이러한 변동성은 사라진다.
④ 음향 신호에서 생기는 이러한 변동성은 메시지를 이해하는 데 어려움을 발생시킨다.

08 말하기에 관해 생각하는 것만으로 의사소통이 가능해질 수 있는 배경으로 옳은 것은?

① 청각적 신호가 시각적 신호인 문자로 변환하는 것이 가능해지기 때문이다.
② 말소리에 따라 청지각 피질(겉질)상의 다양한 위치에서 발생하는 다양한 주파수를 파악할 수 있기 때문이다.
③ 뇌의 가소성에 의해 청각적 신호를 시각적 정보로 전환하여 처리할 수 있기 때문이다.
④ 주변 상황이나 맥락에 대한 정보가 소통에 필요한 정보를 충분히 제공해주기 때문이다.

11 어떤 문장을 들려주면서 어느 한 음소를 기침 소리와 같은 소음으로 대체해도 음소가 제거된 사실을 모른 채 문장의 의미를 이해할 수 있는 것과 관련된 현상은?

① 음소 복구 효과
② 음원 복구 효과
③ 백색 소음 효과
④ 주의 집중 효과

09 다음 중 이소골에 붙어 있으면서 매우 강한 소리에 수축하며 이소골의 진동을 둔화시키는 역할을 하는 기관은?

① 이소근
② 고막
③ 세반고리관
④ 중이근

12 청각 조직화의 운율 지각에 대한 설명으로 옳지 않은 것은?

① 소리의 시간상의 일련의 변화를 운율 형식이라고 한다.
② 노래의 경우 어떤 음은 길게, 어떤 음은 짧게 하고 쉼을 추가하는 방법 등으로 운율 형식을 변화시킬 수 있다.
③ 운율 형식에 기저하는 보다 규칙적인 음악의 시간 요소는 음의 세기이다.
④ 어떤 음악의 밑에 깔린 박자를 운율 구조라고 한다.

13 소리의 물리적 측면에 대한 설명으로 옳은 것은?

① '피아노 소리가 공연장을 가득 채웠다'와 같은 방식으로 설명할 수 있다.
② 물체의 운동이나 진동이 공기의 압력 변화를 일으킬 때 소리가 발생한다.
③ 똑같은 강도의 소리라도 어떤 과제에 집중하고 있는가에 따라 다르게 지각될 수 있다.
④ 소리는 공기 중에서 약 시속 340m의 속도로 이동한다.

14 말소리 지각에 있어서 청각과 시각 간의 상호 작용을 보여주는 지각 현상으로서 가령 소리는 '바바'라고 제시하고 입술 모양은 '가가'라고 제시하면 '다다'와 같은 다른 소리로 지각하는 것과 관련 있는 효과는?

① 선행 효과 ② 피그말리온 효과
③ 음향 효과 ④ 맥거크 효과

15 악기 연주를 거꾸로 듣게 되면 피아노가 아닌 오르간 소리와 비슷한 소리로 지각될 수 있는 이유는?

① 피아노와 오르간의 음색이 비슷하기 때문이다.
② 음량과 음고가 다르기 때문이다.
③ 음의 개시와 쇠퇴가 바뀌기 때문이다.
④ 똑같은 음표를 연주하기 때문이다.

16 다음 중 융모 세포에 관한 설명으로 옳지 않은 것은?

① 융모 세포를 작동시키는 데 결정적인 역할을 하는 두 개의 막은 기저막과 개막이다.
② 융모 세포는 압력 변화에 반응해서 휘어지는데 달팽이관의 한쪽 끝에서 다른 쪽 끝에 걸쳐서 있다.
③ 인간의 귀에는 한 줄의 내융모 세포와 세 줄의 외융모 세포가 있다.
④ 외융모 세포의 가장 키 큰 줄과 내융모 세포의 융모는 모두 개막과 접촉하고 있다.

17 기저막의 진동에 관한 설명으로 옳은 것은?

① 기저막의 진동은 일종의 이동파이다.
② 기저막의 진동은 부위에 따른 차이 없이 고르게 진동한다.
③ 기저막에서 최대 진동의 장소는 주파수에 관계없이 일정하다.
④ 기저막의 모든 장소가 여러 주파수에 가장 잘 반응하도록 조율되어 있다.

18 소리 자극이 전기 신호로 변환되는 것과 관련한 설명으로 옳지 않은 것은?

① 융모 세포의 융모가 휘어질 때 한 방향으로 움직이면서 융모의 막에서 작은 이온 채널이 열린다.
② 이온 채널이 열려 있을 때 양전하를 띤 칼륨 이온이 세포 밖으로 흘러나간다.
③ 융모 세포가 휘어지는 방향에 따라 전기 신호의 폭발과 비전기 신호가 교대로 일어난다.
④ 전기 신호가 신경 전달 물질의 방출을 유도하여 청신경 섬유가 흥분하게 된다.

19 특정한 음소와 연합된 성도의 모양은 그 음소의 전후에 있는 소리에 영향을 받게 된다. 그래서 이웃한 음소를 조음할 때 중첩이 생기는데 이와 관련된 현상은?

① 음소 분리
② 간접 음향
③ 동화 과정
④ 동시 조음

20 다음 중 복합음에 대한 설명으로 옳은 것은?

① 복합음은 파형이 일정한 음이며 그래서 기초 주파수라고 부른다.
② 일차 배음은 기초 주파수와 같은 주파수를 가진 복합음이다.
③ 기초 주파수와 고차 배음을 더하면 복합음의 파형이 생긴다.
④ 고차 배음은 기초 주파수의 정수배가 되는 주파수를 가진 복합음을 의미한다.

제4장 | 실전연습문제 정답·해설

01	02	03	04	05
①	③	④	③	②
06	07	08	09	10
①	②	②	④	③
11	12	13	14	15
①	③	②	④	③
16	17	18	19	20
④	①	②	④	③

01 ①

사람이 귀로 들을 수 있는 가청 주파수는 20~20,000Hz이다.

참고 동물의 가청 주파수
일부 돌고래나 박쥐의 경우 100,000Hz 이상의 초음파를 감지할 수 있으며, 물속에서 7Hz 이하의 초저주파를 감지할 수 있는 돌고래도 있다.

02 ③

기초 주파수와 음고는 비례한다. 예를 들어, 악기 튜바 소리와 같은 낮은 기초 주파수는 낮은 음고와 연관되고, 피콜로 소리와 같은 높은 기초 주파수는 높은 음고와 연관된다.

03 ④

외부 환경으로부터의 보호 기능 외에 또 다른 중요한 역할은 공명이다.

오답분석
① 신체에서 가장 작은 이소골은 중이에 있다.
② 청각 수용기인 융모 세포는 내이에 있다.
③ 달팽이관의 난원창이 림프액에 전달되어 청세포를 흥분시킨다.

04 ③

음소는 소리 내는 언어의 낱말을 구분시켜주는 낱말의 소리이다. 따라서 한 낱말에서 음소가 바뀌면, 예를 들어 '물'에서 ㅁ이 ㅂ으로 바뀌면 '불'이 되면서 다른 뜻의 낱말이 된다.

05 ②

측두엽(관자엽)의 Wernicke 영역에 손상이 있는 경우 Wernicke 실어증이 발생한다.

참고 Broca 실어증
Broca 실어증은 언어 이해력에는 문제가 없으나 표현하는 데 어려움이 크다. 이마엽에 있는 Broca 영역의 손상과 관련이 크다.

06 ①

순음의 공기 압력 변화는 코사인파가 아니라 사인파라는 패턴으로 발생할 때의 음을 말한다.

07 ②

성도 모양이 변화되면 성도의 공명 주파수도 변화되고 여러 개의 다른 주파수에서 압력 변화의 정점이 생기는데 정점이 발생하는 주파수를 포먼트(formant)라고 한다. 그리고 각 모음은 특징적인 포먼트를 지니는데 첫 번째 포먼트는 가장 낮은 주파수에 있고, 두 번째 포먼트는 그 다음으로 낮은 주파수에 있는 방식이다.

08 ②

말소리를 들려준 후 청지각 피질(겉질)상의 다양한 위치에서 발생하는 활동으로 다양한 주파수가 표상되는데, 이를 통해 말소리 자극에서 주파수 패턴의 존재 여부를 파악해 낼 수 있다. 그리고 이러한 활동 패턴을 분석해 말소리 분음 파형도를 만들 수 있다. 제시된 말소리의 주파수와 말소리 해독기로 만든 분음 파형도가 완벽하게 대응하지는 않지만, 이들 주파수 패턴을 소리로 바꿔주는 재생 기구를 사용했을 때 많은 경우 듣고 있는 단어처럼 재인될 수 있는 말소리로 듣는 것이 가능했다.

09 ④

이소골에 붙어 있으면서 매우 강한 소리에 수축하며 이소골의 진동을 둔화시키는 역할을 하는 기관은 중이근이다.

오답분석

② 고막은 중이에 대한 방어벽이 되는 동시에 소리를 들으면 귓속뼈를 진동시켜 달팽이관에 소리를 전달하는 역할을 한다.
③ 세반고리관은 반고리관이라고도 하며, 몸의 평형과 속도의 변화를 감지하는 기관이다.

10 ③

사용 빈도가 큰 단어 'the'만 하더라도 화자에 따라 50가지 다른 발음이 존재한다고 한다.

11 ①

음소 복구 효과와 관련된 현상이다.

오답분석

③ 라디오의 지지직거리는 소리, 빗소리와 같은 백색 소음은 특별한 스펙트럼을 가지고 있는 잡음을 뜻한다. 하지만 백색 소음이 심리적인 안정감과 집중력을 가져다주기 때문에 귀에 '착한' 소음 역할을 한다고 알려지면서 관심을 끌기 시작하였다.

12 ③

운율 형식에 기저하는 보다 규칙적인 음악의 시간 요소는 음의 세기가 아니라 박자이다.

13 ②

물체의 운동이나 진동이 공기의 압력 변화를 일으킬 때 소리가 발생한다.

오답분석

①, ③ 소리의 물리적 특성이 아니라 소리를 들을 때 지각하는 우리의 경험에 해당한다.
④ 소리의 속도는 일반적으로 공기 중에서 초속 340m라고 한다. 공기의 온도 및 밀도에 따라 달라질 수 있다.

14 ④

맥거크 효과와 관련이 있다. 이러한 효과가 발생하는 이유는 인간은 시각 정보와 청각 정보가 동시에 들어오면 시각 정보를 먼저 받아들이는 경향이 있기 때문이다. 즉, 눈으로 보는 것에 의해 소리에 대한 지각이 달라지는 것이다.

15 ③

음색은 같은 음량, 음고, 지속 시간을 가지고 있어도 서로 다르게 소리 나는 두 음을 구별시켜주는 질이다. 그래서 같은 음표를 같은 음량으로 연주하는 두 악기의 차이를 구별할 수 있다. 이러한 음색은 음의 시작부에서의 음의 축적을 의미하는 음의 개시와 음의 뒷부분에서의 음의 약화를 의미하는 음 쇠퇴의 시간 경과에도 달려 있다.

16 ④

외융모 세포의 가장 키 큰 줄은 개막과 접촉하고 있으나, 내융모 세포의 융모는 개막과 접촉하지 않는다.

17 ①

기저막의 진동은 일종의 이동파이다.

오답분석

② 기저막의 어떤 부위는 다른 부위보다 더 많이 진동한다.
③ 기저막에서 최대 진동의 장소는 주파수에 따라 달라진다.
④ 기저막의 각 장소가 여러 주파수에 가장 잘 반응하도록 조율되어 있다.

18 ②

신경 세포에 자극이 전달되면 신경 세포 시냅스 전에 칼륨 이온 채널이 열려 칼륨이 신경 세포 안으로 유입되어 시냅스 소포체를 신경 세포의 세포막으로 이동시킨다. 만약 양이온 채널이 열려서 양이온이 신경 세포 안으로 들어가면 신경 세포가 탈분극되어 흥분성 신경을 전달하고 음이온 채널이 열리면 신경 세포가 과분극되어 신경 전달이 억제된다.

19

특정한 음소와 연합된 성도의 모양이 그 음소의 전후에 있는 소리에 영향을 받게 되어 이웃한 음소를 조음할 때 중첩이 생기는 현상을 동시 조음이라 한다.

참고 동시 조음
동시 조음은 주로 먼저 나오는 음이 다음에 나오는 음에 영향을 미친다.

20

기초 주파수와 고차 배음을 더하면 복합음의 파형이 생긴다는 것은 옳은 설명이다.

오답분석
① 복합음은 파형이 반복되는 주기성 음이며, 이 반복 비율을 소리의 기초 주파수라고 부른다.
② 일차 배음은 기초 주파수와 같은 주파수를 가진 단순음이다.
④ 고차 배음은 기초 주파수의 정수배가 되는 주파수를 가진 단순음을 의미한다.

무료 학습자료 제공 · 독학사 단기합격 **해커스독학사**
www.haksa2080.com

무료 학습자료 제공 · 독학사 단기합격 **해커스독학사**
www.haksa2080.com

전문가가 분석한 출제경향 및 학습전략

제5장에서는 일상생활에서 촉각의 중요성을 다양한 관점에서 파악하고 피부 감각계의 다양한 특성을 이해하는 것이 중요하다. 특히 몸 전체에 분산되어 있는 피부의 감각 수용기를 신체 감각(체감각) 피질의 신체 지도와 함께 학습할 필요가 있다. 또한 맛을 지각하는 데 있어서 미각과 후각의 개별적인 작용 기제와 상호 작용 효과를 잘 이해한다면 향미 지각의 개인차를 이해하는 데 도움이 될 것이다.

제5장 | 핵심 키워드 Top 10

핵심 키워드 Top 10은 본문에도 동일하게 ★로 표시하였습니다.

번호	키워드	페이지
01	미각의 개인차 ★★★	p.166
02	향미 지각 ★★★	p.171
03	신체 감각 피질 ★★	p.154
04	인지와 통증 ★★	p.160
05	미각 시스템의 구조 ★★	p.163
06	후각 시스템 ★★	p.167
07	신체 감각계의 중요성 ★	p.152
08	피부 역학 수용기 ★	p.153
09	촉지각 탐색과 물체 식별 ★	p.157
10	화학 물질과 뇌 ★	p.159

제5장

피부 감각과 미각, 후각

제1절 피부 감각
제2절 미각, 후각

제1절 피부 감각

01 피부 감각계의 개관

1. 촉각의 개요
① 촉각은 시각, 청각, 후각, 미각과 함께 5개의 감각으로 불리는데, 촉각은 다른 감각과 달리 매우 다양하다.
② 이런 촉각(tactile sense) 혹은 촉지각(tactile perception, 좁은 의미에서의 접촉)은 피부의 자극에 의해 유발되는 감각으로 약간의 오해의 소지가 있을 수 있다.
③ 촉각을 신체 감각이라고도 하는데, 신체 감각에는 피부 감각, 고유 수용 감각(자기 신체 지각), 운동 감각, 위해 지각, 열 지각 등이 포함된다.

구분	내용
피부 감각(cutaneous)	통증의 지각을 담당함
고유 수용 감각(proprioception)	신체와 사지의 위치를 감지함
운동 감각(kinesthesis)	신체와 사지의 운동을 감지함

2. 신체 감각계의 중요성 ★
① 시각이나 청각 등에 비해 피부를 통해 감각을 느끼는 촉각은 얼핏 상대적으로 덜 중요한 것처럼 생각될 수 있지만, 촉각을 상실하면 찰과상(스치거나 문질러서 살갗이 벗겨진 상처), 화상 및 골절 등의 부상 가능성이 높아진다.
② 촉각의 상실은 환경과의 교류를 어렵게 하고, 수많은 행동에 수반하는 피부로부터의 피드백을 받지 못하면 손과 손가락으로 사용하여 수행해야 할 과제에서 힘 조절의 문제가 발생할 수 있다.
③ 자가 면역 이상으로 인해 피부, 관절, 힘줄(tendon), 근육에서 뇌로 신호를 전달하는 신경 세포의 대부분이 파괴된 환자의 경우, 신체 감각이 없고 물체를 잡을 때 너무 세게 잡거나 떨어트리는 등 부적절한 힘의 사용이 나타났다. 이러한 경우에는 신체 감각계 붕괴가 원인이 되었다.
④ 신체 감각계 중 피부 감각은 물체를 잡거나 피부 손상으로부터 보호하는 것과 같은 활동뿐만 아니라 성적 활동을 활성화시키는 데도 중요하다. 이런 측면에서 시각이나 청각 못지않게 생존에 결정적인 감각이라고 할 수 있다.

3. 피부 감각계 기출개념

(1) 피부
① 피부는 우리 몸 전체를 둘러싸고 있는 기관으로 인체에서 가장 무겁고, 한편으로 눈에 가장 잘 띄는 기관이기도 하다.
② 피부의 기능은 몸을 따뜻하게 하는 보온 기능과 체액이 빠져나가는 것을 방지하고, 박테리아, 화학 물질, 불순물이 안으로 침투하지 못하도록 하는 보호하는 기능을 한다.
③ 피부는 밖에 있는 것으로부터 우리를 보호하며, 또한 피부와 접촉하는 여러 자극에 대한 정보를 준다.
④ 우리의 눈에 보이는 피부의 표면은 죽은 피부 세포들의 층이다.
　㉠ 이 죽은 세포층은 피부 바깥층의 일부분으로 이 층을 표피라고 한다.
　㉡ 표피 아래는 진피라고 하며, 표피와 진피에는 압력, 뻗기 및 진동과 같은 기계적 자극에 반응하는 역학 수용기가 있다.

(2) 피부 역학 수용기 ★
① 피부는 털이 있는 피부와 털이 없는 피부로 나뉘며, 표피층과 진피층 두 층으로 구성되어 있다.
② 주로 진피층인 피부 내부에는 다양한 감각 수용기가 있는데, 피부의 기계적인 변형을 신경 신호로 변환하여 뇌로 전달하는 4개의 역학 수용기(mechanoreceptors)가 있다.
　㉠ 천천히 순응하는 수용기[Slowly Adapting(SA) receptors]: 연속적인 압력에 대해 흥분의 연장(지속적인 흥분)으로 반응한다.
　㉡ 빨리 순응하는 수용기[Rapidly Adapting(RA) receptors]: 압력 자극이 제시될 때와 사라질 때에만 폭발적인 흥분으로 반응한다.
　㉢ 4개의 역학 수용기

구분	내용
메르켈 수용기 [Merkel receptor(SA1)]와 마이스너 소체 [Meissner corpuscle(RA1)]	• 표피 가까이에 작은 피부 수용장을 가짐 • 피부 수용장은 자극받았을 때 신경 세포의 흥분에 영향을 미치는 피부의 영역을 말함 • 천천히 순응하는 메르켈 수용기와 연관되는 신경 섬유는 자극이 처음 주어질 때와 자극이 사라질 때만 흥분함 • 메르켈 수용기와 관련된 지각의 종류는 세밀한 부분을 감지하는 것이며, 마이스너 소체의 경우는 손으로 쥐기를 통제하는 것임
루피니 원통(소체) [Ruffini cylinder(SA2)]과 파치니 소체 [Pacinia Corpuscle (RA2 혹은 PC)]	• 피부 깊숙이 넓은 피부 수용장을 가지고 있음 • 루피니 원통(소체)은 자극에서 지속적으로 반응하며, 파치니 소체는 자극이 주어질 때와 제거될 때 반응함 • 루피니 원통(소체)은 피부의 퍼짐 지각과 관련되며, 파치니 소체는 빠른 진동과 섬세한 결의 감지와 관련됨

개념 Plus

기계(역학) 수용기 (mechanoreceptor)
• 'mechanoreceptor'는 찾아보면 (의학) '기계 수용기'라고 되어 있으며, 본 서에서는 역학 수용기로 번역했다.
• 역학 에너지는 사전적으로 물체의 운동이나 그 위치 따위의 역학적인 양에 의해 정해지는 에너지를 말한다.

피부 수용장
자극받았을 때 신경 세포의 흥분에 영향을 미치는 피부의 영역을 말한다.

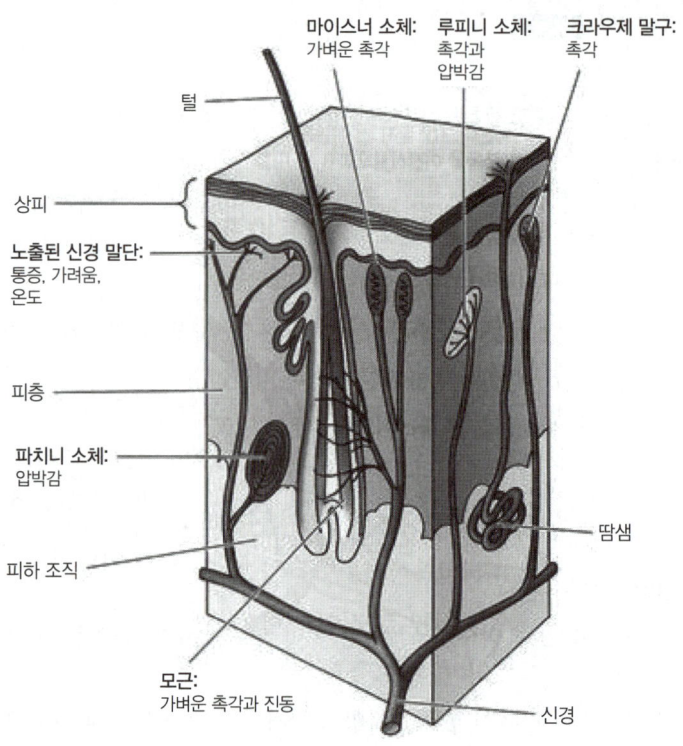

[그림 5-1] 피부 감각 수용기의 종류

(3) 피부에서 피질로 가는 경로
① 피부가 몸 전체를 감싸고 있으므로 피부 감각 수용기는 몸 전체에 분산되어 있다.
  ㉠ 몸 전체에 분포되어 있어 피부 자극이 뇌에 도달하는 과정은 흡사 장거리 여행에 비유할 만큼 긴 이동 상황이 발생된다.
    예 손가락이나 발가락에서 뇌로 이동해야 하는 경로를 생각해보면 이해하기 쉬울 것이다.
② 온몸에 걸쳐 있는 신호는 피부로부터 척수로 전달된다.
  ㉠ 척수(spinal cord)는 뇌와 말초 신경을 연결해주는 통로로 배근(dorsal root)의 신경 다발을 통해 신호를 받는다.
  ㉡ 신호가 척수로 들어간 후 신경 섬유는 내측 모대 경로(medial lemniscal pathway)와 척수 시상 경로(spinothalamic pathway), 두 개의 주요 경로를 따라 뇌로 신호를 전달한다.
③ 두 경로의 섬유는 시상(thalamus)으로 상향하는 길목에서 신체의 반대편으로 교차한다.

(4) 신체 감각 피질 ★★
① 시상에서 신호는 피질의 두정엽(마루엽)에 있는 신체 감각(체감각) 수용 영역[somatosensory receiving area(S1)]이나 이차 신체 감각(체감각) 피질[secondary somatosensory cortex(S2)]로도 갈 수 있다.
② 신호는 S1과 S2 사이로, 그리고 S1과 S2에서 다른 신체 감각 영역으로 이동한다.
③ 신체 감각(체감각) 피질의 중요한 특성은 그것이 몸의 위치에 상응하는 지도로 조직되어 있다.

핵심 Check

피부의 감각 수용기
- 피부의 감각 수용기는 몸 전체에 걸쳐 분산되어 있다. 따라서 손가락이나 발가락 끝에서 뇌까지 신호가 이동하는 경로는 상당히 길다.
- 전신에 걸쳐 있는 신호는 척수의 신경 다발을 통해 내측 모대 경로와 척수 시상 경로를 따라 뇌로 신호를 전달하는데, 이때 시상으로 향하는 길목에서 신체의 반대편으로 교차한다.

개념 Plus

용어 정리
- 척수(spinal cord): 뇌와 더불어 중추 신경계에 포함되고, 뇌와 말초 신경을 연결해주는 통로이다.
- 배근(dorsal root): 감각 신경으로 이루어진 척추 신경의 말단 부분이다.
- 시상(thalamus): 간뇌(diencephalon)의 등쪽에 위치한 회색질(gray matter) 덩어리로 감각 정보를 처리하여 대뇌 피질로 전달하는 데 중요한 역할을 한다.

㉠ S1에 몸의 지도가 존재한다는 것은 신경외과 의사인 와일더 펜필드(Wilder Penfield)의 연구로 확인되었다.
　ⓐ S1에 있는 점을 자극하고 환자에게 보고하도록 요구하였을 때, 피부의 여러 부위에서 따끔거리거나 닿는 것 같은 감각을 보고하였다.
　ⓑ S1의 복측 부위(마루엽에서 아랫부분)을 자극하는 것은 입술과 얼굴에 감각을 느끼게 하며, S1에서 더 높은 곳을 자극하는 것은 손과 손가락에서의 감각을 일으키며 배측 S1을 자극하는 것은 다리와 발에서 감각을 느끼게 한다는 것을 발견하였다.
㉡ 이러한 결과로 얻은 신체 지도를 뇌소인이라고 한다.
　ⓐ **뇌소인**(homunculus): 난쟁이, 인체 모형, (인간의) 태아와 같이 '작은 사람'을 의미하는 뜻의 라틴어이다. 뇌소인의 어떤 피부 부위는 비례에 맞지 않게 큰 영역으로 표상된다.
　　예 손가락은 [그림 5-2]와 같이 신체 감각 피질의 비례에 맞지 않게 영역이 할당되어 있다. 다리나 엉덩이 등과 비교할 때 더 많은 영역이 할당되어 있음을 볼 수 있다.
㉢ 유사한 신체 지도가 이차 신체 감각(체감각) 피질(S2)에서도 생긴다.

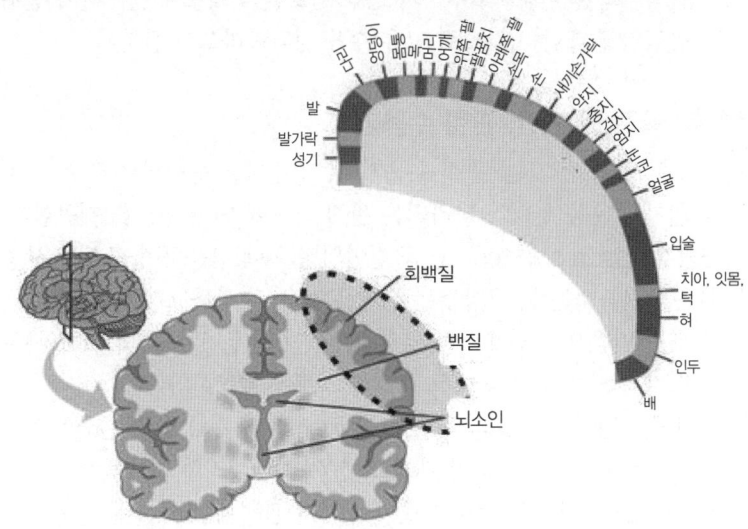

[그림 5-2] 신체 감각(체감각) 피질의 뇌소인

(5) 피질 신체 지도의 가소성
① 피질 조직화의 기본 원리 중 하나는 특정 기능과 관련된 피질 표상은 자주 쓰일수록 더 커진다는 것이다.
② **경험-의존 가소성**
　㉠ 원숭이 손끝의 특정 위치를 집중적으로 사용하게 하는 과제를 원숭이가 완수하도록 훈련시켰다.
　㉡ 3개월의 훈련 후 손끝의 피질 지도를 훈련 전후로 비교하자 자극받은 손끝을 표상하는 영역이 훈련 후 크게 확장되었다.
③ 가소성의 효과는 특정한 훈련이 뇌에 어떻게 영향을 미치는가를 보여준다.
　㉠ 가소성은 어떤 신체 부위를 많이 사용하면 해당 피질 영역이 확장된다는 의미이다.
　　예 현악기 연주가의 경우 자주 사용하는 왼손 손가락에 대한 피질 표상이 일반인보다 크다.

ⓒ 즉, 신체의 각 부분을 표상하는 영역의 정확한 크기는 고정되어 있지 않다는 것이다.

02 자기 신체 지각하기

1. 팔다리의 위치와 운동 지각하기

① 삶을 영위하기 위해 주변 환경과 세상에 대한 정보뿐만 아니라 자신의 내부 세상에 대한 정보도 필요하다.
② 어디에 있는지, 어떤 방향에 있는지, 움직이고 있는지 아닌지, 팔다리가 어떤 일을 하고 있는지를 알기 위해서 신체 상태를 감지하는 것이 필요하다.
③ 이 과정에서 시각과 청각, 특히 시각은 일정 부분에 대한 역할을 한다.
④ 자기 신체 지각(proprioception): 우리의 신체 감각에 대한 직접적인 감각은 내부에 있는 특수화된 감지기로부터의 신경 신호들의 정보에 근거하여 신체 부분의 위치와 움직임에 대한 지각으로 고유 수용 감각이라고도 한다.

2. 근방추, 골지 건 기관, 관절 수용기

① 근방추, 골지 건 기관, 관절 수용기 세 가지 다른 형태의 감각 기관이 팔다리, 관절의 위치와 운동에 따라 달라지는 관절 각도에 대한 정보를 제공한다.
② 근방추(muscle spindles): 근육 길이의 변화에 반응하여 구심성 신경 섬유에 신경 섬유를 산출하는데, 근방추는 무거운 것을 손에 들고 있을 때 근육에 가해지는 힘에 대한 반응으로 신호를 발생시킨다. 근방추는 팔다리의 위치와 운동에 대한 정보와 자기 신체 지각에 대한 중요한 정보를 제공한다.
③ 골지 건 기관(GTO; Golgi Tendon Organs): 근육의 힘의 변화에 반응하여 신호를 산출하는데 가끔 길이의 변화에도 반응한다. 이러한 신호들에는 관절 각도에 관한 정보가 있다. 관절의 각도가 변함에 따라 관절에 붙어 있는 근육이 이완되거나 수축되고, 근육 힘과 길이에서 변화가 생긴다. 따라서 근육 길이에 대한 정보를 담고 있는 신호는 관절 각도에 대한 정보도 제공할 수 있다.
④ 관절 수용기(joint receptors): 관절 각도에 대한 정보를 제공하지만, 관절이 정상 운동의 극단적인 각도에 이를 때에만 신호를 보낸다.

지각 차원	감각 수용기	위치	반응하는 자극	기능
자기 신체 지각	근방추	근육 내	근육 길이의 변화	사지의 위치와 운동을 결정하고 근수축을 조절하는 데 사용되는 정보를 제공함
	골지 건 기관	근섬유나 힘줄	근육 힘의 변화	
	관절 수용기	관절 캡슐 내부	극단적 관절 각도	과도하게 늘어나지 않도록 관절을 보호함

> **개념 Plus**
>
> **자기 신체 지각하기**
> • 자신의 손이 어디에 있는지 보지 않고 알 수 있다.
> • 우리의 뇌는 팔뚝과 팔꿈치에서 어깨까지의 사이의 길이와 어깨의 상대적인 위치를 알고 있으며, 어깨와 팔꿈치, 손목 관절에 의해서 형성되는 각도를 감지할 수 있다.

03 물체의 지각

1. 물체의 지각
물체를 지각하는 데에는 능동적 촉감과 수동적 촉감 두 가지가 있다. 능동적 촉감은 손이나 손가락으로 물체를 능동적으로 탐색하여 물체와 지각하는 것이고, 수동적 촉감은 접촉 자극이 피부에 주어질 때 발생하는 지각이다.

2. 촉지각 탐색과 물체 식별 ★ 기출개념

① 촉지각(haptics, 손으로 물체를 탐지하기)은 여러 다른 시스템이 상호 작용하는 상황을 보여준다.

② 물체를 식별하기 위한 세 가지 시스템

구분	내용
감각 시스템	촉감, 온도, 결 등의 피부 감각과 손과 손가락의 운동과 위치 등을 탐지함
운동 시스템	손과 손가락의 움직임에 관여함
인지 시스템	감각 시스템과 운동 시스템이 제공하는 정보에 관해 생각함

③ 촉지각은 매우 복잡한 과정으로 감각, 운동 및 인지 시스템이 모두 서로 협동해야 한다.
  ㉠ 손과 손가락 운동에 대한 운동 시스템의 통제는 손과 손가락의 피부 감각, 손과 손가락의 위치에 대한 감각, 물체를 식별하는 데 필요한 정보가 무엇인지를 판단하는 사고 과정으로 이끈다.
  ㉡ 이러한 협동 과정의 결과로서 수동적 촉감의 경험과는 다른 능동적 촉감의 경험이 생긴다.
  ㉢ 깁슨(Gibson, 1962)은 사람들이 수동적 촉감을 피부에서 경험되는 감각과 관련짓는 경향이 있는 반면에 능동적 촉감은 접촉되는 물체와 관련짓는 경향이 있다는 것을 발견하였다.
  예 누군가 뾰족한 물체로 피부를 자극하면 피부의 자극만을 경험하게 되지만, 스스로 뾰족한 물체를 만진다면 접촉하는 대상을 경험, 즉 "뾰족한 물체를 느낀다."라고 반응하기 쉽다.

④ 물체의 크기, 형태, 위치, 움직임 등 표면 전체 모두를 한 번에 접촉할 수 없을 때 탐색 절차를 통해 탐색을 한다.
  ㉠ 탐색 절차(EPs; Exploratory Procedures): 물체를 식별할 때 관찰되는 몇 가지 독특한 움직임이다.
  ㉡ 물체의 식별 과정에서 발생하는 EPs의 유형은 관찰자가 판단해야 하는 물체에 따라 달라진다.
  ㉢ 사람들은 특정한 질을 판단하기 위해 한두 EPs만을 사용하는 경향이 있다.
  ㉣ 예컨대 표면 결에 대한 정보는 측면 운동이라는 탐색 절차를 통해 딱딱한 물체의 경우는 물체를 누르는 것을 통해 정보를 얻기 위해 사용된다.

3. 촉각적 물체 지각의 생리학 〔기출개념〕

① 손과 손가락으로 물체를 탐색하고, 병뚜껑을 따는 것과 같은 과제를 수행하는 일에는 역학 수용기 섬유, 신체 감각 피질의 신경 세포 및 두정엽(마루엽)과 전두엽(이마엽)에 있는 신경 세포들의 활동이 필요하다.

② 역학 수용기
  ㉠ 생수의 뚜껑을 열 때 뚜껑의 크기와 윤곽, 뚜껑을 잡는 데 필요한 힘의 양에 관한 정보 등이 필요한데, 이 정보들은 피부에 있는 역학 수용기(몸에는 4개의 수용기가 있음)가 제공한다.
  ㉡ 뚜껑의 윤곽 정보는 수많은 기계적 수용기의 흥분 패턴에 의해 정보가 전달된다. 가령 손가락과 물체가 닿는 지점의 수용기 반응 패턴을 통해 물체의 굴곡에 관한 정보가 뇌에 제공된다.
  ㉢ 탐색 절차에 사용되는 EPs도 물체의 모양 지각에 기여한다.

③ 대뇌 피질(겉질)
  ㉠ 피질에는 중심 – 주변 수용장을 가진 신경 세포 일부와 더 특수화된 피부 자극에 반응하는 신경 세포가 있다.
  ㉡ 특정 방향에 반응하는 신경 세포도 있고, 특정한 방향의 운동에 반응하는 세포도 있다.
    예 원숭이가 구체의 물건을 잡을 때에는 반응하지 않지만, 자를 붙잡을 때는 반응하는 신경 세포도 있다.
  ㉢ 촉각적 주의
    ⓐ 물체를 지각하는 사람이 기울이는 주의에 의해서도 피질 신경 세포는 영향을 받을 수 있다.
    ⓑ 원숭이 실험을 통해 수용기에 대한 자극은 같은 반응을 일으킬지라도 반응의 크기는 지각하는 사람의 주의, 사고 및 다른 행동과 같은 것에 영향을 받을 수 있다(Steven Hsiao et al., 1993, 1996).
    ⓒ 사람의 능동적인 참여는 지각에 영향을 미치는데, 어떤 자극이 어떤 수용기를 자극하는지와 수용기가 자극된 다음에 일어나는 과정에도 영향을 준다.

04 통증

1. 뇌와 통증

(1) 통증의 개요
  ① 통증(pain)은 우리의 생존에 필수적인 요인이다. 통증(예 상처로 인해 출혈이나 발열이 일어나는 등)을 느끼지 못한다면 생명이 위태로울 수 있다.
  ② 통증은 실제적 또는 잠재적인 조직 및 세포의 손상으로 야기되는 불쾌한 감각적·정서적 경험이다.
    ㉠ 이런 두 가지 차원의 경험에서 정서적인 지각은 불쾌한 신체적 또는 정서적인

경험으로 인해 통증을 중단시키려는 시도가 있을 수 있다. 한편에서는 이 통증의 원인이 어디에서 오는지를 알아내려고 할 것이다(감각적인 경험).
ⓒ 이 차원에서의 정보들은 두 개의 다른 경로가 있다.

(2) 통증의 감각적 및 정서적 지각
① 감각적 지각에서 통증: '욱신거리는', '찌르는', '뜨거운', '둔한'과 같은 단어로 묘사된다.
② 정서적 지각에서 통증: '고문하는', '성가신', '무서운', '구역질 나는'과 같은 단어로 묘사된다.
③ 통증의 두 가지 성분은 뇌의 각기 다른 영역에 의해 처리된다.
④ 통증의 감각적 및 정서적 성분에 대한 최면 암시 효과 연구
  ⊙ 통증의 주관적 강도를 감소시키거나 증가시키라는 암시는 주관적 강도와 불쾌함의 평정에는 영향을 준다. 즉, 일차 신체 감각 수용 영역의 변화를 이끈다.
  ⓒ 통증의 불쾌함을 감소시키거나 증가시키라는 암시는 통증의 주관적 강도에는 영향을 미치지 않지만, 불쾌함에는 영향을 준다.
  ⓒ 이러한 결과는 통증의 강도가 그대로 유지되어도 불쾌함은 변할 수 있다는 것을 의미한다.

(3) 화학 물질과 뇌 ★ 기출개념
① 뇌 활동과 통증 지각 간의 관계에 대한 이해에 있어서 중요한 발전은 바로 마취제라는 화학 물질의 발견이다. 마취제는 통증을 경감시키고 황홀감을 일으키기 위해 사용되었다.
② 1970년대에 연구자들은 마취제가 뇌의 수용기에서 작용하며, 이 수용기는 분자의 특정 구조 때문에 마취제의 자극에 반응한다는 사실을 발견했다.
  ⊙ 이러한 '아편 수용기'들을 흥분시키는 데 분자 구조의 중요성은 날록손(naloxone)이라는 약물을 헤로인 과다 복용 중독자에게 주입하면 즉각적으로 되살아나게 해주는 이유를 설명해 준다.
  ⓒ 날록손의 분자 구조가 헤로인과 비슷하기 때문에 날록손은 보통 헤로인이 차지하는 수용기 자리에 자신을 부착시킴으로써 헤로인의 작용을 차단한다.
③ 뇌에 아편 수용기가 있는 이유
  ⊙ 이러한 수용기는 사람들이 헤로인을 먹기 시작하기 훨씬 전부터 있었음은 거의 분명하다.
  ⓒ 1975년 아편과 헤로인에 의해 활성화되는 수용기와 같은 수용기에 작용하는 신경 전달 물질을 발견하였다. 이를 엔도르핀(endorphin)이라고 부르는데, 자연적으로 발생하는 모르핀(endogenous morphine)이란 뜻이다.
④ 엔도르핀의 발견 이후 연구자들은 엔도르핀과 통증 경감을 연결짓는 많은 증거를 확인했다.
  ⊙ 통증은 엔도르핀을 방출하는 뇌의 위치를 자극함으로써 감소될 수 있다.
  ⓒ 위약의 통증 감소 효과는 위약이 엔도르핀의 방출을 일으키기 때문이다.
  ⓒ 위약이 유발한 기대하는 엔도르핀의 방출을 유발해서 위약 효과를 일으키는지 알아보기 위한 실험은 다음과 같다.

개념 Plus
엔도르핀(엔돌핀)
- 엔도르핀은 '내인성 모르핀'이란 뜻으로, 뇌에서 추출되는, 모르핀과 같이 고통을 완화하는 진통 효과가 있는 물질이다.
- 엔도르핀은 즐거울 때만 나오는 것이 아니고, 스트레스를 심하게 받을 때도 나온다.

ⓐ 실험자의 왼손, 오른손, 왼발, 오른발 한쪽에 타는 듯한 감각을 일으키는 캡사이신 성분을 주사했다.
ⓑ 바르면 통증이 경감된다는 크림을 위약으로 사용하였는데, 실제 통증 경감 효과가 없었음에도 크림을 바른 부위에서만 위약 효과가 나타났다.
ⓒ 이는 통증이 감소하리라 기대한 특정한 위치에 주의를 돌리면, 특정 위치에 엔도르핀을 방출하는 경로가 활성화된다는 것이다.

2. 인지와 통증 ★★ 기출개념

(1) 개요
통증은 사람의 기대와 주의 전환, 현재의 방해 자극의 유형, 최면하에서 주어진 암시 등과 같은 인지적 요인에 영향을 받는 것으로 알려져 있다.

(2) 기대
① 기대는 통증을 설명하는 데 있어서 가장 강력한 결정 요인 중 하나이다.
  예 외과 수술 예정자에게 수술 후 예상 결과에 대해 말해 준 경우, 그렇지 않은 집단에 비해 진통제를 더 적게 요구하였으며, 퇴원도 2.7일 빨랐다고 한다.
② 위약 효과(placebo effect): 약의 효과가 없음에도 불구하고 통증이 감소하는 경우로 환자의 통증 경감에 대한 기대는 실질적인 통증 감소로 이어진다.

(3) 주의 전환
① 통증은 무시되거나 주의가 다른 곳으로 전환될 때 감소하고, 지각이 통증에 맞추어질 때 증가한다.
② 경우에 따라 통증은 다쳤을 때가 아니라 다친 것을 알아차렸을 때 일어난다.
③ 따라서 통증을 줄이는 방법은 통증이 발생한 것으로부터 주의를 분산시키는 것으로 가상 현실 기법 등이 적용될 수 있다.

(4) 정서적 주의 분산
① 주의를 방해하는 내용과 통증 지각과의 관계에 대한 실험에 대해 아래와 같은 결과가 나타났다(Minet de Wied & Marinus Verbaten, 2001).
  ㉠ 차가운 물 속에 손을 담근 채 오래 버티기는 실험에서 매력적인 장면이나 대상의 그림을 보고 있는 집단은 평균 120초, 자연과 같은 중성 자극은 평균 80초, 사고 장면과 같은 부정적 자극을 본 집단은 평균 70초였다.
② 사람들이 즐거운 그림을 보고 있을 때가 불쾌한 그림을 보고 있을 때보다 전기 충격으로 인한 통증을 더 낮게 평정한다(Jamie Rhudy et al., 2005).
③ 결론적으로 긍정적(positive) 정서나 부정적(negative) 정서가 통증 경험에 영향을 미칠 수 있다는 것을 보여준다.

(5) 최면 암시
① 통증은 최면 암시에 의해서도 경험될 수 있다.
② 통증을 많이 보고하는 피험자들이 뇌 활성화가 더 잘 일어났다. 또한 신체적으로 유도한 통증과 최면으로 유도한 통증에서 뇌의 활성화된 영역(시상, 뇌섬, 전두엽, 전전두엽 등)이 유사했다.

③ 즉, 뇌 활성화와 통증 경험 간의 관계, 그리고 물리적으로 유발된 통증과 최면으로 유발된 통증 간의 관계를 살펴봤을 때 통증은 피부 수용기의 활동 없이도 일어날 수 있다는 것이다.

기출개념확인

01 신체 감각계 중 신체와 사지의 위치를 감지하는 능력은?

① 피부 감각
② 운동 감각
③ 고유 수용 감각
④ 말초 감각

02 피질 조직화의 기본 원리 중 하나로 특정 기능에 대한 피질(겉질) 표상이 그 기능이 자주 쓰이면 쓰일수록 더 커질 수 있다는 것은?

① 용불용설
② 상호 보완적 특성
③ 학습효과
④ 경험 – 의존 가소성

정답·해설

01 ③ 신체 감각(체감각)계 중 신체와 사지의 위치를 감지하는 능력을 고유 수용 감각(proprioception)이라고 한다.

02 ④ 피질 조직화의 기본 원리 중 하나로 특정 기능에 대한 피질(겉질) 표상이 그 기능이 자주 쓰이면 쓰일수록 더 커질 수 있다는 것은 경험 – 의존 가소성이다.

제2절 미각, 후각

01 미각 시스템과 기능

1. 미각과 후각의 시스템과 기능
① 미각과 후각은 생존에 필요한지, 해로운 것인지의 여부를 탐지하는 매우 중요한 역할을 한다.
② 시각, 청각, 촉각은 빛이나 소리, 물리적 압력 등을 신경 신호로 변환하여 전달하는 데 비해 미각이나 후각은 자극 물질들이 분자 형태로 직접적으로 우리 몸 안으로 자극이 들어와야 한다.
③ 미각과 후각 수용기는 박테리아나 먼지 등에 지속적으로 노출되기 때문에 후각의 경우는 5~7주, 미각의 경우 1~2주 단위로 수용기의 반복적 재생, 신경 조직 생성(neurogenesis)이 필요하다.
④ 시각, 청각, 촉각에 비해 미각과 후각 수용기의 보호막은 상대적으로 약해서 지속적으로 새롭게 생성될 필요가 있기 때문이다.

2. 미각
(1) 개요
① 인간을 포함한 모든 동물은 먹지 않고는 생존할 수 없다. 숨을 쉬지 않고 살 수 없듯이 음식의 섭취는 생존에 필수 불가결한 요소이다.
② 또한 적절한 음식 섭취를 통해 건강을 유지하고 회복할 수 있다.
③ 건강에 좋은 음식을 선택하기 위해 향미 지각이 중요하다.
④ 향미 지각은 맛에 대한 지각보다 더 복잡하고 다차원적인데, 간단히 말하면 향미는 맛과 후각을 합한 것 이상이라고 할 수 있다. 즉 맛을 느끼는 데 후각의 역할이 중요하다는 것을 알 수 있다.

(2) 맛의 기능
① 냄새 분자가 후각 수용기 신경 세포의 수용체와 결합된 후 신경 신호로 변환되고, 이러한 신경 신호를 통해 뇌는 냄새를 표상한다.
② 미각도 유사한 방식으로 미각 물질(tastant)이라고 불리는 분자가 침 속에서 용해되어 미뢰 안에 있는 미각 수용기 세포를 활성화시키고, 신경 신호를 통해 뇌는 다양한 맛에 대한 지각을 표상한다.
③ 미각의 맛의 질과 그 물질의 효과와의 관계
　㉠ 단맛: 대개 영양분이나 칼로리를 가진 물질로서 생존에 중요한 물질과 관련 있다. 단맛 물질은 자동적으로 수용성 반응을 유발하여 대사 반응을 촉진함으로

써 위장이 준비를 하도록 한다.
ⓒ 쓴맛: 쓴맛을 내는 물질은 단맛과 반대로 유해한 물질을 받아들이지 않도록 하는 거부 반응을 자동적으로 촉발한다.
ⓒ 짠맛: 나트륨에 대한 신호를 보내는데, 땀을 많이 흘려 체내의 나트륨이 부족해지면 염분을 보충을 위해 짠 음식물을 찾게 된다.
④ 물질의 맛과 섭취가 항상 일정한 관련성이 있는 것은 아니다. 맛은 좋지만, 몸에 해로운 음식이나 영양가가 없는 인공 감미료를 먹기도 한다. 반대로 쓴맛이라도 몸에 좋고 영양가가 높은 물질도 많으며, 처음은 입에 맞지 않던 음식이 나중에 좋아지게 되는 경우도 많다.

(3) 다섯 가지 기본 맛 기출개념
① 맛은 보통 짠맛, 신맛, 단맛, 쓴맛과 감칠맛(화학조미료의 맛)과 같이 크게 5가지로 분류된다. 감칠맛은 비교적 최근에 기본 맛으로 인정되었다.
② 물질에 따라 한 가지 기본 맛이 지배적인 데 반해 어떤 물질은 짠맛, 신맛, 단맛, 쓴맛의 네 가지가 조합된 맛을 내기도 한다.
③ 염화칼륨(KCl)은 짠 성분과 쓴 성분을 함께 갖고 있으며, 질산소다($NaNO_3$)는 짜고, 시고 쓴 것의 복합적인 맛을 보인다.

> **개념 Plus**
> **감칠맛**
> - 감칠맛은 일본어로 우마미(umami)라고 하는데 '맛이 있다', '풍미가 있다'라는 의미이다.
> - 1985년 하와이에서 개최된 제1회 우마미 국제 심포지엄에서 감칠맛이 기본 맛으로 인정되었다.

3. 미각 시스템과 신경 부호
(1) 미각 시스템의 구조 ★★ 기출개념
① 자극이 혀에 있는 미각 수용기를 자극하면서 맛의 지각이 시작된다.
② 혀의 표면에는 네 종류의 유두(papillae)라는 구조물이 있는데, 많은 돌기와 골이 형성되어 있다.

구분	내용
실 모양(섬유형) 유두 (filiform papillae)	혀 표면 전체에 널려 있어 혓바닥의 대략적 외관을 결정함
버섯 유두 (fungiform papillae)	버섯 모양의 유두로 혀의 끝과 양옆에서 발견됨
잎새(엽상) 유두 (foliate papillae)	혀의 양옆을 따라 위치하고, 겹겹이 접혀 있음
성벽(성곽) 유두 (circumvallate papillae)	혀의 뒷부분에서 발견되는 것으로 참호를 에워싸는 낮은 언덕 같은 모양임

㉠ 섬유형 유두 이외의 모든 유두에는 미뢰(taste bud)가 있는데, 실 모양 유두는 입안의 음식을 기계적으로 움직이는 역할을 하는 것으로 보인다.
㉡ 혀에 분포된 미뢰의 수는 대략 10,000개(3,000~12,000개 사이) 정도이다.
㉢ 혀의 가운데 부분에는 미뢰가 없는 실 모양 유두만 분포되어 있기 때문에 혀의 중앙 부분에 가해지는 자극은 미각을 유발하지 못한다.
㉣ 각각의 미뢰에는 50~100개의 미각 세포가 들어 있다.
ⓐ 미각 세포(taste cells)는 그 끝에 미공(taste pore)이 있다.
ⓑ 화학 물질이 미각 세포의 끝에 위치한 수용 부위에 닿으면 변환이 일어난다.

ⓒ 미각 세포에서 생성된 전기적 신호는 혀에서 다음과 같은 네 가지 신경을 따라 간다.

구분	내용
고삭 신경 (chorda tympani nerve)	혀의 앞쪽과 옆쪽에서 나오는 신호를 전달함
설인 신경 (glossopharyngeal nerve)	혀의 뒷부분에서 나오는 신호를 전달함
미주 신경 (vagus nerve)	입과 후두에서 나오는 신호를 전달함
천추체 신경 (superficial petrosal nerve)	입천장에서 나가는 신경

ⓓ 혀와 입과 목에서 빠져나가는 신경 섬유는 일단 뇌간에 있는 고속핵에서 다른 신경 세포와 한 번 연결된다. 그리고 거기서부터는 시상을 통해 전두엽(이마엽)에서 일차 미각 피질로 간주되는 두 영역인 뇌섬과 이마 덮개 피질로 전달된다.

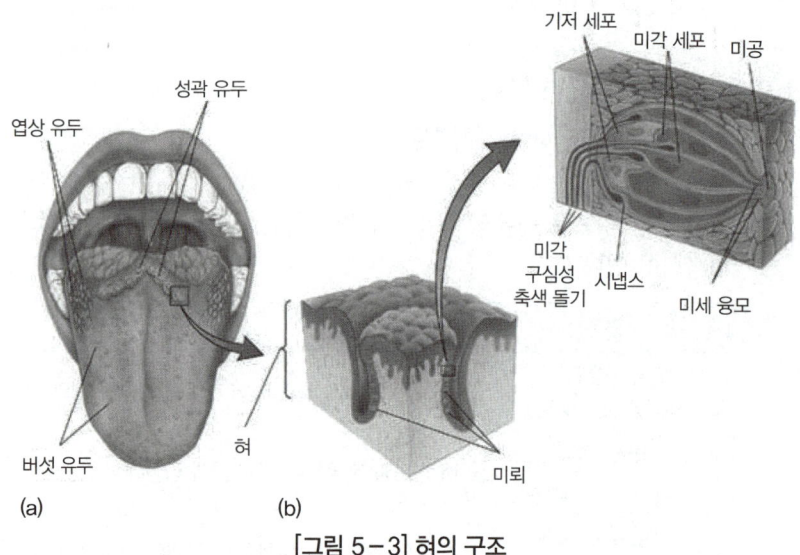

[그림 5-3] 혀의 구조

(2) 감각 부호화

① 감각 부호는 환경과 지각 사이의 연결 고리인 전기적 신호를 탐구하는 것이며, 감각 부호화(sensory coding)는 신경 세포의 발화가 어떻게 환경 내의 다양한 특징을 표상하는지에 관한 것으로 구체성 부호화와 분산성 부호화로 구분된다.

② 일반적으로는 분산적 부호화에 무게를 싣는 편이나 미각의 경우에 두 가지 유형의 부호화 모두를 선호하는 주장이 제기되고 있다.

(3) 분산성 부호화

① 분산성 부호화(distributed coding): 많은 수의 신경 세포의 발화 패턴에 의해 특정 대상이 표상되는 것으로 널리 흩어져 있는 여러 신경 세포들의 활동 양상으로 부호화되는 것으로 분산성 부호화의 장점은 많은 수의 자극을 표상할 수 있다는 것이다.

개념 Plus

신경 부호 관련 용어

- **부호화(coding)**: 암호화를 의미하는 컴퓨터 용어로 부호화는 정보를 계산 조작에 편리한 부호로 바꾸는 일이다.
- **감각 부호화(sensory coding)**: 신경 흥분이 환경이나 대상이 감각적 속성을 부호화하는 것이다.
- **고삭 신경**: 혀에서 맛을 느끼는 감각 신경과 턱밑샘, 혀밑샘에 분포하는 부교감 신경을 포함한 신경이다.

② 쥐를 이용한 맛의 유사성 실험
  ㉠ 쥐의 혀에 염화암모늄(NH_4Cl), 염화칼륨(KCl), 염화나트륨(NaCl)과 같은 여러 다른 맛의 자극을 제시한 후 고삭 신경(chorda tympani)의 반응을 기록하였다.
  ㉡ 만약 맛의 질에 대한 쥐의 지각 경험이 섬유 간 반응 양상에 따라 달라진다면 역으로 섬유 간 반응 양상이 비슷한 것은 그 맛도 비슷할 것이다.
  ㉢ 염화칼륨을 마실 때 전기 충격을 가한 후 염화칼륨과 맛이 비슷한 염화암모늄과 맛이 다른 염화나트륨 중 하나를 선택하도록 했다. 그 결과 염화암모늄을 회피하는 것을 확인할 수 있었다.
  ㉣ 염화암모늄을 마실 때 전기 충격을 가했을 때에도 염화칼륨을 회피하였다.
③ 사람을 대상으로 한 여러 가지 다른 용액을 제시한 후 그 유사성을 판단하도록 하는 실험을 한 결과 아래와 같다.
  ㉠ 사람들이 유사한 것으로 간단한 물질에 대한 쥐의 섬유 간 반응 양상이 서로 비슷하였다.
  ㉡ 정신물리학적으로 유사한 것으로 판명된 용액들에 대한 섬유 간 반응 양상도 서로 유사했다.
  ㉢ 이러한 결과는 분산성 부호화 이론을 지지한다고 볼 수 있다.

(4) 구체성 부호화
① 구체성(특정성) 부호화(specificity coding): 자극의 일정한 특질이 그 특질에만 반응하도록 고안된 신경 세포의 활동으로 부호화되는 것으로 특정 물체에만 반응하고 다른 물체에는 반응하지 않는다. 구체성 부호화는 미각 시스템에서 초기에 벌어지는 신경 활동을 기록한 연구를 통해 확인할 수 있다.
② 유전자 복제 기법을 이용하여 쥐한테 특정 수용기를 추가하거나 제거하는 연구를 통해서 이 수용기들이 특정 맛에만 구체적으로 반응한다는 것이 확인되었다.
  ㉠ PTC(Phenylthiocarbamide)라는 화학 물질은 사람에게는 쓴맛을 내지만, 쥐한테는 쓴맛을 내지 않는다.
  ㉡ 인간의 경우 쓴맛 수용기 무리 중에서 특정 수용기 하나가 PTC의 쓴맛을 탐지하는 것으로 확인되었다.
  ㉢ 이러한 인간의 쓴맛 – PTC 수용기를 쥐가 갖도록 하자 PTC 농도가 높은 물질을 회피하는 것으로 밝혀졌다.
③ 또 다른 실험에서 사이클로헥사미드(Cyx; Cycloheximide)라는 복합 물질에 반응하는 수용기(쓴맛 수용기)가 없는 쥐를 만들었다.
  ㉠ 쥐는 보통 이 수용기를 가지고 있어 Cyx를 피한다.
  ㉡ 그러나 이 수용기가 없는 쥐는 Cyx를 피하지 않았고, 혀에서 생성되는 신호를 전달하는 신경 섬유의 어느 것도 Cyx에 반응하지 않았다.
  ㉢ 그러므로 특정 물질에 반응하는 맛 수용기를 제거하면 맛을 지각하지 못한다.
④ 새로운 쓴맛 수용기가 생기도록 하거나 있던 수용기를 제거해도 쓴맛이 아닌 단맛, 신맛, 짠맛, 감칠맛(우마미맛)을 내는 자극에 대한 신경 반응이나 행동에는 아무런 변화가 관찰되지 않았다는 사실이다.
⑤ 수용기를 추가하거나 제거할 경우 특정 맛에 대해 민감하게 반응하거나 민감도가 사라지는 것이 부호화 구체성의 증거라고 할 수 있다.

⑥ 아밀로라이드(Amiloride) 효과
  ㉠ 아밀로라이드는 세포막의 나트륨 통로를 차단한다.
  ㉡ 이 물질을 쥐의 혀에 갖다 대면 소금에 가장 잘 반응하던 세포들의 반응은 감소한다. 하지만 짠맛과 쓴맛이 섞여 있는 물질에 반응하는 신경 세포에는 영향을 주지 못한다.
  ㉢ 나트륨이 세포막 안팎으로의 유입/유출되는 일이 발생하지 않게 되면 소금(짠맛)을 선호하는 신경 세포의 반응만 제거될 뿐이지 다른 물질을 선호하는 신경 세포의 반응에는 아무런 변화가 일어나지 않는다.
  ㉣ 아밀로라이드에 의해 차단된 나트륨 통로는 쥐와 다른 동물의 경우 짠맛을 결정하는 데 중요한 역할을 하지만 인간의 경우에는 그렇지 않다.
⑦ 미각 시스템의 중심부에 있는 신경 세포의 경우 선호하는 맛의 범위가 넓을 뿐만 아니라 많은 신경 세포들이 두 가지 이상의 맛에 반응한다.
  ㉠ 짠맛을 내는 물질이나 신맛을 내는 물질 하나에만 반응하는 신경 세포가 있다고 해서 이것이 곧 이들 맛이 한 가지 유형의 신경 세포에 의해 처리됨을 뜻하는 것이 아니다.
  ㉡ 짠맛을 내는 물질은 소금에 가장 민감한 신경 세포가 가장 활발하게 반응하지만 짠맛을 지각하는 데 다른 신경 세포들도 관여할 가능성이 있다.
  ㉢ 단맛을 내는 모든 물질의 맛이 동일하지 않은 것은 각 물질에 반응하는 신경 세포의 조합이 다르기 때문이다.

02 미각의 개인차

1. 미각의 개인차 ★★★ 기출개념

(1) 인간과 동물의 맛의 경험에 대한 차이
  ① 인간에게 쓰거나 신맛이 나는 물질을 고양이도 피한다는 점에서 고양이의 미각 자체는 유사할 수 있다.
  ② 하지만 대부분의 포유류와 달리 고양이는 단맛을 좋아하지 않는데, 고양이한테는 단맛 수용기에 필요한 유전 인자가 없기 때문이다.

(2) 미각 수용기의 유전적 차이
  ① 미뢰의 수와 미각의 차이
    ㉠ 사람들이 각기 다른 시각 세상을 경험하는 것과 같이 미각 수용기의 유전적인 차이로 인해 미각의 개인차가 발생할 수 있다. 가장 흔한 것이 쓴맛 지각에서의 차이이다.
    ㉡ 페닐 티오 요소(PTC; Phenylthiocarbamide)는 쓴맛을 내지만 PTC에 대해 사람들은 다른 맛을 지각한다. PTC 결정체를 맛보게 한 후 그 반응을 묻자, 2,500명의 실험 참가자 중 28%는 맛을 느낄 수 없고, 66%는 쓴맛을, 6%는 다른 맛을 보고했다.

ⓒ 미국인들을 대상으로 6 – n – propylthiouracil(PROP)를 이용한 실험에서 약 1/3이 PROP의 맛을 느낄 수 없고, 2/3는 그 맛을 느낄 수 있었다고 한다.
- ⓐ 미각의 개인차는 사람에 따라 혓바닥에 있는 미뢰의 개수의 차이에서 찾을 수 있다.
- ⓑ PROP의 맛을 볼 수 있는 사람들이 그렇지 못한 사람들에 비해 미뢰의 밀집도가 높다.
- ⓒ 그러나 PROP에 대한 민감도의 차이를 미뢰의 개수만으로는 설명할 수 없다.
- ⓓ PROP이 맛을 지각하는 사람과 지각하지 못하는 사람의 혀에서 유두의 밀도를 동일하게 하기 위해 PROP에 민감한 사람은 혓바닥에서 더 좁은 영역에만 자극을 가했다.
- ⓔ 그럼에도 불구하고 PROP에 민감한 반응을 보였던 사람들의 반응이 더 민감했다.

② **수용기와 미각의 차이**
유전 인자에 관한 연구 결과, PTC와 PROP에 민감한 사람들은 다른 사람들과 달리 특별한 수용기를 가진 것으로 밝혀졌다.

③ **후각의 개인차**
- ㉠ 테스토스테론에서 추출된 물질인 스테로이드 안드로스테론의 냄새를 어떤 사람은 땀 냄새 혹은 오줌 냄새라고 기술하기는 데 반해, 어떤 사람은 달콤한 냄새 또는 꽃 냄새라고 기술하기도 한다.
- ㉡ 아스파라거스를 먹은 사람의 소변에서 나는 냄새를 두고도 어떤 사람은 요리한 양배추 같이 유황 냄새가 난다고 하고, 어떤 사람들은 이 냄새를 탐지할 수 없는 것으로 알려져 있다.

④ 이와 같은 개인차는 화학 물질에 반응하는 수용기 세포의 발생에 영향을 미치는 유전적 차이 때문이다.

⑤ 동일한 물질을 두고 맛이나 냄새를 다르게 지각하는 것은 의견 불일치나 물질에 대한 선호도 차이 때문일 수도 있지만, 혀에 있는 미각 수용기의 개수나 종류가 서로 다르기 때문일 수도 있다.

> **핵심 Check**
> **미각의 개인차**
> - 혀 안의 미각 수용기의 개수(밀집도)에 따라 개인 간 미각의 차이가 발생할 수 있다.
> - 미각 수용기의 개수뿐만 아니라 미각 수용기의 종류에 따라 특정 맛에 민감할 수도, 둔감할 수도 있다.
> - 미각에서의 이러한 개인차는 후각에서도 발생할 수 있다.
>   [예] 스테로이드 안드로스테론의 냄새를 어떤 사람은 땀이나 소변 냄새와 같은 부정적으로 느낌으로 표현하는 데 반해, 어떤 사람은 달콤하거나 꽃 냄새라고 긍정적으로 묘사하기도 한다.

03 후각 시스템과 기능

1. 후각 시스템 ★★ [기출개념]

(1) 후각 시스템
① 후각은 생존에 중요한 많은 정보를 제공한다.
  - ㉠ 후각은 상한 음식, 새어 나오는 가스, 화재로 인한 연기 등에 대한 경고 시스템으로 작용한다.
  - ㉡ 동물의 경우 후각은 세상으로부터 정보를 얻는 주된 시스템이다.
② 많은 동물에 비해 상대적으로 인간은 후각이 둔감한 편이다.

> **개념 Plus**
> **후각의 개관**
> 후각은 가장 오래된 감각 중 하나로 많은 동물들이 시·청각이 진화되기 전부터 생존을 위해 냄새에 의존하였다. 동물은 좋은 음식을 확인하기 위해서 상한 음식이나 나쁜 공기와 같은 위험한 환경 조건을 탐지할 때 냄새를 이용한다.

㉠ 후각이 예민한 동물은 방위(orientation)를 잡기 위한 단서로 후각을 이용하여 자기의 영토를 표시하는 일에도 후각을 이용한다.
㉡ 많은 동물들은 특정 장소나 다른 동물을 찾아갈 때, 먹이가 있는 곳을 찾아갈 때도 후각을 이용한다.
㉢ 많은 종의 경우 교배 행동을 유도하는 것도 후각이라는 점에서 후각은 번식에도 중요하다.
③ 일부 동물의 후각 세계에서 발견되는 중요한 특징 중 하나는 페로몬이라는 화학 물질이다.
  ㉠ **페로몬(pheromone)**: 동물이 체외로 분비하여 동일한 동물에게 위험을 알리거나 이성을 끌어들이는 것 등과 같은 행동을 일으키게 하는 화학 물질이다.
  ㉡ 피터 칼슨(Peter Karlson)과 마틴 루셔(Martin Lüscher)가 만들어 낸 'pheromone'이라는 용어는 '전달하다'는 의미의 'pherein'과 '흥분'을 뜻하는 'hormon'이라는 그리스 단어를 조합하여 만든 것이다.
  ㉢ 즉, 흥분을 전달한다는 의미의 페로몬은 동물의 다양한 행동에서 발견된다.
  ㉣ 인간의 페로몬 존재 여부는 아직도 해결되지 않고 있지만, 사람도 생식과 관련된 냄새는 탐지할 수 있다는 증거는 존재한다.
    ⓐ 여성의 몸 냄새에 대한 남성의 평가가 여성의 생리 주기와 연관성이 있다는 연구가 있다.
    ⓑ 생리적 후각 단서가 실제로 인간의 행동에도 영향을 미치는지는 분명하지 않다.
    ⓒ 향수, 냄새 제거제, 방향제 등의 산업의 활성화 정도를 보면 냄새가 우리의 일상생활에 중요한 역할을 한다는 것은 확실하다.
④ 사람에게도 후각이 매우 중요한데, 후각 상실증 환자를 통해 확인할 수 있다.
  ㉠ 후각 상실증(anosmia)이란 상해나 감염으로 인해 냄새를 맡을 수 없는 상태를 일컫는다.
  ㉡ 후각 상실증 환자들은 음식물의 맛을 알 수 없고, 커다란 공허감을 호소한다.
  ㉢ 후각 상실증으로 고생하다가 후각을 회복한 사람에 따르면 평소 냄새에 너무 익숙해진 나머지 그 소중함을 모른다고 보고한다.
⑤ 후각은 우리가 생각했던 것 이상으로 우리의 삶에 훨씬 더 중요하게 작용하고 있고 후각을 상실하게 되면 위험에 빠질 가능성도 높아진다.

(2) 냄새 탐지
① 우리는 후각을 통해 냄새(odor)를 탐지한다. 우리는 숨을 들이 쉴 때 여러 분자들을 코 안으로 받아들이고 후각 수용기들과 접촉하게 되면 냄새를 지각하게 된다.
② 특정 물질의 냄새를 탐지할 수 있는 그 물질의 최저 농도를 냄새 탐지 식역(detection threshold, 탐지역)이라고 한다.

③ 물질의 종류에 따라 냄새 탐지 식역은 크게 다르다. 아래 표에 물질에 따른 탐지 식역을 제시했다(Devsa et al., 1990).

물질	공기 속에서의 식역(parts/10억)
메탄올	141,000
아세톤	15,000
포름알데히드	870
박하	40
T-butyl mercaptan	0.3

* 우리가 알고 있는 percent(%)는 100분의 1part를 나타낸다.

④ 후각의 예민성과 후각 수용기의 개수
  ㉠ 쥐는 인간보다 수십 배, 개는 수백 배에서 수천 배 이상 후각이 예민하다.
  ㉡ 다른 동물이 맡을 수 있는 냄새를 인간은 맡지 못할 수 있다.
  ㉢ 하지만 인간의 후각 수용기도 개별적으로는 다른 동물의 수용기만큼 민감한 것이 있으며, 해당 후각 수용기는 분자 한 개만 작용해도 인간의 후각 수용기는 흥분한다. 다만 인간의 후각 수용기의 개수가 동물에 비해 매우 적다.
    예 개는 약 10억 개인데, 인간은 천만 개 정도로 매우 적다.
⑤ 차이 식역은 두 가지 물질이 구별될 수 있는 최소한의 농도 차이로 냄새 탐지에 중요하다.

(3) 냄새 인식
① 후각 자극의 농도가 매우 낮을 경우(식역 수준), 그 냄새를 구별하기 어렵다.
② 인식 식역(recognition threshold): 냄새의 정체를 인식하는 데 필요한 자극 물질의 농도이다.
③ 무슨 냄새인지 인식하려면 자극의 농도가 식역 수준의 3배 이상 높아야 한다.
④ 사람이 변별할 수 있는 냄새의 종류가 약 10만 가지가 넘지만, 냄새의 정체를 잘 파악하지 못한다.
  ㉠ 예컨대, 커피 냄새, 바나나 냄새, 엔진 오일 냄새의 차이를 알아차리긴 해도 그 냄새의 정체를 알아차리지 못했다.
  ㉡ 그런데 냄새의 물질 이름을 들려주고 사전 학습을 경험하게 한 후 냄새의 정체를 확인하게 하였더니 그 정확성이 98%로 향상되었다.
⑤ 냄새의 이름과 냄새에 대한 지각과의 관계
  ㉠ 한 실험에서 참가자에게 특정 자극의 냄새를 맡도록 하고 진술하게 한 후 그 냄새가 실제로는 가죽 냄새라고 말해주었을 때 참가자는 그 냄새를 가죽 냄새로 지각하였다.
  ㉡ 냄새의 정체를 쉽게 파악하지 못하는 이유가 후각 시스템의 결함보다는 냄새의 이름을 기억에서 인출하는 능력의 문제일 수 있다. 즉, 냄새를 구별하는 것과 그 이름을 기억하는 것은 별개의 능력이다.

2. 뇌에서의 냄새 표상

(1) 개요
① 후각 피질에는 일차 후각 영역과 이차 후각 영역이 있다. 조롱박 피질(PC; Piriform Cortex)은 일차 후각 영역에 속하고, 안와 전두 피질(orbitofrontal area)은 이차 후각 영역에 속한다.
② 편도체(amygdala)는 냄새와 얼굴과 통증과 관련된 정서적 반응에 관여한다.
③ 조롱박 피질이 일차 후각 영역으로 여겨지는 이유는 해당 영역의 후각 구(olfactory bulb)로부터 신호를 직접 받아들이는 유일한 영역이면서 후각과 관련된 유일한 영역이라고 알려져 있기 때문이다.

(2) 후각 자극이 후각 피질에 표상된 방법
① 여러 개의 전극을 이용한 조롱박 피질에 있는 신경 세포의 반응을 아래와 같이 측정했다.
　㉠ 아세트산이소아밀(isoamly acetate)이 피질 전체의 반응을 유발한다는 사실을 보여준다.
　㉡ 다른 복합 물질도 광범위한 영역을 활성화시켰다.
　㉢ 다른 물질에 의해 활성화된 양상인데도 겹치는 부분이 많았다.
② 이와 유사한 연구(Dan Steller & Richard Axel, 2009)에서 헥산올(hexanol)에 대한 반응과 옥탄올(octanol)에 대한 반응이 넓게 흩어진 곳에서 일어나고 있음을 확인하였다.
③ 이러한 실험 결과들을 통해 후각 구(olfactory bulb)에서 질서정연한 활동 양상이 발견된 데 반해, 이러한 양상이 조롱박 피질에서는 더 이상 나타나지 않는다는 사실을 알 수 있다.
④ 단일 화학 물질과 연관된 활동이 광범위한 영역으로 번져나가며 활동 중인 신경 세포들 사이에 생긴 공간도 넓어진다.
⑤ 하지만 단순 화학 물질이 아닌 냄새가 확실한 대상(예 커피와 같은 물질의 냄새)에 대해서는 다른 반응 양상이 나타날 수도 있다.

(3) 냄새와 학습 [기출개념]
① 물체의 냄새를 생전 처음으로 맡았을 때 냄새의 정체를 알 수 있는 방법은 다음과 같다.
　㉠ 후각에서도 냄새를 풍기는 물체에 대한 기억이 형성되기 위해서는 특정 물체의 냄새를 맡았을 때 후각 피질의 여러 곳에서 함께 반응한 신경 세포들이 연결되어야 한다.
　㉡ 즉, 기억이 견고해지기 위해서는 학습이 필요하다.
② 꽃의 냄새를 처음 맡았을 때 나타나는 과정
　㉠ 꽃 냄새도 수많은 화학 물질에 의해서 만들어진다.
　㉡ 꽃의 화학 물질이 후각 점막(olfactory mucosa)에 있는 후각 수용기를 먼저 활성화시킨다.
　㉢ 이후 후각 구에 일정한 활동 양상을 만들어 낸다. 이 양상은 화학 위치도에 의해 조형된다. 이 활동 양상은 그 꽃의 냄새를 맡을 때마다 재연된다.

ⓔ 하지만 처음 꽃 냄새를 맡기 때문에 활성화된 신경 세포는 아직 서로 간에 연결이 형성되지 않은 상태이다. 따라서 이 시점은 아직 그 냄새의 정체를 알아내기 어렵고, 다른 냄새와 혼동할 가능성이 높다.

ⓜ 그러나 그 꽃 냄새를 여러 번 맡게 되면 동일한 신경 활동이 반복되면서 이 활동에 참여한 신경 세포들 연결 고리가 생긴다. 그 꽃 냄새를 표상하는 신경 세포의 활동 양상이 창출되는 것이다.

ⓑ 특정 냄새를 반복해서 맡아봄으로써 조롱박 피질에 있는 신경 세포들 간의 연결 고리가 생성되어야만 그 냄새의 정체가 형성되는 것이다.

③ 냄새를 지각하는 일에도 학습이 중요하다는 사실은 여러 연구를 통해 확인되고 있다.

④ 우리가 주변의 여러 가지 냄새를 구별할 수 있는 것은 이러한 경험과 학습의 결과라고 할 수 있을 것이다.

⑤ 하지만 냄새의 정체를 파악하는 능력이 학습에 의해서만 일어나는 것은 아니다. 후각 구에서 편도체로 신호를 보내는, 즉 냄새의 정체성 파악과는 무관하게 자동적으로 반응하기도 한다.

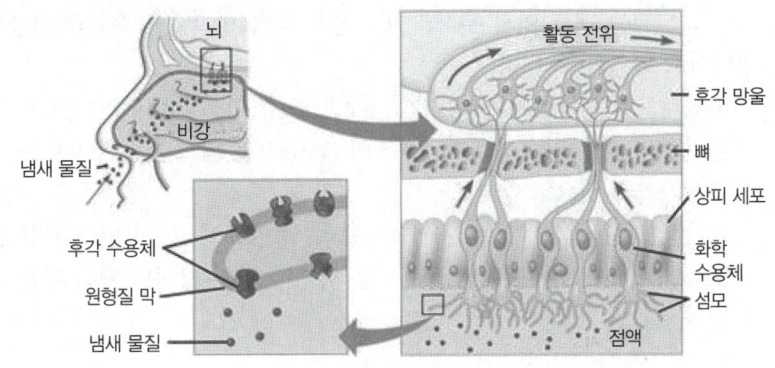

[그림 5-4] 후각 수용기의 구조

04 향미 지각 ★★★

1. 향미 지각

① 어떤 음식은 음식의 맛에 따라 달라지기는 하지만, 음식이 들어오기 전에 풍기는 냄새 물질과 씹거나 삼킬 때 방출되는 냄새 물질 모두에 의해 강한 영향을 받는다.

② 즉, 맛은 혓바닥에 있는 수용기를 자극하여 생기는 미각과 후각 점막에 있는 수용기를 자극하여 생기는 후각이 조합된 결과라고 할 수 있다.

③ 따라서 우리가 섭취하는 음식의 맛에 대한 경험은 맛과 냄새가 조합된 향미(flavor)라는 표현이 더 적절할 수 있다.

📌 개념 Plus

향미(flavor)
(독특한) 맛, 풍미, 음식물의 향기로운 맛을 의미한다.

2. 미각에 후각이 미치는 영향 [기출개념]

① 음식에 존재하는 화학 물질이 입안으로 들어와 혀를 자극하면 미각 시스템이 작용한다. 음식의 물질이 휘발되어 방출되어 코로 흡입되고 이 물질이 코 인두(nasal pharynx)로 이어지는 비후 통로(retronasal route)를 따라 후각 점막에 도달한다.
  ㉠ 코를 막아도 코 인두까지 막히는 것은 아니다.
  ㉡ 코가 막히면 코 인두를 통과하는 공기의 순환이 일어나지 않기 때문에 휘발성 증발물이 후각 수용기에 도달할 수 없게 된다.

② 향미를 느끼는 데 후각이 결정적인 역할을 한다는 것을 음식물에서 증발된 화학 물질이 후각 점막을 자극하지 못할 때 알게 된다.
  ㉠ 향미를 지각하는 곳이 입인 것처럼 느끼는 이유는 음식이 입안의 촉각 수용기를 자극하기 때문이다.
  ㉡ **구강 포획(oral capture) 현상**: 후각 수용기와 미각 수용기의 작용을 입에서 벌어지는 작용으로 착각하는 현상이다. 맛을 입으로만 본다고 느끼는 것은 구강 포획에 의해 만들어진 착각일 뿐이다.

③ 향미를 느끼는 데 있어서 후각의 중요성은 화학 물질과 음식물을 이용한 실험을 통해서도 확인할 수 있다.
  ㉠ 유산나트륨은 강한 비누 향기가 나지만, 코를 막으면 아무런 맛이 나지 않는다.
  ㉡ 황산철의 경우 금속성 향미인데, 이 역시 코를 막으면 무(無)맛으로 판정하는 경우가 압도적으로 많다.
  ㉢ 후각의 영향을 받지 않는 물질도 있으며, 조미료인 글루타민소다인(MSG)이 대표적이다. MSG는 예외적으로 코를 막거나 막지 않거나 거의 같은 향미를 가진다.

3. 미각과 후각과 뇌의 상호 작용 [기출개념]

① 향미는 대뇌 피질(겉질)의 미각과 후각의 상호 작용에 의해 일어난다.
② 시각과 촉각도 향미 창출에 일조한다.
③ 미각, 후각, 시각, 촉각의 상호 작용
  ㉠ 향미 속에는 음식물의 질감과 온도에 대한 지각을 포함하여 음식을 씹을 때 나는 '소리'에 대한 지각까지도 들어 있다고 할 수 있다.
  ㉡ 미각과 후각 경로를 통해 전달된 신경 반응은 이차 후각 영역인 안와 전두 피질에서 처음으로 조합된다.
  ㉢ 안와 전두 피질에는 서로 다른 감각 자극을 처리하는 신경 세포의 반응이 수렴하기 때문에 이중 양식 신경 세포(bimodal neuron)가 많다.
    ⓐ 어떤 이중 양식 신경 세포는 맛과 냄새에 반응하며, 어떤 것은 미각과 시각에 반응한다.
    ⓑ 이러한 이중 양식성 신경 세포의 중요한 특징 중 하나는 이들 세포가 비슷한 특질에 반응하는 경우가 많다는 것인데, 단 과일에 반응하는 신경 세포가 있다면 그 신경 세포는 그 과일의 냄새에도 반응할 가능성이 높다.

ⓒ 이는 중다 양식적인 신경 세포가 환경 속에서 동시다발적으로 나타나는 특질에 민감하게 반응하도록 설계되어 있음을 의미한다.
ⓓ 이러한 속성 때문에 안와 전두 피질이 대뇌에서 향미를 탐지하는 중추이자 음식물에 대한 지각적 표상의 중추라는 주장이 제기되기도 한다.
④ 그러나 향미는 음식물의 화학적 속성에 따라 결정되는 고정된 반응이 아니다.
㉠ 특정 음식물 속 화학 물질의 자극을 받은 후각 점막 내 후각 수용기 세포들이 반응하는 양상은 동일할 수 있다.
㉡ 이들 신호가 피질에 전달된 후 다른 많은 요인의 영향을 받는데, 이러한 요인 중 하나가 기대이다.

4. 기대가 향미에 미치는 영향

① 기대에 따라 경험과 신경 반응까지도 달라질 수 있다(Hilke Plassmann et al., 2008).
② 실험 참가자에게 가격이 서로 다르게 표기된 다섯 가지의 와인을 마시도록 했다.
㉠ 실험에 사용된 포도주는 세 종류이며, 이 중 두 가지는 각각 두 번씩 제시되었다.
㉡ 가격표가 제시되지 않았을 때는 동일한 점수로 평정된 와인이 10달러와 100달러 가격표를 각각 붙이고 실험을 하자, 100달러로 표기된 와인의 평정이 훨씬 높은 것으로 나타났다.
㉢ 10달러 와인보다 100달러 와인을 마실 때 안와 전두 피질이 더 활성화되었다. 즉, 값비싼 와인일 때 안와 전두엽이 활성화가 잘 된다는 것은 가격이 주는 기대 때문일 것이다.
③ 동일한 냄새에 하나는 된장 냄새, 다른 하나는 양말에서 나는 냄새라고 명명하자, 냄새에 대한 선호의 평정이 달라졌다. 이 실험에서도 안와 전두 피질의 반응은 된장이라고 명명했을 때 더 활성화되었다.

기출개념확인

01 맛을 느끼는 꽃봉오리 모양으로 주로 혀 점막의 유두 속에 많이 분포하는 기관은 무엇인가?

① 후두개
② 혀등
③ 혀뿌리
④ 미뢰

02 동일 종 내 다른 구성원으로 일정한 반응을 하게 만드는 화학 물질로 '전달하다'와 '흥분'을 뜻하는 그리스 단어를 조합한 물질은?

① 모르핀
② 엔도르핀
③ 페로몬
④ 호르몬

정답·해설

01 ④ 맛을 느끼는 꽃봉오리 모양으로 주로 혀 점막의 유두 속에 많이 분포하는 기관은 미뢰이다.

참고 **미뢰**
- 모든 유두에는 미뢰가 있다.
  - 혀에 분포된 미뢰의 수는 약 10,000개 정도이다.
  - 혀의 가운데 부분에는 미뢰가 없는 섬유형 유두만 분포되어 있기 때문에 혀의 중앙 부분에 가해지는 자극은 미각을 유발하지 못한다.
- 각각의 미뢰에는 50~100개의 미각 세포가 들어 있다.

02 ③ 일부 동물의 후각 세계에서 발견되는 중요한 특징 중 하나는 페로몬이라는 화학 물질이다. 페로몬이란 특정 종의 구성원에서 분비되는 분자로 동일 종 내 다른 구성원들로 일정한 반응을 하게 만드는 화학 물질을 일컫는다.

제5장 | 실전연습문제

* 기출유형 은 해당 문제가 실제 시험에 출제된 유형임을 나타냅니다.

기출유형

01 다음 중 피부에 대한 설명으로 옳은 것은?

① 피부는 인체에서 가장 가벼운 기관이며, 가장 눈에 띄는 기관이다.
② 피부는 체액이 빠져나가지 않도록 할 수 있지만 박테리아, 화학 물질, 불순물의 내부 침투는 막지 못한다.
③ 피부에서 보이는 표면은 실제로는 거칠고, 죽은 피부 세포의 층이다.
④ 이 죽은 세포층은 피부의 바깥층의 일부인데, 이를 진피라고 한다.

02 피부 감각이 피부에서 피질로 가는 경로에 대한 설명으로 옳지 않은 것은?

① 손가락 끝 또는 발가락에서 뇌로 이동해야 하는 신호는 다른 신체 부위에 비해 상대적으로 오래 걸린다.
② 전신에 걸친 신호는 피부로부터 척수로 전달된다.
③ 척수로 들어간 후 신경 섬유는 내측 모대 경로와 척수 시상 경로를 따라 뇌로 신호를 전달한다.
④ 내측 모대 경로와 척수 시상 경로, 두 경로의 섬유는 시상으로 상향하는 길목에서 신체와 같은 방향으로 전달된다.

03 통증에 영향을 미치는 요인 중 위약을 통해 통증을 경감할 수 있는 것과 관련된 요인은 무엇인가?

① 주의 분산   ② 최면 효과
③ 기대   ④ 정서적 주의 분산

기출유형

04 다음 중 아편과 헤로인에 의해 활성화되는 수용기와 같은 수용기에 작용하는 신경 전달 물질로 '자연적으로 발생하는 모르핀'이란 뜻의 신경 전달 물질은?

① 아세틸콜린   ② 엔도르핀
③ 모노아민   ④ 가바

05 다음 중 물체를 식별하는 데 필요한 시스템이 아닌 것은?

① 정서 시스템   ② 감각 시스템
③ 운동 시스템   ④ 인지 시스템

기출유형

06 다음 중 피부 감각의 역학 수용기에 관한 설명으로 옳은 것은?

① 빨리 순응하는 수용기는 압력 자극이 제시될 때만 폭발적인 흥분으로 반응한다.
② 천천히 순응하는 수용기는 연속적인 압력에 대해 흥분의 연장으로 반응한다.
③ 천천히 순응하는 메르켈 수용기와 연관되는 신경 섬유는 자극이 사라질 때만 흥분한다.
④ 메르켈 수용기는 손으로 쥐기를 통제하는 것과 관련 있다.

07 다음 중 뇌와 통증에 관한 설명으로 옳지 않은 것은?
① 욱신거리는, 찌르는, 뜨거운 등으로 묘사할 수 있는 통증은 통증의 감각적 성분을 가리킨다.
② 성가신, 무서운, 혹은 구역질 나는 등으로 묘사할 수 있는 통증은 통증의 정서적 성분을 가리킨다.
③ 통증의 감각적 성분과 정서적 성분 모두 뇌의 동일한 영역에 의해 처리된다.
④ 통증의 강도가 그대로 유지되어도 불쾌함은 변할 수 있다.

[기출유형]
08 피질 신체 지도에 관한 설명으로 옳은 것은?
① 신체 지도는 호모큘러스(homunculus)라고 하는데 이는 라틴어로 '작은 사람'이란 뜻이다.
② 피부의 인접한 부위는 뇌의 인접 부위로 투사되며, 어떤 피부 부위든 크기에 비례한 영역으로 표상된다.
③ 신체의 각 부분을 표상하는 영역의 크기는 고정되어 있다.
④ 엄지에 할당된 영역은 팔뚝 전 영역에 할당된 영역에 비해 훨씬 작다.

09 촉각으로 물체를 지각할 때의 생리적 현상으로 옳지 않은 것은?
① 손가락으로 물체를 탐색하고, 과제를 수행하는 일에는 역학 수용기 섬유, 신체 감각 피질의 신경 세포 및 마루엽과 이마엽에 있는 신경 세포들의 활동이 필요하다.
② 손가락으로 물체를 지각할 때 크기와 윤곽, 물체를 조작하는 데 필요한 힘의 양에 관한 정보 등은 피부에 있는 역학 수용기에 의해 제공된다.
③ 피질에는 중심 – 주변 수용장을 가진 신경 세포 일부와 더 특수화된 피부 자극에 반응하는 다른 신경 세포가 있다.
④ 물체의 지각은 기계적인 수용기의 흥분 패턴에 따라 결정되기 때문에 물체를 다루는 자가 기울이는 주의에 의해서는 피질(겉질) 신경 세포에 아무런 영향을 주지 못한다.

10 맛의 기능에 관한 설명으로 옳은 것은?
① 단맛 물질은 건강에 유해하여 자동적으로 거부 반응을 일으킨다.
② 땀을 많이 흘려 나트륨이 부족해지면 짠 음식을 찾게 된다.
③ 물질의 맛과 영양가는 비례한다.
④ 쓴 맛의 음식은 영양가가 높다.

11 다음 중 기본 맛에 해당하지 않는 것은?
① 단맛 ② 신맛
③ 쓴맛 ④ 매운맛

[기출유형]
12 다음 중 유두에 대한 설명으로 옳은 것은?
① 균상 유두는 버섯 모양의 유두로 혀의 양옆을 따라 겹겹이 접혀 있다.
② 혀의 중앙에 미뢰가 집중되어 있기 때문에 모든 맛을 지각할 수 있다.
③ 섬유형 유두 이외의 모든 유두에는 미뢰가 있다.
④ 혀의 뒤쪽 또는 주변 부분에 자극을 가하면 미각을 경험할 수 없다.

기출유형

13 향미에 대한 설명으로 옳은 것은?

① 향미는 미각과 후각 사이의 상호 작용의 결과이지 시각과는 전혀 관계가 없다.
② 미각 경로와 후각 경로를 통해 전달된 신경 반응이 처음으로 조합되는 겉질은 이차 후각 영역인 안와 전두 피질이다.
③ 안와 전두 피질에는 맛과 냄새에만 반응하는 이중 양식성 신경 세포가 많다.
④ 향미는 음식물의 화학적 속성에 의해 자동적으로 결정되는 식의 고정된 반응이다.

기출유형

14 맛을 지각하는 데 있어서 개인차가 발생하는 이유로 거리가 먼 것은?

① 유전 인자의 차이
② 미뢰 개수의 차이
③ 후각의 차이
④ 입 크기의 차이

15 상해나 감염으로 인해 냄새를 맡을 수 없는 상태를 일컬어 무엇이라 하는가?

① 후각 장애
② 후각 과민증
③ 후각 상실증
④ 후각 둔감증

16 인간의 냄새 탐지 능력에 관한 설명으로 옳지 <u>않은</u> 것은?

① 전반적으로 인간은 다른 동물에 비해서 냄새에 훨씬 덜 예민한 편이다.
② 다른 동물이 탐지할 수 있는 냄새라면 인간도 찾아낼 수 있다.
③ 인간의 후각 수용기 개수는 동물에 비해 매우 적다.
④ 분자 한 개만 작용해도 흥분하는 인간의 후각 수용기도 있다.

기출유형

17 다음 중 미각에 대한 설명으로 옳은 것은?

① 맛은 자극이 혀에 있는 미각 수용기를 자극하면서 지각되기 시작한다.
② 혀에 분포된 미뢰의 수는 1억 개 정도이다
③ 각각의 미뢰에는 50,000~100,000개의 미각 세포가 있다.
④ 미각 세포에서 생성된 전기적 신호는 2가지 신경을 따라 혀에서 빠져나간다.

18 맛을 후각과 미각의 작용이 아닌 입을 통해서만 느끼게 되는 이유로 옳은 것은?

① 음식이 미각 수용기만 자극하기 때문이다.
② 음식이 입안의 촉각 수용기를 자극하기 때문이다.
③ 맛이 후각을 자극하지 못하기 때문이다.
④ 오래 씹을수록 맛이 좋아지기 때문이다.

19 다음 중 후각의 기능으로 볼 수 없는 것은?

① 상한 음식, 가스 누출, 화재 발생 등 생존에 필요한 경고를 탐지한다.
② 동물은 방향 정위를 잡기 위한 단서로 활용한다.
③ 후각만을 이용하여 맛을 감별한다.
④ 동물은 먹이가 있는 곳을 찾아갈 때도 후각을 이용한다.

20 무슨 냄새인지 인식할 수 있으려면 자극의 농도가 식역 수준의 3배 이상 높아야 하는데, 이처럼 냄새의 정체를 인식하는 데 필요한 자극 물질의 농도를 무엇이라 하는가?

① 탐지 식역　　② 최소 농도
③ 차이 식역　　④ 인식 식역

제5장 | 실전연습문제 정답·해설

01	02	03	04	05
③	④	③	②	①
06	07	08	09	10
②	③	①	④	②
11	12	13	14	15
④	③	②	④	③
16	17	18	19	20
②	①	②	③	④

01 ③

피부에서 보이는 표면은 실제로는 거칠고, 죽은 피부 세포의 층이다.

오답분석
① 피부는 인체에서 가장 무거운 기관이다.
② 피부는 박테리아, 화학 물질, 불순물이 안으로 침투하지 못하게 하여 우리를 보호한다.
④ 이 죽은 세포층을 표피라고 하고, 표피 아래는 진피라고 한다. 표피와 진피에는 압력, 뻗기 및 진동과 같은 기계적 자극에 반응하는 역학 수용기가 있다.

02 ④

척수로 들어간 후 신경 섬유는 내측 모대 경로와 척수 사상 경로, 두 개의 주요 경로를 따라 뇌로 신호가 전달되는데, 이때 두 경로의 섬유는 시상으로 상향하는 길목에서 신체의 반대편으로 교차한다.

03 ③

통증을 설명하는 데 있어서 기대는 가장 강력한 결정 요인 중 하나이다.
예) 수술 후 예상 결과에 대해 사전에 안내한 경우는 그렇지 않은 집단에 비해 진통제를 더 적게 요구했으며, 퇴원도 2.7일 빨랐다고 한다.

04 ②

아편과 헤로인에 의해 활성화되는 수용기와 같은 수용기에 작용하는 신경 전달 물질로, '자연적으로 발생하는 모르핀'이란 뜻의 신경 전달 물질은 엔도르핀이라 한다.

참고 엔도르핀
엔돌핀이라고도 한다. '내인성 모르핀'이라는 뜻으로, 뇌와 뇌하수체에서 생성되는 '내생성 아편 유사 물질'들을 일컫는 용어이다. 뇌에서는 고통을 완화하는 작용을 한다.

05 ①

물체를 식별하는 데 필요한 시스템은 감각 시스템, 운동 시스템, 인지 시스템이다.

참고 감각 시스템, 운동 시스템, 인지 시스템
- **감각 시스템**: 촉감, 온도 및 결 등의 피부 감각과 손가락과 손의 운동과 위치 등을 탐지한다.
- **운동 시스템**: 손가락과 손의 움직임에 관여한다.
- **인지 시스템**: 감각 시스템과 운동 시스템이 제공하는 정보에 관해 생각한다.

06 ②

천천히 순응하는 수용기는 연속적인 압력에 대해 흥분의 연장으로 반응한다.

오답분석
① 빨리 순응하는 수용기는 압력 자극이 제시될 때와 사라질 때만 폭발적인 흥분으로 반응한다.
③ 천천히 순응하는 메르켈 수용기와 연관되는 신경 섬유는 자극이 처음 주어질 때와 자극이 사라질 때만 흥분한다.
④ 메르켈 수용기와 관련된 지각의 종류는 세밀한 부분을 감지하는 것이며, 마이스너 소체의 경우가 손으로 쥐기를 통제하는 것이다.

07 ③

통증의 두 가지 성분은 뇌의 각기 다른 영역에 의해 처리된다.

08 ①

신체 지도(뇌소인)는 호모큘러스(homunculus)라고 하는데, 이는 라틴어로 '작은 사람'이란 뜻이다.

오답분석
② 피부의 인접한 부위는 뇌의 인접 부위로 투사되며, 어떤 피부 부위는 비례에 맞지 않은 크기의 영역으로 표상된다.
③ 신체의 각 부분을 표상하는 영역의 정확한 크기는 전혀 고정되어 있지 않다.
④ 엄지에 할당된 영역은 팔뚝 전 영역에 할당된 영역만큼이나 크다. 그 기능을 자주 쓰면 쓸수록 더 커질 수 있으며, 이러한 원칙을 경험 – 의존 가소성이라고 한다. 이와 같은 맥락에서 현악기 연주가의 경우 자주 사용하는 왼손 손가락에 대한 피질 표상이 평균보다 크다.

09 ④

물체를 지각하는 사람이 기울이는 주의에 의해서도 피질 신경 세포는 영향을 받을 수 있다. 똑같은 자극의 반응이라도 그 반응의 크기는 지각하는 사람의 주의, 사고 및 다른 행동과 같은 일로 영향을 받을 수 있다.

10 ②

짠맛은 나트륨이 있다는 신호를 보낸다.

오답분석
① 단맛 물질은 자동적으로 수용성 반응을 유발한다.
③, ④ 물질의 맛과 섭취가 항상 일정한 관련성이 있는 것은 아니다. 맛이 좋아도 독버섯은 섭취하지 않으며, 맛은 쓰지만, 유해하지 않고 영양가가 높은 물질도 많다. 그러나 쓴맛의 음식이라고 해서 영양가가 높다고 단정지을 수는 없다.

11 ④

기본 맛에는 단맛, 짠맛, 신맛, 쓴맛, 감칠맛이 있다.

참고 매운맛
매운맛은 열감에 의한 고통으로 매운맛이 실재하지는 않는다.

12 ③

섬유형 유두 이외의 모든 유두에는 미뢰가 있다.

오답분석
① 균상 유두는 버섯 모양의 유두로 혀의 끝과 양옆에서 발견된다.
② 혀의 가운데 부분에는 미뢰가 없는 섬유형 유두만 분포되어 있기 때문에 혀의 중앙 부분에 가해지는 자극은 미각을 유발하지 못한다.
④ 혀 뒤쪽 또는 주변 부분에 자극을 가하면 광범위한 미각을 경험할 수 있다.

13 ②

미각 경로와 후각 경로를 통해 전달된 신경 반응이 처음으로 조합되는 겉질은 이차 후각 영역인 안와 전두 피질이다.

오답분석
① 시각과 촉각도 향미 창출에 일조할 수 있다.
③ 안와 전두 피질에는 서로 다른 감각 자극을 처리하는 신경 세포의 반응이 수렴한다. 이 때문에 이중 양식성 신경 세포가 많은데 가령, 어떤 이중 양식성 신경 세포는 맛과 냄새에 반응하며, 어떤 것은 미각과 시각에 반응한다.
④ 향미는 음식물의 화학적 속성에 의해 자동적으로 결정되는 식의 고정된 반응이 아니다. 사람의 기대에 따라 영향을 받을 수 있다.

14 ④

맛을 지각하는 데 있어서 개인차가 발생하는 이유는 유전 인자의 차이, 미뢰 개수의 차이, 후각의 차이 등이 있다. 사람에 따라 오이의 향을 싫어하는 경우도 있다. 냄새 수용체나 맛 수용체 유전자의 차이로 인해 맛의 민감도 또는 선호도가 다를 수 있다.

15 ③

상해나 감염으로 인해 냄새를 맡을 수 없는 상태를 후각 상실증이라고 한다.

참고 후각 상실증
냄새를 맡지 못하는 증상은 대수롭지 않을 수 있으나, 가볍게는 식욕이 감소할 수 있고, 가스 누출, 화재, 상한 음식 등을 알 수 없어 위험에 노출될 수 있으며, 우울증에 이르거나 성욕이 감퇴할 수도 있다.

16 ②

인간의 후각 수용기 개수는 약 천만 개 정도로 다른 동물에 비해 매우 적다. 물질에 따라 다르지만 쥐는 인간보다 8~50배, 그리고 개는 300~10,000배 정도 더 후각이 예민하다. 그래서 다른 동물이 탐지할 수 있는 냄새를 인간은 찾아내지 못하기도 한다. 그러나 인간 후각 수용기도 개별적으로는 다른 동물만큼 민감한 것이 있으며, 해당 수용기는 분자 한 개만 작용해도 흥분한다.

17 ①

맛은 자극이 혀에 있는 미각 수용기를 자극하면서 지각되기 시작한다.

> 오답분석

② 혀에 분포된 미뢰의 수는 약 10,000개 정도이다.
③ 각각의 미뢰에는 50~100개의 미각 세포가 있다.
④ 미각 세포에서 생성된 전기적 신호는 고삭 신경, 설인 신경, 미주 신경, 입천장에서 나가는 신경(천추체 신경) 등 4가지 신경을 따라 혀에서 빠져나간다.

18 ②

맛의 경험은 후각 수용기와 미각 수용기의 작용이다. 향미를 느끼는 데 후각이 결정적인 역할을 하는데, 이러한 사실은 음식물에서 증발한 화학 물질이 후각 점막을 자극하지 못할 때 알 수 있게 된다.

19 ③

후각만으로 맛을 감별할 수는 없다.

20 ④

냄새의 정체를 인식하는 데 필요한 자극 물질의 농도를 인식 식역이라고 한다.

> 오답분석

① **탐지 식역**: 특정 물질의 냄새를 탐지할 수 있는 그 물질의 최저 농도를 말한다.
③ **차이 식역**: 두 가지 물질이 구별될 수 있는 최소한의 농도 차이를 말한다.

무료 학습자료 제공 · 독학사 단기합격 **해커스독학사**
www.haksa2080.com

독학학위제
전공기초과정 **심리학과**

기출동형모의고사

기출동형모의고사 **제1회**
기출동형모의고사 **제2회**
기출동형모의고사 **제3회**

잠깐!

기출동형모의고사는 독학사 시험의 기출 유형 문제를 철저히 분석하여 구성한 실전 대비 모의고사입니다. 본 교재의 맨 뒤에 제공되는 총 3장의 OMR 카드를 활용하여 문제를 풀이해 주세요.

기출동형모의고사 풀이 전 아래 사항을 확인하세요.

☐ 휴대전화의 전원을 꺼주세요.
☐ 컴퓨터용 사인펜을 준비하세요.
☐ OMR 카드에 과목명과 성명을 기재한 후, 문제풀이를 시작하세요.
☐ 시험시간 50분 내에 문제풀이와 OMR 카드 작성까지 완료하세요.

기출동형모의고사 제1회

독학학위제
전공기초과정 **심리학과**

응시과목	시험시간	점수
감각 및 지각심리학	50분	

01 지각 과정에 대한 설명으로 옳지 않은 것은?
① 환경 속의 물리적 자극을 받아들여 선택하고 조직화하고 해석하는 과정을 가리킨다.
② 시각은 빛을, 청각은 소리를 신호로 변환하여 뇌에 전달하는 과정이 지각 과정에 해당한다.
③ 지각 과정에서 우리가 경험하는 모든 감각을 의식할 수는 없다.
④ 지각은 감각 정보를 여과하고 의미 있는 지각적 추론을 하는 과정을 거쳐서 형성된다.

02 상해나 감염으로 인해 냄새를 맡을 수 없는 상태를 무엇이라 하는가?
① 비염
② 후각 상실증
③ 후각 과민증
④ 후각 장애

03 다음 중 게슈탈트 조직화 원리에 해당하는 것은?
① 근접성의 원리
② 개연성의 원리
③ 동일성의 원리
④ 돌출성의 원리

04 뇌 손상으로 움직임 지각 능력을 상실한 것은?
① 실인증
② 실행증
③ 무주의 맹
④ 운동 맹시

05 다음 중 말소리에 대한 설명으로 옳지 않은 것은?
① 말소리에 대한 지각은 화자가 내는 소리의 시작과 멈춤, 소리 끊김, 그리고 소음의 측면에서 기술할 수 있다.
② 말소리에 대한 음향 신호는 폐로부터 성대를 지나서 성도로 밀려 올라오는 공기에 의해 만들어진다.
③ 말소리가 만들어질 때의 성도의 모양은 혀, 입술, 이, 턱, 그리고 연구개와 같은 조음 기관이 움직여서 바뀌게 된다.
④ 말소리 중 자음은 성대가 진동하면서 만들어지고 각 자음의 특정한 소리는 성도의 전체적 모양을 변화시켜서 만들어진다.

06 냄새를 인식하기 위해서는 자극의 농도가 식역 수준의 3배 이상 높아야 하는데 냄새의 정체를 인식하는 데 필요한 자극 물질의 농도를 무엇이라 하는가?
① 탐지 식역
② 절대 식역
③ 차이 식역
④ 인식 식역

07 뇌 손상이 발생한 뇌 부위가 담당했던 기능을 다른 뇌 부위가 그 기능을 떠맡는 현상과 관련 있는 용어는 무엇인가?

① 뇌 유연성　② 뇌 가소성
③ 뇌 수초화　④ 뇌경색

08 뇌의 손상으로 인해 물건을 보고 모양이나 색에 대해서는 기술할 수 있으나 가위로서는 인식하지 못하고 촉각을 통해 만져봐야만 아는 증상을 무엇이라고 하는가?

① 실소증　② 실어증
③ 실인증　④ 실행증

09 다음 중 미각 시스템에 대한 설명으로 옳은 것은?

① 미각 수용기는 1~2주 단위로 반복적 재생이 일어난다.
② 혀의 표면에 있는 유두에는 다섯 종류가 있다.
③ 혀에 분포된 미뢰의 수는 50~100개에 불과하다.
④ 쓴맛을 내는 물질은 자동적으로 수용 반응을 촉발한다.

10 영아 연구 방법에 대한 설명이 옳지 않은 것은?

① 선호법은 영아가 일관되게 다른 것보다 어느 하나의 대상을 적극적으로 바라보는 데 더 많은 시간을 소요한다면 영아들이 자극들을 변별하고 있음을 의미하는 것이다.
② 습관화법은 자극이 반복적으로 제시될 때 영아들은 그 자극에 습관화되는데, 이는 영아들이 그 자극에 관심을 덜 준다는 것을 의미한다.
③ 역 측정은 자극과 지각의 관계를 측정하기 위해 최초로 사용된 방법이라는 점에서 고전적 정신물리학 방법이라고 한다.
④ 생리적 방법은 성인의 지각 경험 연구에 사용되는 여러 생리적 측정 기법들이 영아 발달 연구에도 적용되어 왔다.

11 감각과 지각에 대한 설명으로 옳은 것은?

① 지각은 감각 기관을 통해 정보를 받아들이는 역할을 한다.
② 감각으로부터 받은 정보를 취합하고 통합하는 역할을 하는 것이 지각이다.
③ 지각은 인식이나 개념, 생각과 비슷한 의미이다.
④ 감각과 지각 사이에는 분명한 경계가 있다.

12 흔히 맛을 입을 통해서만 느끼게 되는 이유로 옳은 것은?

① 음식이 미각 수용기만 자극하기 때문이다.
② 음식이 입안의 촉각 수용기를 자극하기 때문이다.
③ 맛이 후각을 자극하지 못하기 때문이다.
④ 오래 씹을수록 맛이 좋아지기 때문이다.

13 다음 중 '감각, 지각, 인지'에 대한 설명으로 적절하지 않은 것은?
① 인지는 자극을 받아들이고, 저장하고, 인출하는 일련의 정신 과정을 의미한다.
② 지각도 정보의 획득, 저장, 변환, 사용 과정을 거치는데 인지와 경계선이 명확하지 않다.
③ 감각 정보는 능동적인 활동이 아닌 수동적인 정신 활동을 통해 구축된다.
④ 감각은 물리적 자극을 특정 세포 내에서 전기화학적 신호로 변환시켜 뇌에 전달하는 과정이다.

14 움직이는 관찰자가 지각하는 정보에 관한 설명으로 옳은 것은?
① 자동차를 타고 이동하며 관찰해도 건물과 나무는 여전히 고정된 것처럼 보인다.
② 이동 중에는 관찰자에 가까운 것은 느리게 흐르고 떨어진 것은 빠르게 흐른다.
③ 주행 중인 차량이 속도를 내면 주변의 물체는 자동차의 움직임과 반대로 지나간다.
④ 관찰자의 움직임에 따라 모든 정보는 변하기 마련이다.

15 정보 처리 단계 중 자극의 정체를 정확하게 인식하는 단계를 무엇이라고 하는가?
① 감각 기억   ② 형태 재인
③ 단기 기억   ④ 장기 기억

16 우리가 사물을 지각할 때 사용하는 환경 관련 의미적 규칙성에 관한 설명으로 옳은 것은?
① 환경에는 수직과 수평 방향이 더 많다.
② 빛은 주로 위에서 온다.
③ 규칙적으로 발생하는 환경의 성질이 있다.
④ 장소나 상황에 따라 동일한 물건도 다르게 지각될 수 있다.

17 신호 탐지 이론의 설명으로 옳지 않은 것은?
① 신호 탐지 이론은 고전적 정신물리학의 고정된 역치 개념을 따른다.
② 약한 물리적 자극만 제시되는 시행과 소음만을 포함하고 있는 시행에서 관찰자의 반응을 분석하여 민감도와 의사 결정의 전략이나 기준을 분리하는 데 초점을 맞춘다.
③ 신호 탐지 이론은 물리적 자극뿐 아니라 정신적 요인에 주목한다.
④ 같은 크기의 휴대 전화의 진동을 주머니 속에 있을 때와 롤러코스터 탑승 중에 느끼는 것이 다르지만 입사 면접 후 결과를 기다리는 상황일 경우에는 롤러코스터를 탑승 중에 있다고 하더라도 민감하게 느낄 수 있다.

18 다음 중 색의 파장에 관한 설명으로 옳은 것은?
① 물체의 색은 주로 그 물체에 반사되어 우리 눈에 들어오는 빛의 파장에 의해 결정된다.
② 파랑, 초록, 빨강과 같은 유채색은 스펙트럼의 모든 파장에서 고르게 반사될 때 발생한다.
③ 흰색, 회색 또는 검은색과 같은 무채색은 특정 파장이 다른 파장보다 더 많이 반사되는 선별적 반사라 불리는 과정에 의해 발생한다.
④ 투명한 물체의 경우에는 일부 파장만이 통과하는 선별적 투과를 통해 무채색이 창조된다.

19 베르니케 실어증 환자는 뇌의 어느 영역에 손상을 입은 것인가?
① 마루엽　　② 측두엽
③ 이마엽　　④ 후두엽

20 두 자극이 서로 다르다는 것을 구분하기 위해 필요한 최소한의 강도 차이를 무엇이라고 하는가?
① 한계역　　② 절대역
③ 차이역　　④ 인식역

21 암순응에 대한 설명으로 옳지 않은 것은?
① 어두운 곳에 갑자기 들어서면 주변 사물을 분간 못하지만 시간이 지나면서 처음에 볼 수 없는 것들을 볼 수 있게 된다.
② 어둠 속에 머무는 시간이 길어짐에 따라 빛에 대한 시각 시스템의 민감도가 높아지는 과정을 암순응이라고 한다.
③ 암순응이란 망막을 구성하는 원뿔 세포와 막대 세포의 빛에 대한 민감도가 높아지는 과정이라고 할 수 있다.
④ 주변 망막에는 막대 세포보다 원뿔 세포가 훨씬 많다.

22 사물이 분리되고 고립되어 있는 부분들보다는 잘 조직되어 있는 전체 구조로 지각된다는 점을 강조하는 접근법은?
① 정보 처리 접근법　　② 게슈탈트 접근법
③ 행동주의 접근법　　④ Gibson 접근법

23 우리가 물체를 식별하는 데 필요한 시스템이 아닌 것은?
① 정서 시스템　　② 감각 시스템
③ 운동 시스템　　④ 인지 시스템

24 실제로는 움직임이 없는데도 움직임이 있는 것처럼 지각되는 현상은?
① 진자 운동　　② 상상 운동
③ 가현 운동　　④ 착각 운동

25 영유아 발달 연구에 대한 설명으로 옳지 않은 것은?
① 선호법, 습관화법, 조건 형성법 등 여러 가지 연구 방법이 있다.
② 영유아들은 언어나 운동 등에서 제한된 능력을 가지고 있다.
③ 영아들은 능력이 과소평가될 수 있다.
④ 생리적 방법은 성인들에게만 사용되는 방법이다.

26 다음 중 내이에 있는 기관은 무엇인가?
① 추골
② 달팽이관
③ 이소골
④ 이관(유스타키오관)

27 다음 중 후각의 기능으로 옳은 것은 무엇인가?
① 상한 음식, 가스 누출, 화재 발생 등 생존에 필요한 경고를 탐지한다.
② 동물은 방향 정위를 잡기 위한 단서로 활용할 수 없다.
③ 후각만을 이용하여 맛을 감별한다.
④ 동물은 먹이가 있는 곳을 찾아갈 때 후각이 아닌 청각을 이용한다.

28 다음 중 인간이 지각할 수 있는 주파수의 범위로 옳은 것은?
① 20~20,000Hz
② 30~30,000Hz
③ 200~40,000Hz
④ 400~700Hz

29 내이에서 소리 자극이 전기 신호로 변환되는 것과 관련한 설명으로 옳은 것은?
① 융모 세포의 융모가 휘어질 때 끝고리 부분이 펴지면서 융모의 막에서 작은 이온 채널이 닫힌다.
② 이온 채널이 열려 있을 때 양전기를 띤 칼륨 이온이 세포 안으로 흘러 들어간다.
③ 융모 세포는 휘어짐과 상관없이 전기 신호의 폭발과 비전기 신호가 교대로 일어난다.
④ 전기 신호가 신경 전달 물질의 방출을 유도하여 청신경 섬유가 흥분하지 않게 된다.

30 촉각으로 물체를 지각할 때의 생리적 현상으로 옳지 않은 것은?
① 손가락으로 물체를 탐색하고 과제를 수행하기 위해서 역학 수용기 섬유, 신체 감각 피질의 신경 세포, 두정엽과 전두엽에 있는 신경 세포들의 활동이 필요하다.
② 뚜껑을 따기 위해 크기, 윤곽, 힘의 양 등에 대한 정보 등은 피부의 역학 수용기에 의해 제공된다.
③ 피질에는 중심 – 주변 수용장을 가진 신경 세포 일부와 더 특수화된 피부 자극에 반응하는 다른 신경 세포가 따로 존재하지 않는다.
④ 어떤 사람이 기울이는 주의, 즉 촉각적 주의에 의해서도 피질 신경 세포는 영향을 받는다.

31 다음 중 밝기 항등성에 대한 설명으로 옳지 않은 것은?

① 어떤 대상의 지각된 밝기는 조명이 변하더라도 동일하게 유지되는데, 이러한 현상을 밝기 항등성이라 한다.
② 항등성이란 우리가 대상을 다른 식으로 보더라도 그 대상의 특성이 동일하게 유지되는 경향성을 말한다.
③ 만약 보는 조건이 다를 변할 때마다 가령 종이가 조명의 조건에 따라 흰색, 회색, 검은색으로 보인다면 혼란스러울 수 있다.
④ 항등성은 근접 자극에 대한 우리의 지각이 원격 자극의 변화에도 불구하고 동일하게 유지될 때 일어난다.

32 다음 중 뇌와 통증에 관한 설명으로 옳지 않은 것은?

① 욱신거리는, 찌르는, 뜨거운 등으로 묘사할 수 있는 통증은 통증의 감각적 성분을 가리킨다.
② 성가신, 무서운, 혹은 구역질 나는 등으로 묘사할 수 있는 통증은 통증의 정서적 성분을 가리킨다.
③ 통증의 두 가지 성분은 뇌의 각기 다른 영역에 의해 처리된다.
④ 통증의 강도가 그대로 유지되면 불쾌함도 변하지 않는다.

33 인간의 뇌에 대한 설명으로 옳지 않은 것은?

① 인간의 뇌는 약 천억 개의 신경 세포로 이루어져 있다.
② 뇌의 신경 세포는 네트워크를 통해 서로 복잡하게 연결되어 있다.
③ 대뇌 반구는 분리되어 있고, 2개의 반구는 각각 기능에 차이가 없다.
④ 대뇌 반구의 가장 바깥층은 대뇌 피질이라고 한다.

34 다음 중 무주의 맹에 관한 설명으로 옳지 않은 것은?

① 동시에 여러 활동을 하게 되면 이에 따른 여러 감각 자극들을 동시에 처리하기 어렵다.
② 운전을 하면서 지나가는 행인을 보지 못할 가능성이 커지는 이유 중 하나는 무주의 맹 때문이다.
③ 우리가 경험하는 모든 것 중에서 의식할 수 있는 것이 제한된 까닭에 선택적으로 주의 집중 하지 않으면 지각할 수 없다.
④ 어떤 것에 집중할 때 다른 것에도 주의를 기울일 수 있는 능력을 말한다.

35 피질 조직화의 기본 원리 중 하나로 특정 기능에 대한 피질 표상이 그 기능이 자주 쓰이면 쓰일수록 더 커질 수 있다는 것을 무엇이라고 하는가?

① 상호 호혜적 특성
② 상호 보완적 특성
③ 경험 – 의존 가소성
④ 경험 – 학습 효과

36 피부 감각이 피부에서 피질로 가는 경로에 대한 설명으로 옳지 않은 것은?

① 손가락 끝 또는 발가락에서 뇌로 이동해야 하는 신호는 다른 신체 부위에 비해 상대적으로 오래 걸린다.
② 전신에 걸친 신호는 피부로부터 연수로 전달된다.
③ 척수로 들어간 후 신경 섬유는 내측 모대 경로와 척수 시상 경로를 따라 뇌로 신호를 전달한다.
④ 척수로 들어간 후 신경 섬유는 두 개의 주요 경로를 따라 뇌로 신호를 전달하는데 이때 두 경로의 섬유는 시상으로 상향하는 길목에서 신체의 반대편으로 교차한다.

37 피질 신체 지도에 관한 설명으로 옳지 <u>않은</u> 것은?

① 신체 지도는 호문쿨러스라고 하는데 이는 라틴어로 '작은 지도'란 뜻이다.
② 피부의 인접한 부위는 뇌의 인접 부위로 투사되며 어떤 피부 부위는 비례에 맞지 않게 할당될 수 있다.
③ 신체의 각 부분을 표상하는 영역의 크기는 고정되어 있지 않다.
④ 엄지에 할당된 영역은 팔뚝 전 영역에 할당된 영역에 비해 훨씬 크다.

40 왼쪽과 오른쪽 망막상의 차이를 무엇이라 하는가?

① 양안 단서
② 운동 시차
③ 단안 단서
④ 양안 부등

38 말소리 지각에 있어서 청각과 시각 간의 상호 작용을 보여주는 지각 현상으로서 가령 소리는 '바바'라고 제시하고 입술 모양은 '가가'라고 제공하면 '다다'와 같은 다른 소리로 지각하는 것과 관련 있는 효과는 무엇인가?

① 카라스코 효과
② 피그말리온 효과
③ 맥거크 효과
④ 맥커리 효과

39 다음 중 소리가 음계에서 배열될 수 있도록 하는 청감각의 속성으로서 소리의 높고 낮음의 지각적 질을 가리키는 것은?

① 포먼트
② 데시벨
③ 피치
④ 리듬

기출동형모의고사 제2회

독학학위제
전공기초과정 **심리학과**

응시과목	시험시간	점수
감각 및 지각심리학	50분	

01 각기 다른 거리에서 대상을 바라보더라도 그 물체에 대한 크기 지각이 항상적인 것은?

① 동일 지각성
② 절대 부등
③ 크기 항등성
④ 운동 시차

02 다음 중 자극이 지각되는 맥락의 중요함을 설명하는 것과 거리가 먼 것은?

① 같은 밝기라도 주변의 색상에 의해 더 밝게 또는 더 어둡게 보일 수 있다.
② 동일한 밝기의 달이라도 밝은 구름 뒤에서는 어둡게 보이기도 하고 어두운 구름 뒤에서는 밝게 보인다.
③ 전체 환경에서 세부적인 조직화를 어떻게 하느냐는 밝기 지각에 영향을 미치지 않는다.
④ 선글라스를 착용하더라도 대상의 상대적 밝기를 지각하는 데는 크게 어려움이 없다.

03 다음 중 뇌에 대한 설명으로 옳지 않은 것은?

① 인간의 뇌는 약 1천억 개의 신경 세포를 포함하고 있다.
② 대뇌 피질은 전두엽, 측두엽, 두정엽, 후두엽, 네 개의 영역으로 나뉜다.
③ 대뇌 반구의 가장 바깥쪽을 대뇌 피질이라고 한다.
④ 인간의 대뇌 반구는 서로 분리되어 있지만, 그 기능은 동일하다.

04 조명 상태가 달라져도 물체의 색을 비교적 일정하게 지각할 수 있는 것을 무엇이라 하는가?

① 색채 항등성
② 음영 항등성
③ 지각 항등성
④ 조명 항등성

05 다음 중 주의와 지각 부하와 관련된 설명으로 옳지 않은 것은?

① 지각 부하는 특정한 지각 과제를 수행하기 위해 요구되는 지각 용량의 양이다.
② 과제를 수행할 때 남아 있는 지각 용량의 양은 다른 과제 수행을 처리할 때 주의 분산에 영향을 미친다.
③ 고부하 과제일수록 가용할만한 정보 처리 자원이 많이 남아 다른 과제를 처리할 수 있는 여지가 많다.
④ 저부하 과제는 개인의 자원의 일부만 사용되고, 제시될지 모르는 다른 자극을 처리할 수 있는 정보 처리 자원을 가용하게 남겨 둔다.

06 음향 신호 중 모음이 만들어지는 과정에 대한 설명으로 옳지 않은 것은?

① 모음을 낼 때 성도 모양이 변화되면 성도의 공명 주파수도 변화하지 않는다.
② 각 모음은 특징적인 포먼트를 갖는데 첫 번째 포먼트는 가장 낮은 주파수에 있고, 두 번째 포먼트는 그 다음으로 낮은 주파수에 있는 방식이다.
③ 모음에 대한 포먼트는 분음 파형도로 불리는 표시법을 사용해 나타낸다.
④ 모음의 특정한 소리는 성대의 전체적인 모양을 변화시켜 만들어진다.

07 다음 중 우리의 시각 체계 중 대상의 모서리를 돋보이게 하는 기전과 관련 있는 과정을 무엇인가?

① 모서리 억제
② 측면 신호 전달
③ 투구게 억제
④ 측면(외측) 억제

08 시각계의 조직화에 대한 설명으로 옳지 않은 것은?

① 시각계의 조직화는 공간적으로 기능적으로 조직화되어 있다.
② 시각계의 공간적 지도는 대뇌 피질의 특정 지점에 대응되지 않는다.
③ 시각계는 기능적으로 잘 조직화되어 있어 무엇과 어디에/어떻게를 위한 흐름이 따로 있다.
④ 공간적 조직화는 망막상에서의 장면이 전기화학적 신호로 변환되고 전달되지만, 상위 수준의 구조들에서 새로운 형태의 유형의 조직화는 일어난다.

09 다음 중 혀의 표면에 있는 유두에 대한 설명으로 옳은 것은?

① 혀 표면 전체에 걸쳐 있는 혀 유두는 버섯 모양의 균상 유두이다.
② 혀의 중앙에 미뢰가 집중되어 있기 때문에 모든 맛을 지각할 수 있다.
③ 섬유형 유두 이외의 모든 유두에는 미뢰가 있다.
④ 혀 유두는 모양에 따라 다섯 가지 종류가 있다.

10 지각 과정의 주요 접근법이 아닌 것은?

① 행동주의 접근법
② Gibson 접근법
③ 실존주의 접근법
④ 계산식 접근법

11 동일 종 내 다른 구성원으로 하여금 일정한 반응을 하게 만드는 화학 물질로 '전달하다'와 '흥분'을 뜻하는 그리스 단어를 조합한 물질은 무엇인가?

① 페로몬
② 엔도르핀
③ 모르핀
④ 노르에프린

12 향미에 대한 설명으로 옳지 않은 것은?

① 향미는 사람의 기대에 따라 영향을 받지 않는다.
② 미각과 후각 경로를 통해 신경 반응이 처음으로 조합되는 피질은 이차 후각 영역인 안와 전두 피질이다.
③ 이중 양식성 신경 세포는 맛과 냄새에 반응하며 어떤 것은 미각과 시각에 반응한다.
④ 향미는 미각과 후각 사이의 상호 작용에 의해서만 일어나지 않는다.

13 맛을 느끼는 꽃봉오리 모양으로 주로 혀 점막의 유두 속에 많이 분포하는 기관은 무엇인가?
① 후두 ② 미뢰
③ 미주 신경 ④ 설인 신경

16 감각 기억 속에 등록된 자극의 형태에 대한 정보를 장기 기억에 보관된 정보와 비교하여 분류하는 작업을 시행하는 단계는?
① 선별 단계 ② 형태 재인
③ 감각 기억 ④ 장기 기억

14 다음 설명 중 옳지 않은 것은?
① 절대역은 자극을 탐지할 수 없는 순간에서 겨우 탐지할 수 있는 순간으로의 급작스러운 변화이다.
② 페흐너의 절대역 측정 3가지 방법은 한계법, 조정법, 항상 자극법이다.
③ 크기 추정이란 자극의 물리적 강도와 지각된 강도 사이의 관계이다.
④ 신호 탐지 이론은 자극만으로 지각을 결정하기는 충분하다고 본다.

17 다음 중 원뿔 세포에 관한 설명으로 옳지 않은 것은?
① 두 개의 광 수용체 중 하나로 원뿔 모양으로 생겼다.
② 밝은 빛에서 물체의 형태나 색상을 구분하는 기능을 수행한다.
③ 주로 망막의 중앙에 분포되어 있다.
④ 약한 빛에서 명암이나 물체의 형태를 구분하는 기능을 수행한다.

15 태양광 또는 실내 조명 등 조명의 밝기가 달라져도 지각된 밝기는 일정하게 유지될 수 있는 원인으로 옳은 것은?
① 물체를 조명하는 빛의 강도가 일정하기 때문이다.
② 물체에 반사되어 나오는 빛의 비율이 일정하기 때문이다.
③ 물체의 색상과 관계없이 모든 빛의 반사 비율이 일정하기 때문이다.
④ 밝기 지각은 빛의 강도나 반사율보다 물체에 관한 기억에 의존하기 때문이다.

18 감각과 지각에 관한 설명으로 옳지 않은 것은?
① 감각은 물리적 자극을 전기화학적 신호로 변화시켜 뇌에 전달하는 것을 말한다.
② 감각과 지각, 인지 간에는 그 구분이 명확하지 않다.
③ 지각은 정신적 표상을 형성하는 데 사용되어 인식되고 기억에 저장된다.
④ 우리 신체는 특정 자극을 전기화학적 신호로 변환하여 뇌로 보내는 특수화된 세포를 가지고 있다.

19 뇌의 활동을 알아보는 연구 기법으로 양전자를 방출하는 방사성 동위 원소를 결합한 의약품을 체내에 주입한 후 양전자 방출 단층 촬영기를 이용하여 이를 추적하여 체내 분포를 알아보는 방법이며, 뇌 기능 평가뿐만 아니라 암, 심장 질환, 뇌 질환 등의 검사 목적으로도 사용되는 이 방법은 무엇인가?

① 엑스레이(X – ray) 촬영법
② 기능성 자기 공명 영상법
③ 양전자 방출 단층 촬영술
④ CT 촬영법

20 신체 감각계 중 신체와 사지의 위치를 감지하는 능력을 무엇이라 하는가?

① 사지 수용 감각　② 운동 수용 감각
③ 고유 수용 감각　④ 신체 수용 감각

21 다음 중 피부 감각계에 대한 설명으로 옳은 것은?

① 피부의 표면은 실제로는 거칠고 죽은 피부 세포들의 층으로 진피라고 한다.
② 피부에는 압력, 뻗기 및 진동과 같은 기계적 자극에 반응하는 역학 수용기가 있다.
③ 체액이 밖으로 빠져나가는 것은 막지만, 박테리아, 불순물 등 외부 물질의 침투는 막지 못한다.
④ 피부의 감각 수용기는 손과 얼굴에만 집중되어 있고, 다른 부분에 거의 없다.

22 신호 탐지 이론에서 실제로는 자극이 없었으나 관찰자는 자극이 있었던 것으로 반응하는 것은?

① 탐지 실패　② 적중
③ 오해석　　④ 허위 정보

23 신경 신호를 전송하지 않을 때 뉴런 막을 가로지르는 전압의 차이를 무엇이라 하는가?

① 활동 전위　② 휴식 전위
③ 막전위　　④ 이온 이동

24 다음 중 피부의 역학 수용기에 대한 설명으로 옳지 않은 것은?

① 천천히 순응하는 수용기는 비연속적인 압력에 대해 지속적인 흥분으로 반응한다.
② 빨리 순응하는 수용기는 압력 자극이 제시될 때와 사라질 때만 폭발적인 흥분으로 반응한다.
③ 천천히 순응하는 메르켈 수용기와 연관된 신경 섬유는 자극이 처음 주어질 때와 사라질 때만 흥분한다.
④ 마이스너 소체 수용기는 손으로 쥐기를 통제하는 것과 관련 있다.

25 색채시 결함의 유형 중 모든 사물을 밝기의 정도, 즉 흰색, 검은색, 회색으로만 보기 때문에 글자 그대로 색맹이라 할 수 있는 결함은 무엇인가?

① 단색시　　　② 제1색맹
③ 2색시　　　④ 3색시

26 '전체적으로 잘 조직화된 형태나 모양을 의미하는 독일어로, 영어로는 형태(form), 전체(whole)를 의미하고, 부분의 합이 전체가 아니다.'라는 것은 무엇에 대한 설명인가?

① 전체주의 심리학　　② 게슈탈트 심리학
③ 분석주의 심리학　　④ 행동주의 심리학

27 자연적으로 발생하는 모르핀이란 뜻의 신경 전달 물질을 무엇이라 하는가?

① 페로몬　　　② 엔도르핀
③ 모노아민　　④ 아스피린

28 눈으로 들어오는 빛의 굴절을 담당하는 기관으로 맞게 짝지어진 것은?

① 각막과 동공　　② 홍채와 망막
③ 망막과 수정체　④ 각막과 수정체

29 다음 중 크기 추정 결과 중 반응 확장에 관한 설명으로 옳은 것은?

① 지각된 크기의 증가가 자극 강도의 증가보다 작다.
② 자극이 2배 증가했으나 자극에 대한 지각 반응이 1.5배 증가하였다면 반응 압축이다.
③ 전기 충격을 받았을 때 실제보다 민감한 반응을 보일 때를 말한다.
④ 태양 아래의 외부에서 책을 읽다가 어두운 실내에서도 책을 읽기가 가능한 것과 관련 있다.

30 대상의 크기, 모양, 방향, 색깔, 운동, 공간적 위치 등과 같은 일관성 있는 지각을 만들어내는 기제와 관련된 역할은?

① 시각의 조직화　　② 시각적 통일성
③ 지각적 조직화　　④ 지각적 통일화

31 팔다리의 위치와 움직임(운동) 지각과 관련 없는 감각은?

① 시각 ② 청각
③ 후각 ④ 고유 수용 감각

32 같은 회색이라도 검은색 사이의 흰 배경 위에 놓여 있으면 상대적으로 더 어둡게 보이고, 반대로 검은색 위에 놓여 있는 것처럼 보이면 상대적으로 더 밝게 보이는 원리는?

① 근접성의 원리 ② 단순성의 원리
③ 소속성의 원리 ④ 유사성의 원리

33 자극을 탐지할 수 없는 수준에서 겨우 탐지할 수 있는 수준으로 막 변화하는 지점을 무엇이라고 하는가?

① 차이역 ② 인식역
③ 절대역 ④ 한계역

34 다음 중 크기 항등성에 관한 설명으로 옳지 않은 것은 무엇인가?

① 사물의 크기를 추정할 때 관찰 지점의 거리가 달라져도 같은 결과를 얻을 수 있다.
② 사물과의 거리가 두 배가 되면 망막에 맺히는 이미지의 크기도 두 배가 된다.
③ 지각 대상이 멀어져도 크기 항등성이 유지될 수 있는 이유는 그만큼 거리 지각이 커지기 때문이다.
④ 서로 다른 거리에서 사물을 바라봐도 물체가 축소되거나 팽창되어 보이지는 않는다.

35 다음 중 우리의 주의를 끄는 요인에 해당되는 것은?

① 자극 돌출성 ② 관찰자의 능력
③ 과제 난이도 ④ 선택적 주의

36 맛의 기능에 관한 설명으로 옳지 않은 것은?

① 단맛은 대개 영양분이나 칼로리를 가진 물질로서 생존에 중요한 물질과 관련 있다.
② 쓴맛을 내는 물질은 단맛과 반대되는 효과를 유발한다.
③ 땀을 많이 흘려 체내의 나트륨이 부족해지면 염분 보충을 위해 짠 음식물을 찾게 된다.
④ 단맛 물질은 자동적으로 거부 반응을 일으킨다.

37 주의 포획에 대한 설명이 아닌 것은?
① 대상의 모양 등의 정보만 제공한다.
② 무엇인가 의미적으로 찾을 때만 일어나는 것은 아니다.
③ 주의를 끄는 움직임의 능력이다.
④ 동물의 생존에 중요한 역할을 한다.

38 통증 감소에만 영향을 미치는 요인이 아닌 것은?
① 기대 효과　② 엔도르핀
③ 최면 암시　④ 위약 효과

39 우리가 말이나 단어를 지각하는 과정 중 화자의 특성에 관한 설명으로 옳지 않은 것은?
① 긍정적인 표현도 맥락에 따라서는 부정적인 말투가 될 수 있다.
② 화자의 정체는 말소리 지각에 영향을 미칠 수 있다.
③ 대화에서 말을 이해하는 데 목소리의 특징은 중요하지 않다.
④ 화자의 나이, 성별, 출신 지역 등도 말소리 지각에 영향을 미칠 수 있다.

40 인간의 냄새 탐지 능력에 관한 설명으로 옳은 것은?
① 전반적으로 인간은 다른 동물에 비해 냄새에 훨씬 예민하다.
② 인간이 탐지할 수 있는 냄새를 동물이 탐지하지 못할 수 있다.
③ 인간의 후각 수용기의 개수는 다른 동물보다 매우 적다.
④ 쥐보다 인간의 후각이 더 예민하다.

기출동형모의고사 제3회

독학학위제
전공기초과정 **심리학과**

응시과목	시험시간	점수
감각 및 지각심리학	50분	

01 다음 중 기본 맛에 해당하지 않는 것은?
① 단맛   ② 신맛
③ 매운맛   ④ 감칠맛

02 맛을 지각하는 데 있어서 개인차가 발생하는 이유로 거리가 먼 것은?
① 유전 인자의 차이   ② 미뢰 개수의 차이
③ 혀 크기의 차이   ④ 후각의 차이

03 소리의 물리적 측면에 대한 설명으로 옳지 않은 것은?
① 소리는 물리적 자극과 지각적 반응을 가리킨다.
② 소리의 물리적 정의는 공기나 다른 매체에서의 압력 변화를 의미한다.
③ 지각적 정의는 소리를 들을 때 우리가 겪는 경험을 말한다.
④ 물리적 정의와 지각적 정의 간의 차이가 없다.

04 다음 중 내이에 관한 설명으로 옳지 않은 것은?
① 달팽이관은 난원창에 기대 있는 등골의 운동에 의해 진동한다.
② 내이에는 융모 세포를 포함, 코르티 기관, 기저막, 개막 등이 있다.
③ 융모 세포는 압력 변화에 반응해서 휘어지는데, 달팽이관의 한쪽 끝에만 존재한다.
④ 기저막의 상하 운동은 코르티 기관을 상하로 진동하게 하며, 개막을 앞뒤로 움직이게 하는데, 그 결과로 융모 세포의 융모가 휘어진다.

05 소리의 지각적 측면에 대한 설명으로 옳지 않은 것은?
① '피아노 소리가 공연장을 가득 채웠다'와 같은 방식으로 설명할 수 있다.
② 물체의 운동이나 진동이 공기의 압력 변화를 일으킬 때 소리가 발생한다.
③ 똑같은 강도의 소리라도 상황에 따라 다르게 지각될 수 있다.
④ 소리의 지각적 정의는 우리가 겪는 경험과 관련되어 있다.

06 길을 가는 중 어디서 방향을 바꿔야 하는지를 알려주는 단서를 무엇이라 하는가?
① 눈의 운동 단서   ② 주의 지도
③ 그림 단서   ④ 랜드마크

07 생리적 반응을 통해서 관찰자가 어떤 지점을 응시하고 있는지 정확히 예측하는 것이 가능할 수 있는 것과 가장 관련이 없는 설명은?

① 얼굴 또는 장소(집)에 주의를 기울이는가에 따라 뇌가 활성화되는 부분이 달라진다.
② 얼굴과 관련된 영역은 방추형 얼굴 영역이다.
③ 장소와 관련된 영역은 해마곁 장소 영역이다.
④ 주의를 기울이는 대상과 관계없이 활성화되는 뇌의 영역은 비슷하다.

08 신호 탐지 실험의 4가지 결과 중에서 결과 분석의 대상이 되는 유형으로 짝지어진 것은 무엇인가?

① 적중과 바른 실패
② 탐지 정보와 바른 기각
③ 적중과 허위 정보
④ 허위 정보와 바른 기각

09 망막에 상이 맺히는 부위인 중심와(황반)에 문제가 있을 때 발생하는 것은?

① 색소 결함   ② 색채 실인증
③ 색채시 결함 ④ 황반 변성

10 한 장면에의 변화를 탐지해내는 것이 어려운 현상을 무엇이라 하는가?

① 변화 맹시   ② 변화 탐지
③ 무주의 맹   ④ 주의 분산

11 특정한 음소와 연합된 성도의 모양은 그 음소의 전후에 있는 소리에 영향을 받는데, 이웃한 음소를 조음할 때 중첩이 생기는 현상은?

① 조음 장애   ② 중첩 조음
③ 동시 조음   ④ 동화 작용

12 다음 중 페흐너가 제시한 절대역 측정의 3가지 방법에 해당하는 것은?

① 항상 자극법 ② 습관화법
③ 조건 형성법 ④ 생리적 방법

13 뇌 활동과 말소리 파악에 대한 설명으로 옳지 <u>않은</u> 것은?

① 말소리에 따라 청지각 피질상의 다양한 위치에서 발생하는 다양한 주파수를 파악할 수 있다.
② 주파수 패턴의 존재 여부를 파악하고, 패턴을 분석해 말소리 분음 파형도를 만들 수 있다.
③ 근위축성 측삭 경화증 환자와 같이 몸이 마비되어 있는 사람들이 말하려고 생각하는 것만으로는 말할 때 발생하는 신호와 유사한 신호를 만들기는 어렵다.
④ 말소리의 주파수와 말소리 해독기로 만든 분음 파형도가 완벽하게 대응하지는 않지만, 주파수 패턴을 소리로 바꿔주는 재생 기구를 사용했을 때 듣는 것이 어느 정도 가능하다.

14 성인들을 대상으로 사용했던 방법 중 영아의 심장 박동이나 각성, 주의 등과 같은 지표를 주로 사용하는 연구 방법은 무엇인가?

① 선호법　　② 항상 자극법
③ 습관화법　④ 생리적 방법

15 주의 여과 이론에 관한 설명으로 옳지 <u>않은</u> 것은?

① 감각 수용기에 의해 등록되는 물리적 신호 중 선택된 신호만 해석한다.
② 선택을 수행한다는 점에서 주의가 여과기 역할을 한다고 할 수 있다.
③ 선택하지 않는 신호가 걸러지면서 그 안에 있는 정보는 손실된다.
④ 제한된 용량 시스템으로 정보를 저장하는 데 유용하지 못하다.

16 자극의 물리적 강도와 지각된 강도 사이의 관계를 무엇이라고 하는가?

① 변별 추정　② 차이 추정
③ 강도 추정　④ 크기 추정

17 기저막의 진동에 관한 설명으로 옳지 <u>않은</u> 것은?

① 기저막의 진동은 이동파가 아니다.
② 기저막에서 최대 진동의 장소는 주파수에 따라 달라진다.
③ 소리 주파수가 달팽이관을 따라 신경 흥분이 최대인 장소에 의해 표시된다.
④ 기저막의 모든 장소가 여러 주파수에 가장 잘 반응하도록 조율되어 있다.

18 어두운 밤 48km 밖에서 보이는 촛불을 지각하는 탐지역과 관련된 감각은 무엇인가?

① 미각　② 후각
③ 청각　④ 시각

19 인간의 뇌 영역 가운데 얼굴 지각에 특화된 영역이 있다는 증거가 될 수 있는 증상은?

① 하측두 피질
② 방추형 얼굴 영역
③ 브로카 실어증
④ 얼굴 실인증

20 다음 중 외이에 대한 설명으로 옳지 않은 것은?

① 외부 환경으로부터 보호하는 역할을 한다.
② 신체에서 가장 작은 이소골로 이루어져 있다.
③ 외이의 다른 중요한 역할은 공명이다.
④ 귓바퀴와 귓구멍이 해당된다.

21 대뇌 피질 중 미각과 피부 근육의 감각 기능을 관장하는 영역은 무엇인가?

① 두정엽(마루엽)
② 전두엽(이마엽)
③ 측두엽(관자엽)
④ 후두엽(뒤통수엽)

22 철도 위에 놓인 동일한 크기의 물체가 놓인 위치에 따라 그 크기가 달라 보이는 이유로 옳지 않은 것은?

① 수렴하는 철도로 인해 위쪽에 있는 동물이 더 멀리 있는 것으로 깊이 정보를 제공하기 때문이다.
② 같은 크기의 동물임에도 위쪽에 있는 물체가 더 멀리 있는 것으로 보인다.
③ 수평선을 기준으로 아래쪽에 있는 물체가 더 가까이 있는 것으로 보이기 때문이다.
④ 주변 환경의 색상에 따라 동일한 크기의 물체라도 길이가 다르게 보이기 때문이다.

23 눈으로 들어온 빛의 초점에 문제가 생겨 원거리의 대상은 잘 보이지만, 근거리 대상은 잘 보이지 않는 것은?

① 원시
② 난시
③ 착시
④ 근시

24 다음 중 Wernicke 실어증에 관한 설명으로 옳지 않은 것은?

① 언어 정보 해석을 담당하는 뇌의 특정 부위를 발견한 독일인 의사 Carl Wernicke의 이름에서 유래했다.
② 다른 사람의 말을 이해하는 데 어려워한다.
③ 말을 유창하게 하는 데 어려움이 없다.
④ 손상이 있는 뇌의 특정 부위는 이마엽에 있는 브로카 영역이다.

25 인간이 지각할 수 있는 가시광선의 범위로 옳은 것은?
① 0nm~700nm
② 400nm~700nm
③ 500nm~800nm
④ 400nm~800nm

26 악기 연주를 거꾸로 들으면 피아노와 오르간 소리가 비슷한 소리로 지각될 수 있는 이유는?
① 같은 음표를 같은 음량으로 연주하기 때문이다.
② 음의 개시와 쇠퇴가 바뀌기 때문이다.
③ 음량과 음고가 비슷하기 때문이다.
④ 피아노와 오르간의 음색이 비슷하기 때문이다.

27 다음 중 측면 억제에 관한 설명으로 옳은 것은?
① 측면 억제를 통해 모서리 정보를 교양할 수 없기 때문에 사물 인지가 어렵다.
② 어두운 면과 밝은 면의 대비를 줄임으로써 망막에 도달되는 정보를 개선한다.
③ 측면의 망상 조직 섬유들에 의해 옆으로 전달되는 억제이다.
④ 투구게의 특정 수용기가 자극을 받으면 이웃 수용기의 신경 세포의 전기적 반응은 증가한다.

28 문장에서 한 음소를 소음으로 대체해도 문장의 의미를 이해할 수 있는 것과 관련된 현상은 무엇인가?
① 차폐음 효과
② 음소 복구 효과
③ 백색 소음 효과
④ 등음량 곡선 효과

29 다음 중 소리의 지각적 특성인 '음고'에 대한 설명으로 옳지 않은 것은?
① 소리가 높다, 낮다 등으로 표현할 수 있다.
② 음고는 심리적인 것으로, 물리적 방법으로 측정될 수 없다.
③ 특정 소리를 어떻게 지각하는가에 따라 높고 낮은 음고를 가진다.
④ 기초 주파수의 높이와 음고는 반비례한다.

30 게슈탈트 조직화의 원리에 대한 설명 중 옳지 않은 것은?
① 근접성의 원리는 가까운 사물들이 함께 집단화되어 보이는 것과 관련 있다.
② 유사성의 원리는 비슷한 사물이 함께 집단을 이루며 지각되는 것을 말한다.
③ 연속성의 원리는 직선이나 완만한 곡선으로 연결된 점들은 함께 속한 것으로 지각되지 않는 것이다.
④ 균일 연결성의 원리는 밝기, 색, 표면, 결, 또는 운동과 같은 시각 속성들로 연결된 영역이 한 단위로 지각되는 것을 말한다.

31 다음 중 이소골에 붙어 있으면서 매우 강한 소리에 수축하며, 이소골의 진동을 둔화시키는 역할을 하는 기관은?

① 추골　　　　　② 등골
③ 중이근　　　　④ 난원창

32 색, 형태, 운동, 위치 등의 세부 특징을 결합해 응집된 대상 지각을 만드는 핵심 요소는?

① 시각　　　　　② 주의
③ 주사　　　　　④ 인지

33 운전 능력에는 문제가 없으나, 오래전 학습한 길을 잃었다면 뇌의 어떤 영역의 손상을 의심할 수 있는가?

① 시상 하부　　　② 해마
③ 뇌간　　　　　④ 편도체

34 대뇌 피질 중 청각과 언어 기능을 관장하는 부위는?

① 이마엽　　　　② 마루엽
③ 측두엽　　　　④ 후두엽

35 운율 지각에 대한 설명으로 옳은 것은?

① 소리의 시간상 일련의 규칙을 운율 형식이라고 한다.
② 어떤 음은 길게, 어떤 음은 짧게 하는 식으로 운율 형식을 변화시킬 수 없다.
③ 운율과 박자는 관련성이 없다.
④ 운율 구조(metrical structure)는 음악의 기초가 되는 박자이다.

36 다음 중 행위 지원성에 관한 설명으로 옳은 것은?

① 행위에 대한 정보와 관련 있다.
② 물체를 재인할 수 있도록 해주는 물리적 특성과 용도에 대한 지각이 포함된다.
③ 못을 박기 위해 망치에 손을 뻗는다거나 쥐는 것과는 관련 없다.
④ 행위와 관련된 잠재적 행위를 안내하는 정보라고 할 수 있다.

37 다음 중 균형 감각을 유지하는 데 필요한 감각과 거리가 먼 것은?
① 후각
② 내이의 전정 기관
③ 시각
④ 관절의 수용기

40 다음 중 소리에 관한 설명으로 옳은 것은?
① 휘파람 소리는 복합음에 가깝다.
② 순음은 공기 압력의 변화가 사인파라는 수학적 함수로 묘사될 때 발생하는 음이다.
③ 주파수는 압력 변화가 반복되는 횟수로 데시벨 단위로 표시된다.
④ 작은 범위의 압력을 표현하기 위해 데시벨이라는 단위를 사용한다.

38 회색으로 제시된 바나나를 노란색으로 지각한 것과 관련 있는 요인은?
① 색채 항등성
② 색채 순응
③ 기억색
④ 착각 접합

39 다음 중 실내 또는 실외 풍경을 보여주는 사진에 의해 활성화될 수 있는 뇌의 영역은?
① 베르니케 영역
② 방추형 얼굴 영역
③ 해마곁 장소 영역
④ 변연계의 편도체

무료 학습자료 제공 · 독학사 단기합격 **해커스독학사**
www.haksa2080.com

기출동형모의고사 정답·해설

독학학위제
전공기초과정 **심리학과**

제1회

p.184

01	02	03	04	05	06	07	08	09	10
②	②	①	④	④	④	②	③	①	③
11	12	13	14	15	16	17	18	19	20
②	②	③	③	②	④	①	①	②	③
21	22	23	24	25	26	27	28	29	30
④	②	①	③	④	②	①	①	②	③
31	32	33	34	35	36	37	38	39	40
④	④	③	④	③	②	①	③	③	④

01 ②

감각에 대한 설명이다. 감각(sensation)은 환경에 존재하는 물리적 자극을 특정 신경 세포 내에서 전기화학적 신호로 변화시켜 뇌에 전달하는 지각 과정 초기 단계이다. 특정 환경 요소를 전기화학적 신호로 변환하여 뇌에 보내도록 특수화된 세포와 조직 및 기관을 갖추고 있다.

02 ②

상해나 감염으로 인해 냄새를 맡을 수 없는 상태를 후각 상실증이라 한다.

> **참고** **후각 상실증**
> 냄새를 맡지 못하면 가스 누출, 화재, 상한 음식 등을 알 수 없어 위험에 노출될 수 있으며 우울증에 이르거나 식욕 감퇴, 성욕 감퇴 등의 증상이 나타날 수도 있다.

03 ①

가까운 사물들은 함께 집단화되어 보이는 원리이다.

04 ④

손상으로 움직임 지각 능력을 상실한 것은 운동 맹시이다.

> **참고** **실행증, 실인증, 무주의 맹**
> • **실행증**: 감각 기관이나 운동 능력에는 손상은 없으나 뇌의 손상으로 지시에 따른 행동이나 운동을 하지 못하는 상태이다.
> • **실인증**: 감각 기관의 손상은 없으나 뇌의 손상으로 대상에 대한 인식이 어려운 상태이다.
> • **무주의 맹**: 주의를 무언가에 집중을 하면 다른 것을 보지 못하는 상태를 말한다.

05 ④

모음에 대한 설명이다. 자음은 성도의 수축이나 막힘에 의해 만들어진다.

06 ④

냄새의 정체를 인식하는 데 필요한 자극 물질의 농도를 인식 식역이라고 한다.

> **오답분석**
> ① **탐지 식역**: 특정 물질의 냄새를 탐지할 수 있는 그 물질의 최저 농도를 말한다.
> ③ **차이 식역**: 두 가지 물질이 구별될 수 있는 최소한의 농도 차이를 말한다.

07 ②

뇌 가소성에 대한 설명이다.

오답분석
③ 수초화(myelination)란 축색을 둘러싸고 있는 지방질의 피복(sheath)이 증가하는 것으로, 이를 통해 정보전달의 속도가 빨라진다.
④ 뇌경색은 뇌혈관이 막혀 뇌의 일부가 손상되는 질환이다.

08 ③

실인증에 대한 설명이다.

오답분석
② **실어증**: 뇌 손상으로 인해 언어 능력에 문제가 발생한 상태이다.
④ **실행증**: 뇌 손상으로 인해 행동 능력에 문제가 발생한 상태이다.

09 ①

미각 수용기는 박테리아나 먼지 등에 계속 노출되는데 미각 수용기의 보호막은 시각, 청각, 촉각에 비해 상대적으로 약한 편이기 때문에 지속적으로 새롭게 생성될 필요가 있다.

오답분석
② 혀의 표면에 있는 유두는 네 종류로 섬유형 유두, 균상 유두, 잎 모양 유두, 성벽형 유두가 있다.
③ 혀에 분포된 미뢰의 수는 10,000개 정도이며 각각의 미뢰에는 50~100개의 미각 세포가 들어 있다.
④ 쓴맛을 내는 물질은 단맛과 반대되는 효과를 유발한다. 즉, 유해한 물질을 받아들이지 않도록 하는 거부 반응을 자동적으로 촉발한다.

10 ③

역 측정은 페흐너가 절대역을 측정하기 위해 3가지(한계법, 조정법, 항상 자극법)를 제안하였다.

11 ②

감각으로부터 받은 정보를 취합하고 통합하는 역할을 하는 것이 지각이다.

오답분석
① 감각 기관을 통해 정보를 받아들이는 역할을 한다는 감각에 대한 설명이다.
③ '인식이나 개념, 생각과 비슷한 의미이다.'는 인지에 대한 설명이다.
④ 감각과 지각 사이에는 분명한 경계가 없다.

12 ②

향미를 지각하는 곳이 입으로 느껴지는 이유는 음식이 입안의 촉각 수용기를 자극하기 때문이다. 맛의 경험은 후각 수용기와 미각 수용기의 작용이다. 향미를 느끼는 데 후각이 결정적인 역할을 하는데 이러한 사실은 음식물에서 증발한 화학 물질이 후각 점막을 자극하지 못할 때 알 수 있게 된다.

13 ③

감각 정보에 대한 변형은 단순화나 정교화 같은 능동적 정신 활동을 통해 구축된다.

14 ③

주행 중인 차량이 속도를 내면 주변의 물체는 자동차의 움직임과 반대로 지나간다.

오답분석
① 자동차를 타고 이동하면 자동차의 움직임으로 인해 건물과 나무가 자동차를 지나가는 것처럼 보인다.
② 선택지의 내용과 반대다. 이동 중에는 관찰자에 가까운 것은 빠르게 흐르고 떨어진 것은 느리게 흐른다.
④ 지각에 대한 생태학적 접근에 있어서 또 다른 중요한 개념은 관찰자가 움직이더라도 변하지 않는 불변 정보가 있다는 것이다.

15 ②

형태 재인이라 한다.

오답분석
① **감각 기억**: 분석되지 않은 감각 정보를 아주 짧은 시간 동안 보관하는 기억을 의미한다.
③ **단기 기억**: 용량이 제한되어 있고 그 내용에 주의를 기울이지 않으면 20~30초밖에 보관되지 않는 기억이다.
④ **장기 기억(long-term memory)**: 용량에 한계도 없고 그 내용이 몇 분에서 평생토록 보존되는 기억이다.

16 ④

사람들의 지각을 돕는 환경의 규칙성에는 물리적 규칙성과 의미적 규칙성이 있다. ④를 제외한 나머지는 물리적 규칙성이다.

참고 의미적 규칙성
의미적 규칙성은 여러 유형의 장면에서 실행되는 기능과 상관된 성질을 의미한다. 예를 들어 각각의 장면에서 비슷한 형태로 보이는 물체도 책상, 도로 또는 허리를 굽힌 사람 등 장소나 상황에 따라 책상 위 물건, 자동차 또는 신발 등 각기 다른 물체로 지각될 수 있다.

17 ①

신호 탐지 이론은 물리적 자극만으로 지각을 결정하기에는 충분하지 않고 정신적 요인 또한 고려할 필요가 있다는 관점에서 고전적 정신물리학의 고정된 역치 개념을 거부한다.

18 ①

물체의 색은 주로 그 물체에 반사되어 우리 눈에 들어오는 빛의 파장에 의해 결정된다.

> **오답분석**
> ② 파랑, 초록, 빨강과 같은 유채색은 특정 파장이 다른 파장보다 더 많이 반사되는 선별적 반사라 불리는 과정에 의해 발생한다.
> ③ 흰색, 회색 또는 검은색과 같은 무채색은 스펙트럼의 모든 파장에서 고르게 반사될 때 발생한다.
> ④ 투명한 물체의 경우에는 일부 파장만이 통과하는 선별적 투과를 통해 유채색이 창조된다.

19 ②

베르니케 실어증은 측두엽(관자엽)의 손상과 관련 있다.

> **참고 브로카 실어증**
> 브로카 실어증은 전두엽(이마엽)의 손상과 관련 있다.

20 ③

해당 설명은 차이역을 의미한다.

> **오답분석**
> ② 절대역 또는 탐지역은 자극을 탐지할 수 없는 순간에서 겨우 탐지할 수 있는 순간으로의 급작스러운 변화를 말한다.
> ④ 냄새의 정체를 인식하는 데 필요한 자극 물질의 농도를 인식역이라고 한다.

21 ④

수용기 세포 1억 2,600만 개 중에서 막대 세포가 약 1억 2,000만 개이고 나머지 600만 개가 원뿔 세포이다. 따라서 주변 망막에는 원뿔 세포보다 막대 세포가 훨씬 많다.

22 ②

게슈탈트 접근법에 대한 설명이다.

> **오답분석**
> ① **정보 처리 접근법**: 인간의 마음을 정보 처리 시스템으로 간주하는 시스템이다.
> ③ **행동주의 접근법**: 행동주의는 지각이나 인지보다는 행동에 초점을 둔다.
> ④ **Gibson 접근법**: 지각 과정에 관한 연구 방법 중 지각 체계가 유기체의 생존을 보장해야 한다는 점을 강조하는 방법이다.

23 ①

물체를 식별하는 데 필요한 시스템은 감각 시스템, 운동 시스템, 인지 시스템이다.

> **참고 감각 시스템, 운동 시스템, 인지 시스템**
> · **감각 시스템**: 촉감, 온도 및 결 등의 피부 감각과 손가락과 손의 운동과 위치 등을 탐지한다.
> · **운동 시스템**: 손가락과 손의 움직임에 관여한다.
> · **인지 시스템**: 감각 시스템과 운동 시스템이 제공하는 정보에 관해 생각한다.

24 ③

실제로는 아무것도 움직이지 않았는데도 움직인 것으로 지각되는 현상은 가현 운동이다. 일정한 간격을 두고 전등이 켜졌다가 점멸하거나 영화의 화면이 움직이는 것처럼 보이는 경우가 대표적인 사례이다.

25 ④

영아들은 제한된 의사소통과 운동 능력을 가지고 있는데, 이것 때문에 사람들은 영아들의 지각적 능력을 과소평가할 수 있다. 연구자들은 의사소통 장벽을 극복할 수 있도록 해주는 선호법, 습관화법, 조건 형성법 등 여러 가지 연구 방법을 개발하였다. 생리적 방법은 성인들에게 사용되던 방법으로 영유아 발달 연구에도 적용되고 있다.

26 ②

달팽이관은 내이에 있는 기관이다. 추골, 이소골, 이관은 중이에 속해 있는 기관이다.

27 ①

상한 음식, 가스 누출, 화재 발생 등 생존에 필요한 경고를 탐지한다.

오답분석

② 동물은 방향 정위를 잡기 위한 단서로 활용한다.
③ 후각만으로 맛을 감별할 수는 없다.
④ 동물은 먹이가 있는 곳을 찾아갈 때도 후각을 이용한다.

28 ①

사람이 귀로 들을 수 있는 가청 주파수는 20~20,000Hz이다.

참고 동물의 가청 주파수

일부 돌고래나 박쥐의 경우 100,000Hz 이상의 초음파를 감지할 수 있으며, 물속에서 7Hz 이하의 초저주파를 감지할 수 있는 돌고래도 있다.

29 ②

융모 세포의 융모가 휘어질 때 끝 고리 부분이 펴지면서 융모의 막에서 작은 이온 채널이 열린다. 융모 세포가 앞뒤로 휘어짐에 따라 전기 신호의 폭발과 비전기 신호가 교대로 일어난다. 전기 신호가 신경 전달 물질의 방출을 유도하여 청신경 섬유가 흥분한다.

참고 이온 채널

이온 채널은 개폐 조절 및 기전을 통해 세포막의 흥분성 조절에 기여한다. 이온의 이동에 의해 세포막을 기준으로 세포 안과 밖에 전압차가 형성되고, 세포막 전압이 시간적으로 변화됨으로써 흥분성의 변화가 나타난다.

30 ③

피질에는 중심 – 주변 수용장을 가진 신경 세포 일부와 더 특수화된 피부 자극에 반응하는 다른 신경 세포가 있다.

31 ④

항등성은 원격 자극에 대한 우리의 지각이 근접 자극의 변화에도 불구하고 동일하게 유지될 때 일어난다. 이때 원격 자극은 지면의 글자와 같은 외부 대상을 의미하고, 근접 자극은 감각 기관과 접촉하는 대상의 표면을 의미한다.

32 ④

통증의 강도가 그대로 유지되어도 불쾌함은 변할 수 있다.

33 ③

대뇌 반구(cerebral hemispheres)는 분리되어 있고, 2개의 반구는 각각 그 기능이 서로 다르다.

34 ④

무주의 맹은 1992년 Arien Mack과 Irvin Rock이 만든 용어로, 인간의 뇌가 한 번에 들어오는 시각, 청각 등의 감각 자극을 처리하지 못해 생긴다. 즉, 주의력 부족으로 생기는 인식의 오류이다. 이처럼 어느 한 가지에 집중하면 다른 것은 인식하지 못하게 되는데 집중할 때 주의를 분산시키지 않으려는 뇌의 특성으로 인해 나타나는 현상이다. 인간의 주의력에 한계가 있다는 의미이며, 이에 따라 운전 중 전화를 하는 행위는 매우 위험할 수 있다.

35 ③

피질 조직화의 기본 원리 중 하나로 특정 기능에 대한 피질 표상이 그 기능이 자주 쓰이면 쓰일수록 더 커질 수 있다는 것을 경험 – 의존 가소성이라 한다.

36 ②

전신에 걸친 신호는 피부로부터 척수로 전달된다.

37 ①

신체 지도는 호모큘러스라고 하는데, 이는 라틴어로 '작은 사람'이란 뜻이다.

오답분석

② 피부의 인접한 부위는 뇌의 인접 부위로 투사되며 어떤 피부 부위는 비례에 맞지 않게 큰 영역으로 표상된다.
③ 신체의 각 부분을 표상하는 영역의 정확한 크기는 전혀 고정되어 있지 않다.
④ 엄지에 할당된 영역은 팔뚝 전 영역에 할당된 영역만큼이나 크다. 그 기능을 자주 쓰면 쓸수록 더 커질 수 있으며 이러한 원칙을 경험 – 의존 가소성이라고 한다. 이와 같은 맥락에서 현악기 연주가의 경우 자주 사용하는 왼손 손가락에 대한 피질 표상이 평균보다 크다.

38 ③

맥거크 효과가 발생하는 이유는 인간은 시각 정보와 청각 정보가 동시에 들어오면 시각 정보를 먼저 받아들이는 경향이 있기 때문이다. 즉, 눈으로 보는 것에 의해 소리에 대한 지각이 달라지는 것이다.

39

음고(pitch)는 소리가 '높다', '낮다'라고 말할 때의 지각적 질이다. 소리가 음계에서 배열될 수 있도록 하는 청감각의 속성으로 정의될 수 있다. 주로 음악과 연관되기는 하지만 말과 다른 자연음의 속성이다.

참고 음고
음고는 기초 주파수의 물리적 속성(소리의 파형과 반복 비율)과 관련된다. 낮은 기초 주파수는 낮은 음고와 연관되고(예 튜바 소리), 높은 기초 주파수는 높은 음고와 연관된다(예 피콜로 소리). 그러나 음고는 물리적인 것이 아니라 심리적인 것이므로 물리적 방법으로는 측정될 수 없다. 우리가 특정 소리를 어떻게 지각하는가에 따라 낮은 음고, 높은 음고를 가진다고 말할 수 있는 것이다.

40

왼쪽과 오른쪽 망막상의 차이를 양안 부등이라 한다.

제2회

p.192

01	02	03	04	05	06	07	08	09	10
③	③	④	①	③	①	④	②	③	③
11	12	13	14	15	16	17	18	19	20
①	①	②	④	②	②	④	③	③	③
21	22	23	24	25	26	27	28	29	30
②	④	②	①	①	②	②	④	③	①
31	32	33	34	35	36	37	38	39	40
③	③	③	②	①	④	①	③	③	③

01 ③

우리가 각기 다른 거리에서 대상을 바라보더라도 그 물체에 대한 크기 지각이 항상적인 것을 크기 항등성이라 한다.

02 ③

전체 환경에서 세부적인 조직화를 어떻게 하냐에 따라 밝기에 대한 지각은 달라질 수 있다.

03 ④

인간의 대뇌 반구는 서로 분리되어 있고, 그 기능은 동일하지 않다.

04 ①

조명 상태가 달라져도 물체의 색을 비교적 일정하게 지각할 수 있는 것을 색채 항등성이라 한다.

05 ③

고부하 과제는 지각 용량의 대부분을 사용하기 때문에, 다른 자극을 처리할 자원이 거의 없어 다른 과제를 처리할 수 없으므로 과제 수행에는 영향을 받지 않는다.

06 ①

모음은 성대가 진동하면서 만들어지고, 각 모음의 특정한 소리는 성대의 전체적인 모양을 변화시켜 만들어진다. 성도 모양이 변화되면 성도의 공명 주파수도 변화되고, 여러 개의 다른 주파수에서 압력 변화의 정점이 생기는데, 정점이 발생하는 주파수를 포먼트(formant)라고 한다.

07 ④

측면 억제(lateral inhibition)라고 하며, 외측 억제라고도 한다.

08 ②

시각계의 공간적 지도는 망막 위상적인데, 이는 피질(겉질)에 있는 지점이 망막 또는 어떤 장면에 있는 특정 지점에 대응된다는 의미이다.

09 ③

섬유형 유두 이외의 모든 유두에는 미뢰가 있다.

오답분석

① 균상 유두는 버섯 모양의 유두로 혀의 끝과 양옆에서 발견된다.
② 혀의 가운데 부분에는 미뢰가 없는 섬유형 유두만 분포되어 있기 때문에 혀의 중앙 부분에 가해지는 자극은 미각을 유발하지 못한다.
④ 혀 유두는 네 종류로 균상 유두, 섬유형 유두, 잎 모양(엽상) 유두, 성벽형 유두가 있다.

10 ③

지각 과정의 주요 접근 방법에는 행동주의, 게슈탈트, 정보 처리, 경험주의, Gibson 접근법, 계산식 접근법이 있다.

11 ①

해당 내용은 페로몬에 대한 설명이다.

12 ①
향미는 기대에 영향을 받으며, 미각과 후각 사이의 상호 작용에 의해서 일어날 뿐만 아니라 시각과 촉각도 향미 창출에 일조한다.

13 ②
해당 내용은 미뢰에 대한 설명이다.

> **오답분석**
>
> ③ **미주 신경**: 입과 후두에서 나오는 신호를 전달한다.
> ④ **설인 신경**: 혀의 뒷부분에서 나오는 신경을 전달한다.

14 ④
신호 탐지 이론은 자극만으로 지각을 결정하기는 충분하지 않고, 정신적 요인을 고려할 필요가 있으므로 고전적 정신물리학을 거부한다.

15 ②
조명이 달라져도 흰색, 회색, 검은색과 같은 무채색이 같은 밝기로 보이는 것을 밝기 항등성이라 한다. 이 경우 밝기 지각은 물체의 반사율에 의해 결정된다.

> **오답분석**
>
> ③ 검게 보이는 물체의 반사율은 5%, 회색으로 보이는 표면의 반사율은 회색의 농담에 따라 10~70% 정도이다. 그리고 희게 보이는 물체의 반사율은 80~95%이다.

16 ②
자극의 정체가 확실하게 인식되는 지각의 단계인 형태 재인에 대한 설명이다.

17 ④
약한 빛에서 명암이나 물체의 형태를 구분하는 기능을 수행하는 것은 막대 세포이다.

18 ③
정신적 표상을 형성하는 데 사용되어 인식되고, 기억에 저장되는 것은 인지에 대한 설명이다.

19 ③
양전자 방출 단층 촬영술에 대한 설명이다.

> **참고** 양전자 방출 단층 촬영(PET)
>
> 양전자 방출 단층 촬영은 흔히 PET라고도 한다. 양전자 방출을 이용하는 핵의학 검사 방법 중 하나로, 양전자를 방출하는 방사성 동위 원소를 결합한 의약품을 체내에 주입한 후 양전자 방출 단층 촬영기를 이용하여 이를 추적해 체내 분포를 알아보는 방법이다. 뇌 기능 평가뿐만 아니라 암, 심장 질환, 뇌 질환 등의 검사 목적으로도 사용된다.

20 ③
신체 감각에는 피부 감각, 고유 수용 감각(자기 신체 지각), 운동 감각 등이 있으며, 해당 내용은 고유 수용 감각에 대한 내용이다.

21 ②
피부에는 압력, 뻗기 및 진동과 같은 기계적 자극에 반응하는 역학 수용기가 있다.

> **오답분석**
>
> ① 피부 표면은 표피, 그 아래 층은 진피라고 한다.
> ③ 피부는 박테리아, 화학물, 불순물 등 외부 물질의 침투로부터 보호하는 기능을 한다.
> ④ 피부의 감각 수용기는 몸 전체에 걸쳐 분산되어 있다.

22 ④
신호 탐지 이론에서 실제로는 자극이 없었으나 관찰자는 자극이 있었던 것으로 반응하는 것을 허위 정보라고 한다.

23 ②
휴식 전위는 신경 신호를 전송하지 않을 때 뉴런 막을 가로지르는 전압의 차이이다.

> **참고** 활동 전위, 막전위
>
> - **활동 전위(action potential)**: 다른 신경 세포로부터의 신호에 의해 자극된 신경 세포의 가지 돌기에서 시작하는 전기화학적 신호이다. 활동 전위는 신경 세포의 축삭에서 축삭 종말로 이동한다.
> - **막전위**: 이온을 띠는 두 용액이 막을 사이에 두고 접하여 있을 때 생기는 전위의 차이를 말하며, 세포막 안쪽과 바깥쪽의 전위차를 말한다.

24 ①

천천히 순응하는 수용기는 연속적인 압력에 대해 지속적인 흥분으로 반응한다.

25 ①

일반적으로 단색시인 사람들의 눈에는 원뿔 세포가 없어서 어두울 때와 밝을 때 모두 막대 세포 시각의 특징을 보여준다. 따라서 단색시인 사람은 모든 것을 밝기의 정도, 즉 흰색, 검은색, 회색으로만 본다.

> 참고 **2색시와 3색시(색채시)**
> 2색시는 스펙트럼 상의 모든 다른 색에 대응을 하는 데 단지 두 개의 파장만을 필요로 한다. 2색시에는 제1색맹, 제2색맹, 제3색맹의 세 가지 유형이 있는데 이중 제1색맹은 짧은 파장의 빛을 파랑으로 지각하며 파장이 길어질수록 파랑이 점점 덜 해지다가 492nm에 이르러서는 회색으로 지각한다.
> 3색시(색채시)는 보통의 경우처럼 색 대응을 하는 데 3개의 파장을 필요로 한다. 하지만 보통과 다른 비율로 세 개의 파장을 혼합하며 특히 아주 인접한 두 개의 파장은 일반적인 색채 지각을 하는 사람만큼 구분하지는 못한다.

26 ②

해당 내용은 게슈탈트 심리학에 대한 설명이다.

27 ②

아편과 헤로인에 의해 활성화되는 수용기와 같은 수용기에 작용하는 신경 전달 물질로, 자연적으로 발생하는 모르핀이란 뜻의 신경 전달 물질은 엔도르핀이라 한다.

> 참고 **엔도르핀**
> 엔돌핀이라고도 한다. 이는 '내인성 모르핀'이라는 뜻으로, 뇌와 뇌하수체에서 생성되는 '내생성 아편 유사 물질'들을 일컫는 용어이다. 엔도르핀은 뇌에서는 고통을 완화하는 작용을 한다.

28 ④

눈으로 들어오는 빛이 초점이 망막에 형성되기 위해서 빛을 굴절시켜야 하는데, 일차적으로는 각막에 의해 80% 굴절이 이루어지고, 나머지 20%의 굴절은 수정체에 의해 이루어지며 초점의 위치를 조절한다.

> 참고 **홍채, 중심와, 동공, 망막**
> - **홍채**: 눈으로 들어오는 빛의 양을 조절한다.
> - **중심와**: 수정체 오목 또는 황반이라고도 불리며 망막의 중앙 부위로 혈관이 없고, 원뿔 세포만으로 채워져 있다.
> - **동공**: 빛의 들어가는 부분으로 빛의 세기에 따라 홍채에 의해 크기가 조절된다.
> - **망막**: 빛의 초점이 모이는 곳으로 여러 층으로 구성되어 있다.

29 ③

반응 확장은 전기 충격의 자극이 2배 증가할 때 감각 자극의 크기는 2배 이상으로 커지는 것처럼 전기 충격과 같이 위험한 자극에 민감하게 반응함으로써 위험으로부터 보호받고 환경에 잘 적응할 수 있게 된다.

30 ①

주행 중 요란한 사이렌 소리를 내고 번쩍이는 불빛을 깜빡이며 어디론가 빠른 속도로 달려가는 빨간색 소방차를 발견할 때, 우리는 '빨간색', '소방차', '빠르게 달린다' 등을 각각 별개로 인식하지 않고, 통합적으로 지각하게 된다. 이는 우리의 지각이 조직화되어 있기 때문이다.

> 참고 **시각의 조직화**
> 시각의 조직화는 각 부분들로부터 의미 있는 전체를 구성하려는 인간 시각 체계의 기본적인 특성이다.

31 ③

팔다리의 위치와 운동 지각과 같은 자기 신체 지각은 고유 수용, 시각과 청각의 역할이 필요하다.

32 ③

같은 회색이라도 검은색 사이의 흰 배경 위에 놓여 있으면 상대적으로 더 어둡게 보이고, 반대로 검은색 위에 놓여 있는 것처럼 보이면 상대적으로 더 밝게 보이는 것을 '소속성의 원리'의 예라고 할 수 있다. 나머지 선택지는 게슈탈트 지각의 원리들이다.

> 참고 **White 착시**
> White 착시는 배경의 영향을 비율 원리나 측면 억제로는 설명할 수 없는 대표적인 밝기 착시이다. 게슈탈트 심리학에서 제안하는 '소속성의 원리' 개념으로 시각 체계의 밝기 지각 과정을 설명할 수 있다.
> 예 같은 밝기의 회색 점이 어두운 점들과 동일한 방향으로 이동할 때 더 밝게 지각되고, 밝은 점들과 동일한 방향으로 이동할 때 더 어둡게 지각되며, 회색 점이 이동하지 않을 때는 이러한 영향이 사라진다. 이는 회색 점이 운동 단서 측면에서 다른 밝기의 점들과 공동 운명을 가질 때 좋은 형태를 이루므로 그렇지 않은 점들에 비해 소속성이 강화되어 같은 집단에 속하게 된 결과이다.

33 ③

절대역은 자극을 탐지할 수 없다가 간신히 탐지할 수 있게 되는 급작스러운 변화이다.

오답분석

① **차이역**: 두 자극이 서로 다르다는 것을 구분하기 위해 필요한 최소한의 강도 차이를 말한다.

34 ②

사물과의 거리가 두 배가 되면 망막에 맺히는 이미지의 크기는 두 배가 아닌 반이 된다.

35 ①

우리의 주의를 끄는 요인에는 자극 돌출성, 인지적 요인, 과제 요구가 해당된다.

36 ④

단맛은 대개 영양분이나 칼로리를 가진 물질로서 생존에 중요한 물질과 관련 있다. 단맛 물질은 자동적으로 수용성 반응을 유발하고 대사 반응을 촉발하여 위장에서 준비 태세를 갖추게 한다.

오답분석

② 쓴맛을 내는 물질은 단맛과 반대되는 효과를 유발한다. 즉, 유해한 물질을 받아들이지 않도록 하는 거부 반응을 자동적으로 촉발한다.
③ 짠맛은 나트륨이 있다는 신호를 보낸다. 땀을 많이 흘려 체내의 나트륨이 부족해지면 염분 보충을 위해 짠 음식물을 찾게 된다.

37 ①

대상의 모양 이외에 사람의 기분 지각 등의 정보 등을 제공한다. 주의를 끄는 움직임의 능력을 주의 포획이라 한다. 주의 포획은 무엇인가를 의미적으로 찾을 때만 일어나는 현상은 아니다. 다른 사람과 대화를 하고 있다가도 무엇인가 움직임이 옆눈을 자극하면, 우리는 즉각 주의를 움직이는 물체에 기울이게 된다. 이러한 주의 포획 능력은 동물의 생존에 중요한 역할을 수행한다. 많은 동물들이 위험에 직면하게 되면 부동자세를 취하는데, 이는 움직임에 대한 주의 포획을 제거할 수도 있고, 주변 물체 속에서 동물을 구별해내기 어렵게 만들기 때문이다.

38 ③

통증은 최면 암시에 의해서도 유발될 수 있다. 통증을 설명하는 데 있어서 기대는 가장 강력한 결정 요인 중 하나이다.

예 수술 후 예상 결과에 대해 사전에 안내한 경우에는 그렇지 않은 집단에 비해 진통제를 더 적게 요구했으며, 퇴원도 2.7일 빨랐다.

39 ③

대화에서 말을 이해하는 데 목소리의 특징도 중요하다. "예예~ 옳습니디요."와 같은 긍정적인 표현도 회지의 대도니 얼굴 표정, 목소리 등 맥락에 따라서는 빈정거리는 말투가 될 수 있다.

40 ③

인간의 후각 수용기 개수는 약 1천만 개 정도로 다른 동물에 비해 매우 적다. 물질에 따라 다르지만, 쥐는 인간보다 8~50배, 개는 300~10,000배 정도 더 후각이 예민하다. 그래서 다른 동물이 탐지할 수 있는 냄새를 인간은 찾아내지 못하기도 한다.

제3회

p.200

01	02	03	04	05	06	07	08	09	10
③	③	④	③	②	④	④	③	④	①
11	12	13	14	15	16	17	18	19	20
③	①	③	④	④	④	①	④	④	②
21	22	23	24	25	26	27	28	29	30
①	④	①	④	②	②	③	②	④	③
31	32	33	34	35	36	37	38	39	40
③	②	②	③	④	②	①	③	③	②

01 ③

기본 맛에는 단맛, 짠맛, 신맛, 쓴맛, 감칠맛이 있다.

참고 **매운맛**
매운맛은 열감에 의한 고통으로 매운맛이 실재하지는 않는다.

02 ③

맛을 지각하는 데 있어서 개인차가 발생하는 이유는 유전 인자의 차이, 미뢰 개수의 차이, 후각의 차이 등이 있다. 사람에 따라 오이의 향을 싫어하는 경우도 있다. 냄새 수용체나 맛 수용체 유전자의 차이로 인해 맛의 민감도 또는 선호도가 다를 수 있다.

03 ④

소리의 물리적 정의와 지각적 정의 간의 차이를 이해하는 것은 중요하다. 예 '피아노 소리가 들렸다'에서 소리는 지각적 경험을, '그 소리는 1,000 Hz의 주파수를 가지고 있다'에서 소리는 물리적 자극을 의미한다.

04 ③

융모 세포는 압력 변화에 반응해서 휘어지는데, 달팽이관의 한 쪽 끝에서 다른 쪽 끝에 걸쳐서 융모 세포가 있다.

05 ②

물체의 운동이나 진동이 공기의 압력 변화를 일으킬 때 소리가 발생하는 것은 소리의 물리적 측면에 대한 설명이다.

오답분석

①, ③ 소리의 물리적 특성이 아니라 소리를 들을 때 지각하는 우리의 경험에 해당한다.
④ 소리의 지각적 정의는 소리를 들음으로써 겪는 경험이고, 물리적 정의는 공기의 압력 변화이다.

06 ④

길을 가는 중 어디서 방향을 바꿔야 하는지를 알려주는 단서를 랜드마크라고 한다.

07 ④

얼굴 또는 장소(집)에 주의를 기울이는가에 따라 각각 방추형 얼굴 영역과 해마 주변 장소 영역 등과 같이 뇌가 활성화되는 부분이 달라진다. 따라서 실험을 통해 주의 지도(attention map)가 완성된다면 관찰자가 어떤 지점을 응시하고 있는지 예측하는 것도 가능해진다.

08 ③

신호 탐지 실험의 4가지 결과 중에서 결과 분석의 대상이 되는 유형은 적중과 허위 정보이다.

09 ④

황반 변성은 망막에 상이 맺히는 부위인 중심와(황반)에 문제가 있을 때 발생한다.

오답분석

③ **색채시 결함**: 색의 지각에 있어서 어려움이 있는 것이다.

10 ①

변화 맹시에 대해 물어본 것이다.

> 참고 **무주의 맹**
> 무주의 맹은 운전할 때 전화를 받을 때 지나가는 행인을 보지 못하는 것과 같은 현상을 말한다.

11 ③

특정한 음소와 연합된 성도의 모양이 그 음소의 전후에 있는 소리에 영향을 받게 되어 이웃한 음소를 조음할 때 중첩이 생기는 현상을 동시 조음이라 한다.

> 참고 **동시 조음**
> 동시 조음은 주로 먼저 나오는 음이 다음에 나오는 음에 영향을 미친다.

12 ①

페흐너가 제시한 절대역 측정 방법은 한계법, 조정법, 항상 자극법이다.

> 오답분석
> ②, ③, ④ 영아 연구법에 해당한다.

13 ③

몸이 마비된 환자들이 말하기에 대해 생각하는 것만으로도 말하는 실제 활동과 유사한 뇌 신호를 만들어 도움을 줄 수 있다.

> 오답분석
> ①, ② 말소리를 들려준 후 청지각 피질상의 다양한 위치에서 발생하는 활동으로 다양한 주파수가 표상되는데, 이를 통해 말소리 자극에서 주파수 패턴의 존재 여부를 파악해 낼 수 있다. 그리고 이러한 활동 패턴을 분석해 말소리 분음 파형도를 만들 수 있다.
> ④ 제시된 말소리의 주파수와 말소리 해독기로 만든 분음 파형도가 완벽하게 대응하지는 않지만, 이들 주파수 패턴을 소리로 바꿔주는 재생 기구를 사용했을 때 많은 경우 듣고 있는 단어처럼 재인될 수 있는 말소리로 듣는 것이 가능했다.

14 ④

선호법, 습관화법, 조건 형성법은 영아의 행동적 반응에 의존하는 연구법이고, 항상 자극법은 페흐너의 측정 방법이다.

15 ④

주의 여과 이론은 신호의 선택 수행이 여과기 역할을 함으로써 제한된 용량 시스템으로 정보를 저장하는 데 유용하다.

16 ④

해당 내용은 크기 추정에 대한 설명이다.

17 ①

Bekesy가 실험을 통해 확인한 기저막의 진동은 이동파(밧줄의 끝을 잡고, 밧줄을 흔들면 만들어지는 파동)이다. Bekesy 실험에 따르면 대부분의 기저막이 진동하는데, 어떤 부위는 다른 부위보다 더 많이 진동한다. 기저막에서 최대 진동의 장소는 주파수에 따라 달라진다.

이러한 발견은 청각의 장소설을 제기하게 되었는데, 이것은 소리 주파수가 달팽이관을 따라 신경 흥분이 최대인 장소에 의해 표시된다는 주장이다. 기저막의 각 장소가 여러 주파수에 가장 잘 반응하도록 조율되어 있다는 것이다.

18 ④

시각과 관련된 탐지역에 대한 설명이다.

19 ④

시각에는 문제가 없으면서도 뇌의 특정 영역, 예를 들어 측두엽(관자엽)이 손상되면 얼굴을 인식하지 못한다는 사실(얼굴 실인증, 안면 실인증)을 통해 얼굴과 같은 유형의 자극에만 활성화되는 전문 영역이 있음을 알 수 있다.

> 오답분석
> ③ 브로카 실어증과 베르니케 실어증은 언어 능력과 관련 있다.

20 ②

신체에서 가장 작은 이소골은 중이에 있다.

21 ①

정수리를 중심으로 한 머리 윗부분으로 피부 근육의 감각, 맛을 느끼는 미각, 사물에 대한 지각을 한다. 또한 수학이나 물리학에서 필요한 입체, 공간적 사고와 인식 기능 계산 및 연상 기능 등을 수행한다. 이러한 능력을 발달시키기 위해서 어릴 때부터 퍼즐 게임, 도형 맞추기, 관찰 등과 같은 교육이 필요하다.

22 ④

Ponzo 착시에 관한 내용으로 수렴하는 철도로 인해 위쪽에 있는 동물이 더 멀리 있는 것으로 깊이 정보를 제공하기 때문에 더 크게 보인다.

23 ①

원시는 멀리 있는 것은 잘 보이지만, 가까운 곳에 있는 대상은 잘 보이지 않는다.

오답분석
② 난시는 눈으로 들어온 빛이 한 초점에 맺지 못해 사물이 흐리게 보인다.

24 ④

관자엽의 Wernicke 영역에 손상이 있는 경우, Wernicke 실어증을 지닌다.

참고 Broca 실어증
Broca 실어증은 언어 이해력에는 문제가 없으나, 표현하는 데 어려움이 크다. 이마엽에 있는 Broca 영역의 손상과 관련이 크다.

25 ②

가시광선은 사람의 눈에 보이는 전자기파의 영역으로, 보통 인간의 눈은 400nm에서 700nm까지의 범위를 감지할 수 있다.

참고 적외선과 자외선
- 적외선은 가시광선보다 파장이 긴 전자기파이다. 가시광선 영역에서 빨간색 쪽으로 벗어나므로 적외선이라고 부른다.
- 자외선의 파장은 가시광선보다 짧고, X선보다는 길다. 자외선은 햇빛에서 나온다.

26 ②

음색은 같은 음량, 음고, 지속 시간을 가지고 있어도 서로 다르게 소리 나는 두 음을 구별시켜주는 음의 질이다. 그래서 같은 음표를 같은 음량으로 연주하는 두 악기의 차이를 구별할 수 있다. 이러한 음색은 음의 시작부에서의 음의 축적을 의미하는 음의 개시와 음의 뒷부분에서의 음의 약화를 의미하는 음 쇠퇴의 시간 경과에도 달려 있다.

27 ③

측면 억제를 통해 모서리 정보를 교양시켜 사물을 적절히 인지할 수 있으며, 어두운 면과 밝은 면의 대비를 확대해 망막에 도달하는 정보를 개선한다. 투구게의 특정 수용기가 자극을 받으면 이웃 수용기의 신경 세포의 전기적 반응은 감소하고, 측면(외측) 억제가 작동한다.

28 ②

음소 복구 효과와 관련된 현상이다.

참고 백색 소음
라디오의 지지직거리는 소리, 빗소리와 같은 백색 소음은 특별한 스펙트럼을 가지고 있는 잡음을 뜻한다. 하지만 백색 소음이 심리적인 안정감과 집중력을 가져다주기 때문에 귀에 '착한' 소음 역할을 한다고 알려지면서 관심을 끌기 시작했다.

29 ④

기초 주파수와 음고는 비례한다.
예 악기 튜바 소리와 같은 낮은 기초 주파수는 낮은 음고와 연관되고, 피콜로 소리와 같은 높은 기초 주파수는 높은 음고와 연관된다.

30 ③

연속성의 원리는 직선이나 완만한 곡선으로 연결된 점들은 함께 속한 것으로 지각되며, 이 선들을 가장 원만한 경로를 따르는 것을 지각하는 경향을 말한다.

31 ③

중이근은 이소골에 붙어 있으면서 매우 강한 소리에 수축하며, 이소골의 진동을 둔화시키는 역할을 하는 기관이다.

32 ②

군중 속에서 친구를 찾는 것과 같은 일에는 두 개 또는 그 이상의 세부 특징에 조합을, 동일 자극 안에서 찾는 일에는 주의를 특정 자극 요소에 집중해야 가능하다.

33 ②

해마가 손상된 환자의 자동차 운전 능력에 관한 연구를 통해 37년간 운전하고 다닌 길도 잃는 모습이 확인되면서 편도체가 감정과 관련이 있다는 결론이 도출되었다.

34 ③

측두엽에 대한 설명이며, 관자엽이라고도 한다. 머리의 측면에 있는 일차 청각 피질을 가리키는데, 청각과 언어 기능을 관장한다.

오답분석

① **전두엽(이마엽)**: 머리의 앞쪽 부분으로 사고와 운동 기능을 관장한다. 무엇인가 하려는 의지, 계획, 창조력, 상상력, 말을 하는 언어 능력, 기쁨, 슬픔, 억제의 감정 등 고차원적 인지 기능을 담당한다.
② **두정엽(마루엽)**: 정수리를 중심으로 한 머리 윗부분으로 피부 근육의 감각, 맛을 느끼는 미각, 사물에 대한 지각, 수학이나 물리학에서 필요한 입체, 공간적 사고와 인식 기능, 계산 및 연상 기능 등을 수행한다.
④ **후두엽**: 머리의 뒷부분으로 사물을 보는 시각 기능을 관장한다.

35 ④

운율 형식(rhythmic pattern)은 시간상의 일련의 변화이다. 어떤 음은 길게 또는 어떤 음은 짧게 하는 식으로 운율 형식을 변화시킬 수 있다. 운율 형식보다 규칙적인 음악의 시간 요소는 박자이며, 운율 구조(metrical structure)는 음악의 기초가 되는 박자이다.

36 ②

행위 지원성은 물체의 지각이 형체, 크기, 색, 그리고 방향과 같이 우리가 물체를 재인할 수 있도록 하는 물리적 성질뿐만 아니라, 그 물체 용도에 대한 지각도 포함한 개념이다.

37 ①

균형 감각을 유지하는 데에는 내이의 전정 기관, 근육과 관절의 수용기, 그리고 근육으로 하여금 균형을 계속 유지하도록 조절하는 데 도움을 주는 시각의 역할이 크다.

38 ③

기억이 색채 경험에 미치는 효과는 작지만, 다양한 조명 아래에서 친숙한 물체들의 색을 정확하게 지각하는 데에 기여한다.

39 ③

해마곁 장소 영역은 측두 피질(관자 겉질)에 있는 전문화된 영역으로, 공간의 배치에 관한 정보와 기억과 관련이 있다.

40 ②

순음의 공기 압력 변화는 사인파라는 패턴으로 발생할 때의 음을 말한다.

오답분석

① 휘파람 소리는 순음에 가깝다.
③ 주파수는 압력 변화가 반복되는 횟수로 헤르츠(Hz) 단위로 표시된다.
④ 큰 범위의 압력을 표현하기 위해 데시벨이라는 단위를 사용한다.

무료 학습자료 제공·독학사 단기합격 **해커스독학사**
www.haksa2080.com

무료 학습자료 제공 · 독학사 단기합격 **해커스독학사**
www.haksa2080.com

독학학위제
전공기초과정 **심리학과**

자세하고
신속하게 알려주는
감각 키워드

자신감 차세하고 신속하게 알려주는 감각 키워드

제1장 이론적 접근과 연구법

★★★	**게슈탈트(Gestalt) 접근법** p.026	• **게슈탈트**: 형태, 태, 패턴, 전체 등을 의미하는 독일어임. 영어로는 형태(form), 전체(whole)를 의미함 • 체코 출신의 심리학자 베르트하이머(Max Wertheimer), 독일 심리학자 코프카(Kurt Koffka) 및 쾰러(Wolfgang Köhler) 등이 20세기 초인 1910년에 창건함 • 게슈탈트 접근법은 잘 조직되어 있는 전체 구조로서 지각된다는 점을 강조함 • 지각을 설명하는 데 있어서 개별 요소에 초점을 맞추는 구성주의자와는 대조적으로 우리가 지각하는 것은 개개 요소나 부분의 합 이상이라고 주장함
★★	**행동주의 심리학** p.026	• **행동주의(behaviorism)**: 의식적 수준에서 마음의 내용을 검증하는 것을 중시하는 유럽 심리학에 대한 반발에서 태동됨 • 왓슨(John B. Watson)이 미국에서 세운 심리학파임 • 유기체의 행동을 예견하고 통제하는 데 이론적 목적을 둠 • 지각이나 인지와 같은 특성보다는 관찰이나 측정이 가능한 행동에 대한 객관적 기술을 강조함 • 행동주의 심리학과 행동주의 접근법은 구별되어야 하며, 행동주의 심리학에서는 행동을 자극에 대한 반응 사이의 관계로 설명함
★★	**절대역 (absolute threshold)** p.031	• **절대역**: 자극을 탐지할 수 없는 순간에서 겨우 탐지할 수 있는 순간으로의 급작스러운 변화를 말함 • 절대역을 확인하는 방법 | 구분	내용
---	---
한계법	• **내림차순 시행**: 자극을 탐지할 수 없을 때까지 점차 약하게 제시함 • **오름차순 시행**: 반대로 자극을 탐지할 수 있을 때까지 점차 강하게 제시함
조정법	관찰자가 직접 자극의 강도를 조정함
항상 자극법	• 검사를 실시하기 전 일정한 자극 세트를 선정하고, 검사가 실시되는 동안 일정한 횟수로 자극을 제시하는 방법임 • 역치 이하에서부터 역치 이상의 수준의 5~9개의 자극을 항상 제시하며 검사 실시함 | • 감각 양상에 따른 절대역의 예시 | 감각 양상	절대역(탐지역)
---	---
빛	어두운 밤 48km 밖에서 보이는 촛불
소리	조용한 조건에서 6m까지 들리는 손목시계의 초침 소리
맛	7.57L 물에 용해된 설탕 1스푼
냄새	방 3개 규모의 아파트에 확산되는 향수 한 방울
촉각	뺨 위 1cm 지점에서 벌의 날개짓	

★	**감각(sensation)**
	p.023
		• 환경에 존재하는 물리적 자극을 특정 신경 세포 내에서 전기화학적 신호로 변환함
		• 변화된 전기화학적 신호가 다시 뇌에 전달되는 지각 과정의 초기 단계임
		  - 이러한 감각에는 시각, 청각, 촉각(피부 감각), 후각, 미각이 있음
		  예 눈은 광 수용기를 통해 빛을, 귀는 내이를 거치며 소리를 전기화학적 신호로 변환하여 뇌로 보냄

★	**지각(perception)** p.024	• 감각 신호에 의미와 체제를 부여하는 해석 과정임 • 초기 감각 신호가 어떤 대상에 대한 정신적 표상을 형성하는 데 사용되어 인식되고, 기억에 저장되며 사고와 행동에 사용되는 후반 단계를 의미함 • 지각은 반드시 감각을 통해서만 이루어지는 것은 아님 • 감각과 지각, 인지와 지각의 경계는 명확하지 않음
★	**정보 처리 접근법** p.027	• 인간의 마음을 정보 처리 시스템으로 간주함 • 정보 처리의 과정이 주변으로부터 정보를 받아들이는 단계, 받아들인 정보를 저장 또는 보관하는 단계, 보관해두었던 정보를 인출하는 단계, 인출한 정보를 활용하는 단계를 거쳐 전개된다고 가정함 • 정보 처리 시스템의 구성 단계 입력 → 감각 기억 → 여과기 ↔ 형태 재인 ↔ 선별 ↔ 단기 기억 ↔ 장기 기억 → 반응 – **감각 기억**: 분석되지 않은 감각 정보를 아주 짧은 시간 동안 보관하는 기억임 – **여과기**: 정보를 걸러내는 일에 관여하는 주의의 한 부분임 – **형태 재인**: 자극의 정체가 확실하게 인식되는 지각의 단계임 – **선별 단계**: 형태 재인 단계 바로 다음 단계로 어떤 정보가 기억될 것인지를 결정하는 단계임 – **단기 기억**: 용량이 제한되어 있고, 그 내용에 주의를 기울이지 않으면 20~30초밖에 보관되지 않는 기억임 – **장기 기억**: 용량에 한계도 없고, 그 내용이 몇 분에서 평생토록 보존됨
★	**차이역 (difference threshold)** p.032	• 두 자극이 서로 다르다는 것을 구분하는 데 필요한 최소한의 강도 차이를 의미함 • 차이역은 비율이 일정함 예 100개의 동전의 무게 차이를 탐지하기 위해 동전 2개(2%에 해당)가 필요하다면, 동전 200개일 경우의 차이역도 2배인 4개임 – 특정 자극에서의 차이, 즉 표준 자극의 비율을 베버(Weber)의 소수라고 하고, 표준 자극이 달라져도 베버 소수는 항상 일정하다는 것을 베버의 법칙(Weber's law)이라고 함
★	**반응 압축 (response compression)** p.033	• 지각된 크기의 증가가 자극 강도의 증가보다 작은 경우를 말함 예 불빛의 강도가 두 배 증가해도 불빛에 대한 지각의 크기가 두 배 증가하지 않고 자극의 강도에 비해 작게 증가함 • 반응 압축으로 인해 실내 조명에서 책을 읽다가 불빛의 강도가 천 배 이상이나 증가하는 태양 빛에서도 책 읽기가 가능해짐
★	**반응 확장 (response expansion)** p.034	• 지각된 크기의 증가가 자극 강도의 증가 그 이상으로 큰 경우를 말함 예 전기 충격의 자극이 2배 증가할 때 감각 자극의 크기는 2배 이상으로 커짐 • 반응 확장은 전기 충격과 같이 위험한 자극에 민감하게 반응함으로써 위험으로부터 보호받고, 환경에 잘 적응할 수 있도록 작용함
★	**영아 연구법** p.035	• 영아의 제한된 의사소통과 운동 능력으로 인해 사람들은 영아의 지각적 능력을 과소평가할 수 있음 • 이러한 한계와 의사소통 장벽을 극복할 수 있도록 여러 연구 방법이 개발됨 – **선호법**: 영아가 일관되게 다른 것보다 어느 하나의 대상을 적극적으로 바라보는 데 더 많은 시간을 사용한다는 점을 통해 영아의 자극 변별을 판단함 – **습관화법**: 자극이 반복적으로 제시될 때 그 자극에 습관화되며, 그 자극에 관한 관심이 줄어든다는 점을 활용함 – **조작적 조건 형성법**: 영아가 할 수 있는 반응을 선택하고, 영아가 그 특정 반응을 보일 때 보상을 제공함 – **생리적 방법**: 영아의 각성이나 주의의 지표로 심장 박동률과 같은 생리적 변화를 측정함

제2장 시감각의 기초

★★★	막대 세포와 원뿔 세포 p.047	• **막대 세포**: 망막의 광 수용체를 이루는 시각 세포 중 하나로 막대 모양으로 생김
		  – 주로 망막의 주변부에 분포함
		  – 약한 빛에서 명암이나 물체의 형태를 구분하는 기능을 수행함
		  – 희미한 불빛이나 어두운 곳에서 사물을 분간하기 어려운 야맹증과 관련 있음
		• **원뿔 세포**: 망막의 광 수용체를 이루는 시각 세포 중 하나로 원뿔 모양으로 생김
		  – 망막의 중앙에 많이 분포함
		  – 밝은 빛에서 물체의 형태나 색상을 구분하는 기능을 수행함
		  – 색채 지각에 어려움을 겪는 색채시 결함과 관련 있음
		• 막대 세포와 원뿔 세포의 비교
		
		| 구분
			막대 세포	원뿔 세포

모양	막대 모양의 세포	원뿔 모양의 세포
주요 분포	망막 주변부에 분포함	망막 중앙 부분에 분포함
기능	약한 빛에서 명암, 형태를 구분함	밝은 빛에서 형태, 색상을 구분함
이상	야맹증과 관련됨	색채시 결함과 관련됨	
★★★	암순응 p.048	• 시각 시스템의 중요한 특징 중 하나로 어둠에 순응하는 능력임 • 어두운 곳에 갑자기 들어서면 주변 사물을 분간 못하지만, 어둠 속에 머무는 시간이 길어짐에 따라 빛에 대한 시각 시스템의 민감도가 높아지면서 주변 사물을 볼 수 있게 되는 과정임 • 망막을 구성하는 원뿔 세포와 막대 세포의 빛에 대한 민감도가 높아지는 과정이라고 할 수 있음
★★★	밝기 항등성 p.058	• 어떤 대상의 지각된 밝기는 조명이 변하더라도 동일하게 유지되는 현상임 • 우리가 대상을 다른 식으로 보더라도 그 대상의 특성이 동일하게 유지되는 경향성을 말함
★★	소속성의 원리 p.057	• 우리의 밝기 지각은 그 영역을 둘러싼 배경 중에서 그 영역이 소속되어 있는 것처럼 보이는 부분의 영향을 받게 됨 • 아래의 그림과 같이 같은 밝기의 물체라도 검은 띠 아래 흰색 배경 위에 놓여 있는 것(A)처럼 보일 때가 검은 띠 위에 놓여 있는 것(B)처럼 보일 때보다 상대적으로 더 어둡게 보이는 것을 예로 들 수 있음
★★	전두엽 (frontal lobe, 이마엽) p.061	• 이마엽이라고도 함 • 머리의 앞쪽 부분으로 사고와 운동 기능을 관장함 • 의지, 계획, 창조력, 상상력, 말을 하는 언어 능력, 기쁨, 슬픔, 억제의 감정 등이 고차원적인 기능을 담당함

★★	두정엽 (parietal lobe, 마루엽) p.062	• 마루엽이라고도 함 • 정수리를 중심으로 한 머리 윗부분으로 피부 근육의 감각, 맛을 느끼는 미각, 사물에 대한 지각을 수행함 • 수학이나 물리학에서 필요한 입체, 공간적 사고와 인식 기능 계산 및 연상 기능 등을 수행함
★★	측두엽 (temporal lobe, 관자엽) p.062	• 관자엽이라고도 함 • 머리의 측면으로 청각과 언어 기능을 관장함
★★	후두엽 (occipital lobe, 뒤통수엽) p.062	• 뒤통수엽이라고도 함 • 사물을 보는 시각 기능을 관장함 • 꿈도 후두엽에서 만들어진다고 알려져 있음 • 대뇌의 구조
★★	방추형 얼굴 영역 p.066	• 뇌의 특정 부위에 방추형 얼굴 영역이 있다는 사실은 유사한 자극에 반응하는 신경 세포가 뇌의 특정 영역에 몰려 있다는 증거임 • 우리 뇌는 특정 유형의 자극에 관한 정보를 처리하는 데 전문화된 구조를 가지고 있음 • 인간의 경우 하측두 피질(IT; Infero Temporal cortex) 아래 얼굴에 가장 잘 반응하는 신경 세포 영역이 확인되었으며, 이를 방추형 얼굴 영역이라고 함 • 측두엽(관자엽) 손상이 얼굴 인식 불능증(얼굴 실인증, 안면 실인증)을 초래한다는 사실 또한 얼굴 지각에 전문화된 영역이 있다는 추가적인 증거임
★	뇌 영상법 p.063	• 뇌의 어느 영역이 활동하고 있는지를 보여주는 영상을 만들어내는 기법을 의미함 • 뇌 영상법의 종류 | 구분	내용
---	---
양전자 방출 단층 촬영술 (PET; Positron Emission Tomography)	• 인체에 해롭지 않은 낮은 용량의 약물을 주사함 • 이후 뇌 활동의 변화를 혈류의 변화를 관찰함으로써 뇌 활동에 대한 정보를 파악함
기능성 자기 공명 영상법 (fMRI; functional Magnetic Resonance Imaging)	• 어떤 자극을 지각하거나 특정 행동을 할 때 일어나는 자기적 반응의 변화를 탐지하여 뇌의 여러 영역의 상대적인 활성을 파악함 • 뇌 활동이 높은 영역에서는 자성이 더 증가하게 되어 자기장에 더 강하게 반응함	

제3장 시각 체계

★★★	무주의 맹 (inattentional blindness) p.085	• 관찰자가 주의를 기울이지 않으면 분명히 눈에 보이는 자극도 지각하지 못하게 되는 현상을 말함 • 하나의 사건 연쇄에 주의를 기울이게 되면 바로 눈앞에서 다른 사건이 일어나더라도 이를 알아차리는 데 실패할 수 있음
★★★	밝기 항등성 (lightness constancy) p.106	• 밝기 항등성: 조명이 달라져도 흰색, 회색, 검은색과 같은 무채색이 같은 밝기로 보이는 것을 의미함 • 밝기 항등성이 일어날 때 밝기 지각은 물체에 비치는 조명의 강도에 의해서가 아니라 물체의 반사율에 의해 결정됨 • 즉, 빛의 양이 아니라 표면에서 반사되어 나오는 비율과 관계가 있는데, 이는 조명에 따라 반사되어 나온 빛의 양은 달라지지만, 반사되어 나오는 빛의 비율은 조명에 상관없이 일정하기 때문임

★★	크기 항등성
	p.094
		• 각기 다른 거리에서 물체를 바라보더라도 물체 크기의 지각이 비교적 거의 같은(항상적) 것을 의미함
		  – 사람의 크기를 추정할 때 사람과 떨어진 거리가 달라져도 비슷한 결과를 얻게 됨
		  – 거리가 두 배가 되면 망막에 맺힌 이미지는 반이 되어 망막 상의 크기는 작아지지만, 거리 지각이 커지므로 그 크기가 항상 유지됨
		• 크기 항등성으로 인해 서로 다른 거리에서 물체를 본다고 해도 물체가 축소되거나 팽창되어 보이는 일은 발생하지 않음

★★	운동 맹시
	(akinetopsia)
	p.097
		• 대뇌 피질의 운동 지각 영역이 손상되어 고정된 물체는 볼 수 있으나 움직임 지각 능력을 상실한 것을 말함
		• 운동 맹시를 가지고 있는 환자의 경우 커피나 차를 따르는 일이 어려움
		  – 액체가 얼어붙은 것처럼 보임
		  – 잔이 차오르는 것을 지각할 수 없음
		  – 언제 용액을 따르는 일을 멈춰야 하는지 결정하기 어려움
		• 단순 일상생활이나 사회활동의 곤란뿐 아니라 삶에 위협을 초래할 수 있음
		  – 주변 사람의 움직임 역시 지각하기 어려움
		  – 같은 공간에 있던 사람이 갑자기 사라지는 경험을 함
		  – 건널목을 건널 때 멀리서 보이던 차가 갑자기 눈앞에 나타나는 일도 생길 수 있음

★★	색채시 결함
	(color deficiency)
	p.102
		• 색의 지각 일부에서 어려움을 겪는 것을 색채시 결함 또는 색맹이라고 함
		• **이상 3색시(색채시, anomalous trichromat)**: 색 대응을 하는 데 3개의 파장을 사용하기는 하지만, 보통과 다른 비율로 세 개의 파장을 혼합함. 특히 아주 인접한 두 개의 파장은 일반적인 색채 지각을 하는 사람만큼 구분하지는 못함
		• **단색시 결함(monochromat)**: 모든 것을 밝기의 정도, 즉 흰색, 검은색, 회색으로만 보기 때문에 글자 그대로 색맹이라고 할 수 있음
		  – 색맹 중에서 아주 드문 유형임
		  – 일반적으로 단색시인 사람들의 눈에는 원뿔 세포가 없음
		  – 어두울 때와 밝을 때 모두 막대 세포 시각의 특징이 나타남
		  – 색을 지각할 수 없다는 점 외에도 단색시 사람은 시력이 매우 낮음
		  – 밝은 빛에 과민하므로 낮 동안에는 짙은 안경을 써서 눈을 보호해야 함
		• **2색시(dichromat)**: 3색시 사람보다는 못하지만, 일부 색을 경험할 수 있음
		  – 2색시에는 제1색맹, 제2색맹, 제3색맹의 세 가지 유형이 있음
		  – 제1색맹과 제2색맹은 X 염색체에 있는 유전자에 의해 유전됨

★	가현 운동 p.076	• 스트로보스코프가 만든 운동 착시를 가현 운동(假現運動)이라고 함 • 실제로 움직이지 않는 대상이 움직이는 것 같이 보이는 현상임 　[예] 전구가 켜졌다가 꺼진 후 짧은 시간(1초의 몇 분의 일)을 거친 다음 두 번째 전구의 빛이 켜졌다 꺼지면 그 　　　결과 불빛이 움직이는 것처럼 지각됨 • 감각으로는 설명될 수 없음 • 가현 운동은 지각 체계가 실제로 존재하지 않는 운동의 지각을 만들어 낸다는 점에서 전체는 그 부분의 합이 아니라는 결론을 이끌어냄
★	변화 맹시 (change blindness) p.086	• **변화 맹시**: 한 장면 안에서 변화를 탐지하는 것이 어려운 현상을 의미함 • 영화를 만들 때 장면과 장면을 편집하여 영상을 만드는 과정에서 소품의 위치가 바뀌어 있거나 그 내용물이 달라지더라도 우리들 대부분은 이러한 영화 속 연속성 오류를 쉽게 탐지하지 못함 • 변화를 탐지하기 위해서는 상당한 주의를 기울여야 함 • 변화 맹시는 지각에 있어서 주의가 중요한 역할을 한다는 것을 보여줌
★	가산 혼합 (빛 혼합), 감산 혼합 (물감 혼합) p.102	• 가산 혼합(빛 혼합) 　- 빛을 혼합하면 빛의 파장이 더해짐 　- 파란색의 단파장, 노란색의 중파장과 장파장이 모두 반사되면서 흰색으로 보이는 현상을 가산 혼합이라 함 • 감산 혼합(물감 혼합) 　- 물감은 섞어도 각 물감이 흡수하던 파장을 여전히 흡수함 　- 흡수하던 파장을 그대로 흡수하기 때문에 감산 혼합이 이루어지면서 검은색이 됨 • 빛과 색의 3원색 　- 빛의 3원색: 빨강, 초록, 파랑 　- 색의 3원색: 청록, 자홍, 노랑 • 가산 혼합(빛)과 감산 혼합(색)의 비교 　　　　　　　빨강　　　　　　　　　청록 　　　　자홍　　　노랑　　　　초록　　　노랑 　　　　　　흰색　　　　　　　　검정 　　파랑　　청록　　초록　　노랑　　빨강　　자홍 　　　　　　가산 혼합　　　　　　　감산 혼합
★	삼원색 이론 (trichromatic theory of color vision) p.102	• 토마스 영(Thomas Young)에 의해 처음 제안된 이론임 • 망막에 있는 3개의 색채 수용기가 3가지 기본색, 즉 빨간색, 초록색, 파란색 중 하나에 민감하고, 이 수용기들의 조합에 의해 여러 가지 색을 경험할 수 있게 된다는 이론임 • 특정한 빛에 대해 반응하는 무한한 수의 추상체가 망막에 존재하는 것이 아니므로 제한된 추상체를 적당하게 조합함으로써, 즉 삼원색을 적당하게 혼합하여, 어떤 색이라도 볼 수 있게 되는 것임
★	행위 지원성 p.111	• 물체의 지각이 형체 크기, 색, 방향과 같이 우리가 물체를 재인할 수 있도록 하는 물리적 성질뿐만 아니라, 그 물체 용도에 대한 지각을 포함한다는 것을 의미함 　[예] • 컵을 알아차리는 것은 단순히 컵에 대한 지각에 그치는 것이 아니라 둥글고 흰 용기로 손잡이가 있다는 　　　　정보를 얻게 됨 　　　• 우리의 잠재적 행위, 즉 '컵을 집을 수 있다', '컵에 액체를 부을 수 있다' 등과 같은 정보도 포함하고 있음 • 물체의 기능이나 이를 대상으로 하는 잠재적 행위 또한 물체 지각의 일부임

제4장 청각 체계

★★★ 뇌 손상과 실어증 (p.139)

- 뇌의 특정 영역에 손상을 입으면 실어증(aphasia)이 발생할 수 있음
- 전두엽(이마엽)에 있는 브로카(Broca) 영역에 손상이 있는 환자는 브로카(Broca) 실어증이라고 함
  - 말을 하려고 노력은 하는데 짧은 문장으로만 표현할 수 있음
  - 다른 사람이 이야기하는 것을 이해할 수 있음
- 측두엽(관자엽)의 베르니케(Wernicke) 영역에 손상이 있는 환자는 베르니케(Wernicke) 실어증이라고 함
  - 말을 유창하게 할 수 있지만, 말하는 내용이 극히 체계가 없으며 의미가 없음
  - 다른 사람의 말을 이해하는 데 극히 어려움함
  - Wernicke 실어증이 심할 경우, 순음을 듣는 능력은 이상이 없는데도 불구하고 단어를 인식할 수 없음

★★ 외이 (p.127)

- 음파가 처음 지나가는 외이는 귓바퀴와 귓구멍, 고막의 외피으로 구성됨
  - 귓구멍: 관처럼 생긴 구조로 중이의 미세한 구조를 외부의 위험으로부터 보호함
- 보호 기능 외에 외이의 다른 역할은 공명으로, 공명은 생리학적 원리를 이용하여 소리의 강도를 증가시키는 것임
- **귀의 구조**

★★ 중이 (p.128)

- **중이**: 부피가 2cm³ 가량인 작은 구멍임
  - **이소골**: 중이 안에 있고, 신체에 있는 가장 작은 세 개의 뼈임
  - **추골**: 고막에 의해 진동되어 그 진동을 침골로 전달하며 이것은 다시 그 진동을 등골로 전달함
  - **등골**: 난원창을 덮고 있는 막을 눌러서 그 진동을 내이로 전달함
- **이소골이 필요한 이유**: 공기의 진동을 액체로 채워져 있는 내이로 효과적으로 전달하기 위해서임
  - 큰 고막의 진동을 작은 등골에 집중시킴으로써 압력을 20배 증가시킴
  - 동시에 지렛대 작용의 원리처럼 작은 진동으로 큰 효과를 발휘하도록 하는 것임
- 중이에는 신체에서 가장 작은 골격근인 중이근이 있음. 이 근육은 이소골에 붙어 있으면서 매우 강한 소리에 수축하여 이소골의 진동을 둔화시키는 역할을 수행함
  - 저주파수 소리의 전달을 감소시키며, 강한 저주파수 성분이 고주파수의 지각을 방해하는 것을 막도록 해줌
  - 근육의 수축은 우리 자신의 발성과 껌 씹는 것 같은 소리가 다른 사람의 말을 지각하는 것을 방해하는 것을 막아줌

★★ 내이

- 내이의 주요 구조는 달팽이관으로, 달팽이관 안의 액은 난원창에 기대 있는 등골의 운동에 의해 진동함
- **융모 세포와 기저막과 개막**
  - 내이에는 융모 세포, 기저막과 개막이 있음
  - **융모 세포(hair cells)**: 청각 수용기로, 달팽이관의 끝에서 끝까지 융모 세포가 있으며, 압력 변화에 반응해서 휘어짐. 융모 세포에는 내융모 세포와 외융모 세포가 있고, 귀에는 한 줄의 내융모 세포(약 3,500개)와 세 줄의 외융모 세포(약 12,000개)가 있음
  - **기저막(basilar membrane)과 개막(tectorial membrane)**: 코르티 기관(oran of Corti)과 융모 세포를 작동하는 역할을 함

★★	내이	• 진동과 융모 세포
		  – 난원창의 앞뒤 운동은 달팽이관 안의 액체에 진동으로 전달되는데, 이것이 기저막에 운동을 일으킴
		  – 기저막의 상하 운동은 코르티 기관을 상하로 진동하게 하며 개막을 앞뒤로 움직이게 하는데, 그 결과 융모 세포의 융모가 휘어짐
		  – 이는 외융모 세포의 경우 융모 세포가 개막에 접촉하고, 내융모 세포의 경우에는 융모 주변의 액체에 있는 압력파 때문임
		• 전기 신호의 유발
		  – 융모 세포의 융모가 휘어질 때 한 방향으로의 움직임은 끝 고리(tip link)라고 불리는 구조가 퍼지도록 하며, 이것은 융모의 막에서 작은 이온 채널이 열리게 됨
		  – 이온 채널이 열려 있을 때 양전하를 띤 칼륨 이온이 세포 안으로 흘러 들어감
		  – 융모가 다른 방향으로 휘어질 때 끝 고리가 느슨해지며, 이온 채널이 닫혀서 전기 신호가 생성되지 않음
		  – 융모 세포의 앞뒤 휘어짐이 전기 신호의 폭발과 비전기 신호를 교대로 일으킴
		  – 전기 신호는 신경 전달 물질의 방출을 낳는데, 이것은 청신경 섬유와 내융모 세포가 분리되어 있는 연접을 가로질러 확산하면 청신경 섬유들이 흥분하게 만듦
		p.129

★★	음향 신호	• 말소리는 음성 기관 내 여러 구조의 위치나 움직임에 의해 생성됨
		• 음성 기관은 음향 자극 또는 음향 신호라고 불리는 공기 중의 압력 변화 패턴을 생성함
		• 말소리에 대한 음향 신호는 폐로부터 성대를 지나서 성도로 밀려 올라오는 공기에 의해 생성됨
		  – 생성된 소리는 공기가 밀려 통과되는 성도의 모양에 따라 달라짐
		  – 성도의 모양은 혀, 입술, 이, 턱, 그리고 연구개(입천장) 같은 조음 기관이 움직여서 바뀌게 됨
		• 모음: 성대가 진동하면서 만들어지고, 각 모음의 특정한 소리는 성도의 전체적 모양을 변화시켜서 만들어짐
		• 자음: 성도의 수축이나 막힘에 의해 만들어짐
		p.134

★	순음(pure tone)	• 공기 압력 변화가 사인파라는 패턴으로, 발생할 때의 음으로 시간에 따라 공기압이 변화하는 음파임
		• 주파수(frequency): 압력 변화가 반복되는 초당 횟수이며, 단위는 헤르츠(Hz)임
		  – 1Hz는 초당 1cycle(주기)임
		• 인간은 약 20~20,000Hz 범위의 주파수를 지각할 수 있음
		  – 주파수는 지각적 차원에서의 음고와 관련된 물리적 차원의 속성임
		• 소리의 진폭: 음파의 가장 높은 지점과 낮은 지점 간의 압력 차이임
		  – 큰 범위의 압력 차를 축소하여 표현하기 위해 로그를 사용하는 데시벨 단위를 사용함(decibel[dB])
		p.124

★	음고, 음색	구분	내용

		음고	• 소리가 '높다', '낮다'라고 말할 때의 지각적 질을 가리킴
			  – 소리가 음계에서 배열될 수 있도록 하는 청각적 속성임
			  – 주로 음악과 연관되기는 하지만, 음고는 말과 다른 자연음의 속성임
			• 기초 주파수의 물리적 속성인 소리의 파형과 반복 비율과 관련 있음
			  – **낮은 기초 주파수**: 낮은 음고와 연관(예 튜바 소리) 있음
			  – **높은 기초 주파수**: 높은 음고와 연관(예 피콜로 소리) 있음

		음색	• 같은 음량, 음고, 지속 시간을 가지고 있어도 다르게 소리 나는 두 음을 구별시켜 주는 음의 질을 가리킴
			  – 같은 음표를 같은 음량으로 연주해도 두 악기의 차이는 구별할 수 있음
			  – 음색은 소리의 배음 구조와 밀접하게 관련 있음
			  – 배음의 상대적 강도와 그 수에 따라 음색이 달라질 수 있음
			• 음의 개시 및 음 쇠퇴의 시간 경과에도 달려 있음
			  – 클라리넷 연주에서 개시와 쇠퇴 부분을 제거하면 다른 악기와 구분이 어려움
			  – 악기 연주를 거꾸로 듣는 것 역시 악기를 구별하는 데 어려움을 줌
			  – 피아노 연주를 거꾸로 들으면 음의 개시와 쇠퇴가 바뀌기 때문에 피아노보다는 오르간과 비슷하게 지각될 수 있음

p.126

★	말소리의 기본 단위 p.135	• 말소리로 지각할 수 있는 요인의 기본 단위는 음소임
		• 음소(phoneme): 말소리의 가장 작은 단위로서 음소가 바뀌면 단어의 의미가 바뀜
		  예 음소 /ㅁ/, /ㅜ/, /ㄹ/을 가지고 있는 물이란 단어에서 /ㅁ/이 /ㅂ/으로 바뀌면 불로, /ㅜ/가 /ㅏ/로 바뀌면 말로 바뀜
		  - 음소들이 연결되면 음절이라 불리는 소리로 지각됨

★	음소와 음향 신호의 관계 p.135	• 음소와 연합된 음향 신호는 그 맥락에 따라 바뀜
		• 특정한 음소가 발생하는 맥락은 그 음소와 연합된 음향 신호에 영향을 미칠 수 있음
		  - 맥락 효과는 말소리가 만들어진 방식 때문에 발생함
		  - 특정한 음소와 연합된 성도의 모양은 그 음소의 전후에 있는 소리에 영향을 줌
		• 동시 조음
		  - 이웃한 음소를 조음할 때 생기는 중첩을 동시 조음이라고 함
		  - 같은 음소가 두 단어에 공통으로 있다고 하더라도 발음할 때 입 모양이 달라짐
		  - 음향 신호가 동시 조음 때문에 변화하게 되더라도 우리가 동일한 음소를 지각하게 된다는 사실은 지각적 항등성의 한 예라고 할 수 있음

★	단어 지각 p.137	• 시각적으로는 제시된 문장 속 단어의 일부 철자가 제거되더라도 단어를 읽을 수 있는 것처럼 구어 단어에서도 문장을 듣고 따라 말할 수 있음
		• 말소리 분절: 대화에서 개별 단어의 지각을 의미함
		  - 아무런 끊김이 없더라도 대화하는 말소리에서 개별 단어를 지각할 수 있음
		  - 언제 한 단어가 끝나고 다른 단어가 시작하는지를 알려주는 것은 단어의 의미에 대한 지식임
		  - 한 소리가 다른 소리에 뒤따라 나올 확률을 이행 확률이라고 하는데, 언어를 배우는 과정에서 이러한 이행 확률을 학습하게 됨
		• 화자의 특성에 대한 고려
		  - 대화의 과정에서 말의 의미를 이해하는 데는 목소리 특징도 작용함
		  - 나이, 성별, 정서적 상태, 출신 지역, 어조 등과 같은 정보를 전달함
		  - 표면적으로는 긍정적인 표현도 맥락에 따라서는 빈정거리는 말투로 지각될 수 있음

제5장 피부 감각과 미각, 후각

★★★	미각의 개인차
	p.166
		• 맛의 경험에 대한 차이는 유전 인자의 차이에서 발생함
		  – 사람에 따라 혓바닥에 있는 미뢰의 개수가 다름
		  – 미각 능력은 수용기의 밀도 외에 수용기의 종류에 따라서도 달라질 수 있음
		• 미각에서 나는 개인차는 후각에 의해서도 발생함
		  – 화학 물질에 반응하는 수용기 세포 발생에 영향을 미치는 유전적 차이에서 발생함
		• 동일한 물질을 두고 맛이나 냄새가 다를 수 있음
		  – 물질에 대한 선호도 차이 때문일 수도 있음
		  – 혀에 있는 미각 수용기의 개수와 종류가 서로 다르기 때문일 수도 있음

★★★	향미 지각
	p.171
		• 미각과 후각이 입과 코에서 만날 때 향미를 지각할 수 있음
		  – 음식물의 화학 물질이 혀를 자극하여 미각 시스템이 작용함
		  – 음식의 휘발성 물질이 방출되어 코로 흡입된 물질이 후각 점막을 자극함
		  – 음식물에서 증발된 화학 물질이 후각 점막을 자극하지 못할 때 향미가 다르게 지각함
		  – 향미를 지각하는 곳이 입인 것처럼 느끼는 이유 중 하나는 음식이 입안의 촉각 수용기를 자극하기 때문임
		• 미각과 후각이 뇌에서 만날 때
		  – 향미는 대뇌 피질의 미각과 후각 사이의 상호 작용에 의해 발생함
		  – 시각과 촉각도 향미 창출에 영향을 미침
		  – 향미 속에는 흔히 말하는 '맛'만 들어있는 것이 아니라 음식물의 질감과 온도에 대한 지각을 포함하여 음식을 씹을 때 나는 '소리'에 대한 지각까지도 포함함
		• 이중 양식성 신경 세포
		  – 서로 다른 감각 자극을 처리하는 신경 세포임
		  – 어떤 이중 양식성 신경 세포는 맛과 냄새에 반응하며, 어떤 것은 미각과 시각에 반응함
		  – 단맛이 나는 과일에 반응하는 신경 세포가 있다면, 그 신경 세포는 그 과일의 냄새에도 반응할 가능성이 높음
		• 기대가 향미에 미치는 영향
		  – 신호가 피질에 도착하고나서 많은 요인의 영향을 받는데, 이러한 요인 중 하나는 사람의 기대임
		  예 소위 블라인드 테스트에서는 높은 가격으로 표기된 음료를 마실 때 안와 전두 피질의 반응이 더 활성화된 반응을 보이기도 함

★★	신체 감각 피질	• 신체 감각 피질의 뇌소인

★★	신체 감각 피질	• 시상에서 신호는 피질의 두정엽(마루엽)에 있는 신체 감각(체감각) 수용 영역 또는 이차 신체 감각(체감각) 피질로도 갈 수 있음 • 신체 감각 피질의 중요 특성 – 몸의 위치에 상응하는 지도로 조직됨 – 신체 지도는 '작은 사람'이라는 의미의 라틴어 'homunculus', 즉 뇌소인이라고 함 – 뇌소인에서 피부의 인접한 부위는 뇌의 인접 부위로 투사함 – 어떤 피부 부위는 비례에 맞지 않게 큰 영역으로 표상됨 　　예 엄지에 할당된 영역은 팔뚝 전 영역에 할당된 영역의 크기 정도로 큼 • 경험 – 의존 가소성: 피질 조직화의 기본 원리 중 하나로, 특정 기능에 대한 겉질 표상은 그 기능이 자주 쓰이면 쓰일수록 더 커질 수 있음
★★	인지와 통증	• 통증: 사람의 기대, 주의 전환, 방해 자극의 유형 및 최면 등에 영향을 받음 • 기대 – 통증을 설명하는 데 있어서 기대는 가장 강력한 결정 요인 중 하나임 – 위약 효과: 통증 환자가 통증의 경감에 대한 기대로 인해 실질적인 통증이 감소하도록 유도함 • 주의 전환 – 통증은 무시되거나 주의가 다른 곳으로 돌려질 때 감소함 – 경우에 따라서는 통증은 다쳤을 때가 아니라 다친 것을 지각할 때 발생함 – 통증을 줄이는 방법으로 주의를 분산시키는 가상 현실 기법 등을 적용 가능함 • 정서적 주의 분산 – 주의를 방해하는 내용이 무엇이냐에 따라 통증 지각이 달라질 수 있음 – 긍정적 혹은 부정적 정서가 통증 경험에 영향을 미칠 수 있음 • 최면 암시 – 통증은 최면 암시에 의해서도 유발 가능함 – 통증은 피부 수용기의 활동 없이도 발생 가능함
★★	미각 시스템의 구조	• 맛을 지각하는 과정은 자극이 혀에 있는 미각 수용기를 자극하면서 시작됨 • 혀 유두의 종류 | 구분	내용
---	---
실 모양(섬유형) 유두 (filiform papillae)	• 혀 표면 전체에 분포함 • 혓바닥의 대략적 외관을 결정함
버섯 유두 (fungiform papillae)	버섯 모양의 유두로 혀의 끝과 양옆에 있음
잎새(엽상) 유두 (foliate papillae)	• 혀의 양옆을 따라 위치함 • 겹겹이 접혀 있음
항성벽(성곽) 유두 (circumvallate papillae)	혀의 뒷부분에서 발견되는 것으로 참호를 에워싸는 낮은 언덕같은 모양임	 • 미뢰 – 섬유형 유두 이외의 모든 유두에 미뢰가 있으며, 혀에 분포된 미뢰의 수는 10,000개 정도 됨 – 혀의 중앙에는 미뢰가 없는 섬유형 유두만 분포되어 있어 혀의 중앙 부분에 가해지는 자극은 미각을 유발하지 못함 • 미각 세포 – 각각의 미뢰에는 50~100개의 미각 세포가 들어 있음 – 화학 물질이 미각 세포의 끝에 위치한 수용 부위에 닿으면 변환이 일어남 – 미각 세포에서 생성된 전기적 신호는 신경을 따라 혀에서 빠져나감 – 혀와 입과 목에서 빠져나가는 신경 섬유는 일단 뇌간에 있는 고속로 핵에서 다른 신경 세포와 연결됨

| ★★ | 후각 시스템 p.167 | • 미각처럼 후각 역시 생존에 중요할 수 있는 정보를 제공함
  – 후각은 상한 음식, 새어 나오는 가스, 화재로 인한 연기 등에 대한 경계 태세를 취하게 해주는 경고 시스템임
  – 많은 동물이 후각이 예민한 것에 반해 인간은 후각에 둔감함
• 후각 상실증과 후각의 중요성
  – **후각 상실증**: 상해나 감염으로 인해 냄새를 맡을 수 없는 상태를 일컬음. 후각 상실증 환자들은 음식물의 맛을 알 수 없으며 이로 인해 커다란 공허감을 호소함
  – 후각을 상실하게 되면 우리가 위험에 빠질 가능성도 증가함 |

★	신체 감각계의 중요성 p.152	• 촉각을 상실하면 찰과상, 화상 및 골절 등의 부상 가능성이 증가함
		  – 촉각의 상실은 환경과의 교류를 어렵게 함
		  – 수많은 행동에 수반하는 피부로부터의 피드백을 받지 못하면 손과 손가락으로 사용하여 수행해야 할 과제에 힘 조절의 문제가 발생함
		• 자가 면역 이상으로 인해 피부, 관절, 힘줄 및 근육에서 뇌로 신호를 전달하는 신경 세포의 대부분이 파괴된 환자는 다음과 같은 증상이 나타남
		  – 신체 감각이 없고, 물체를 잡을 때 너무 세게 잡거나 떨어트리는 등 부적절한 힘의 사용이 나타남
		  – 해당 환자는 신체 감각계 붕괴에 의해 문제가 유발됨
		• 신체 감각계(somatosenssory)의 하위 유형
		
		| 구분
			내용

피부 감각	피부의 자극에 의해 유발되는 촉각과 통증의 지각을 담당함
고유 수용 감각	신체와 사지의 위치를 감지하는 능력
운동 감각	신체와 사지의 운동을 감지하는 능력	

| ★ | 피부 역학 수용기 p.153 | • **천천히 순응하는 수용기**: 연속적인 압력에 대해 지속적인 흥분 반응을 함
• **빨리 순응하는 수용기**: 압력 자극이 제시될 때와 사라질 때만 폭발적인 흥분 반응을 함
• 메르켈 수용기와 마이스너 소체
  – 두 개의 역학 수용기는 표피 가까이에 작은 수용장을 가지고 있음
  – 피부 수용장은 자극받았을 때 신경 세포의 흥분에 영향을 미치는 피부의 영역임
  – 천천히 순응하는 메르켈 수용기와 연관되는 신경 섬유는 자극이 처음 주어질 때와 자극이 사라질 때만 흥분함
  – 메르켈 수용기와 관련된 지각의 종류는 세밀한 부분을 감지함
  – 마이스너 소체의 경우는 손으로 쥐기를 통제함
• 루피니 원통(소체)과 파치니 소체
  – 루피니 원통과 파치니 소체는 피부 깊숙이 넓은 수용장을 가지고 있음
  – **루피니 원통**: 자극에서 지속적으로 반응하며, 피부의 퍼짐 지각과 관련 있음
  – **파치니 소체**: 자극이 주어질 때와 제거될 때 반응하며, 빠른 진동과 섬세한 결의 감지와 관련 있음 |

★	촉지각 탐색과 물체 식별 p.157	• 물체를 식별하기 위한 세 가지 시스템 | 구분	내용
감각 시스템	촉감, 온도, 결 등의 피부 감각과 손가락과 손의 운동과 위치 등을 탐지함
운동 시스템	손가락과 손의 움직임에 관여함
인지 시스템	감각 시스템과 운동 시스템이 제공하는 정보에 관해 생각함 | • **촉지각**: 매우 복잡한 과정으로 감각이며 운동 및 인지 시스템 모두의 협동이 필요함 • 대부분의 사람은 평범한 물체를 1~2초 안에 촉지각으로 정확하게 식별이 가능함

★	화학 물질과 뇌	<ul><li>화학 물질 마취제 발견<ul><li>마취제가 통증을 경감하고, 황홀감을 유발함</li><li>뇌 수용기 분자의 특정 구조 때문에 마취제의 자극에 반응한다는 사실을 발견함</li><li>날록손은 헤로인과 분자 구조가 비슷하기 때문에 보통 헤로인이 차지하는 수용기 자리에 자신을 부착시킴으로써 헤로인의 작용을 차단함</li></ul></li><li>엔도르핀의 발견<ul><li>1975년 아편과 헤로인에 의해 활성화되는 수용기와 같은 수용기에 작용하는 신경 전달 물질을 발견함</li><li>엔도르핀은 '자연적으로 발생하는 모르핀'이란 뜻임</li></ul></li><li>엔도르핀과 통증 경감<ul><li>통증은 엔도르핀을 방출하는 뇌의 위치를 자극함으로써 감소함</li><li>위약의 통증 감소 효과는 위약이 엔도르핀의 방출을 일으키기 때문임</li><li>통증이 감소할거라는 기대한 특정한 위치로 주의를 돌리면 특정 위치에 엔도르핀을 방출하는 경로가 활성화됨</li></ul></li></ul>

p.159

나만의 알짜 이론

* 학습한 내용 중 중요한 이론을 스스로 정리하여 시험 직전 확인해 보세요.

참고문헌

- Steven Yantis, Richard A. Abrams, 곽호완 외 공역(2018), 감각과 지각(2판), 시그마프레스
- E. Bruce Goldstein, 곽호완 외 공역(2015), 감각 및 지각심리학(9판), 박학사
- 김경희(2000), 게슈탈트 심리학, 학지사
- 김삼섭(2010), 특수교육의 심리학적 기초(개정판), 시그마프레스
- 김주미(2002), 이미지의 인지생태론적 기초, 한국조형예술학회: 학술대회논문집, 34-43
- Hugh J. Foley, Margaret W. Martlin, 민윤기, 김보성 공역(2013), 감각과 지각(5판), 박학사
- Stephen K. Reed, 박권생 역(2014), 인지심리학: 이론과 적용, 센게이지러닝
- 박소진(2016), 처음 시작하는 심리검사와 심리평가, 소울메이트
- 박소진(2017), 당신이 알아야 할 인지행동치료의 모든 것, 학지사
- 박소진, 손금옥, 김익수 공저(2019), 인지상담의 이해와 실제, 박영스토리
- 윤가현 외 공저(2012), 심리학의 이해(4판), 학지사
- 윤가현 외 공저(2019), 심리학의 이해(5판), 학지사
- Jamie Ward, 이동훈 외 공역(2017), 인지신경과학 입문(3판), 시그마프레스
- David A. Statt, 정태연 역(1999), 심리학 용어 사전, 이글리오
- 조원(1999), 조지버클리: 물질의 부인, 철학논구
- 한국심리학회(2018), 더 알고 싶은 심리학, 학지사
- 현성용 외(2016), 현대심리학 입문(2판), 학지사
- 현성용 외(2020), 현대심리학의 이해(4판), 학지사
- E. Bruce Goldstein and Laura Cacciamani(2022), Sensation and Perception 11e, Cengage Learning

년도 전공기초과정 인정시험 답안지(객관식)

무료 학습자료 제공 · 독학사 단기합격 **해커스독학사**
www.haksa2080.com

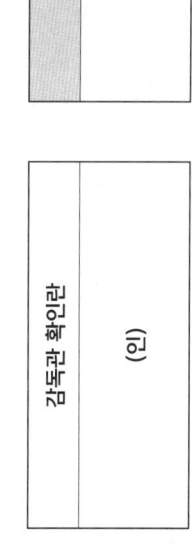

무료 학습자료 제공 · 독학사 단기합격 **해커스독학사**
www.haksa2080.com

년도 전공기초과정 인정시험 답안지(객관식)

컴퓨터용 사인펜만 사용

★ 수험생은 수험번호와 응시과목 코드번호를 표기(마킹)한 후 일치여부를 반드시 확인할 것

무료 학습자료 제공 · 독학사 단기합격 해커스독학사
www.haksa2080.com

한 달 합격
해커스독학사
심리학과
최신기출 이론+문제　2단계 | 감각 및 지각심리학

초판 1쇄 발행	2023년 1월 2일
지은이	박소진
펴낸곳	(주)위더스교육
펴낸이	해커스독학사 출판팀
주소	서울특별시 서초구 서초대로73길 12 세계빌딩 7층 해커스독학사
고객센터	1599-3081
교재 관련 문의	15993081@haksa2080.com
	해커스독학사 사이트(www.haksa2080.com) 교재 Q&A 게시판
	카카오톡 플러스 친구 [해커스독학사]
동영상강의	www.haksa2080.com
ISBN	979-11-6540-099-6(13180)
Serial Number	01-01-01

저작권자 ⓒ 2023, 해커스독학사
이 책의 모든 내용, 이미지, 디자인, 편집 형태는 저작권법에 의해 보호받고 있습니다.
서면에 의한 저자와 출판사의 허락 없이 내용의 일부 혹은 전부를 인용, 발췌하거나 복제, 배포할 수 없습니다.

해커스독학사
- 합격을 돕는 독학사 전문 교수님들의 본 교재 직강
- 최신 독학사 시험정보 및 대상자별 학습 가이드 제공
- 독학사 전문 플래너의 무료 1:1 학습 상담 가능